外贸单证经理的成长日记（第二版）

曹顺祥 著

中国海关出版社

图书在版编目（CIP）数据

外贸单证经理的成长日记／曹顺祥著. —2 版. —北京：中国海关出版社，2016.6

ISBN 978-7-5175-0130-5

Ⅰ.①外… Ⅱ.①曹… Ⅲ.①进出口贸易－原始凭证－基本知识 Ⅳ.①F740.44

中国版本图书馆 CIP 数据核字（2016）第 085954 号

外贸单证经理的成长日记（第二版）
WAIMAO DANZHENG JINGLI DE CHENGZHANG RIJI（DIERBAN）

作　　者：曹顺祥
策划编辑：马　超
责任编辑：马　超
助理编辑：王梦璇
责任监制：王岫岩　赵　宇
封面设计：张　帆
出版发行：中国海关出版社
社　　址：北京市朝阳区东四环南路甲 1 号　　　　邮政编码：100023
网　　址：www.hgcbs.com.cn；www.hgbookvip.com
编 辑 部：01065194242 -7554（电话）　　　　　01065194234（传真）
发 行 部：01065194221/4238/4246/4227（电话）　01065194233（传真）
社办书店：01065195616/5127（电话/传真）　　　01065194262/63（邮购电话）
印　　刷：北京天宇星印刷厂　　　　　　　　　　经　　销：新华书店
开　　本：710mm×1000mm　1/16
印　　张：18.75　　　　　　　　　　　　　　　　字　　数：305 千字
版　　次：2016 年 6 月第 2 版
印　　次：2018 年 2 月第 2 次印刷
书　　号：ISBN　978-7-5175-0130-5
定　　价：40.00 元

第二版前言

本书第一版自 2010 年 3 月出版发行后，读者评价良好。对于本书目标读者群，即初涉信用证项下的出口单证员来说，通过阅读本书，在理解信用证常见条款、正确缮制信用证所需要提交的单据、完成向银行交单收汇流程并初步了解一点出口贸易融资相关知识等方面，应该有所裨益，这也基本达到了当初我写作本书的目的。

从 2012 年 8 月 1 日开始，外汇收入的申报核销制度发生了重大的改革。涉外收入申报由进口企业填制纸质申报单向网络自行申报过渡；收汇核销由逐笔核销改成总量核查，海关和银行都不再提供核销专用单据。《跟单信用证审单国际标准银行实务》最新版 ISBP745 已于 2013 年 4 月 17 日通过并即时生效。该版整合了 ISBP681 实施后的国际商会官方意见，完善了原版内容，并在装船批注等方面与原来的立场有所改变。

针对上述变化，此次改版将业务背景更改到了 2014 年，并对收汇申报核销等内容进行了删减修改。原引用 ISBP681 的规定，也相应地改成了 ISBP745 的相应内容，并根据国际商会最新立场，修改了业务背景细节。

第一版由于笔者水平所限，在列举的信用证电文及单据实例中，有些内容细节存在错误或不尽合理之处，很多读者向我指出了这些问题，在此要向热心的读者表示感谢。特别要感谢的是海南经贸职业技术学院国际贸易系的陈广老师，对全书进行了详细的批阅并提出了中肯的修改建议。我在第二版写作过程中，根据陈老师的意见对单据内容细节方面进行了修改。在成书和改版过程中，原建行同事洪洁、印华等给我提供了很大的帮助，在此一并表示感谢。

曹顺祥

2016 年 3 月

外贸单证员 3 个月职业生涯实录

    张艾来自长三角的一个县级市，就读于省会一家商学院的国际贸易专业。在毕业前的校园招聘会上，向招聘企业提交了十多份简历。一家叫作"海北精彩贸易有限公司"的企业，也来自张艾老家的县级市，第一个给了张艾一个面试的机会。

    在约定的时间，张艾稍做装扮就去参加了面试。一位叫李波的出口业务部经理，对张艾的国际贸易实务、国际结算等相关知识进行了考查。凭借在专业课程上打下的基础，张艾基本得到了李经理的认可。公司提供的薪酬福利与张艾的心理价位差距不大，就签下了就业意向书。

    后来也没有更好的机会。在告别了同学、办妥了毕业离校手续后，张艾7月中旬就到精彩公司正式上班了。

    精彩公司是一家由原来市外贸公司几位业务人员离职后一起创办的进出口贸易企业，规模中等，年出口额1亿美元左右，有几个相对独立的业务部门。张艾被安排在出口业务一部负责单证工作，经理就是面试时见过面的李波，另外只有一名业务员，名叫陈希，是外贸专业高职毕业生，已经工作了3年，负责商检、海关、订仓等工作。据陈希讲，业务部单证本来是他兼的，出口合同坚持以T/T为主，几乎不做要求以信用证结算的业务。近期李经理发现越来越多的客户提出用信用证结算，一概拒绝显然会严重影响业务的发展，才决定配备职员，准备接受客户提出用信用证结算的业务。

    李波在加入精彩公司前，也在当地外贸公司工作，在我国香港地区、韩国和西班牙等有客户资源。客户的寻找、报价、签约以及和国内供应商的合作等事宜，均是他一手操办。通过业内的人脉关系，也做一些代理出口业务。此人在外贸行业打拼多年，在张艾看来俨然前辈，又不苟言笑，在他面前，张艾总是有点怵。

上班近半个月，除了复印资料，发发传真，来了客人倒个茶递个水外，张艾根本没接触到什么外贸单证，开始有点郁闷。

目　录

第一章　信用证的开立和通知

1.1　期待中行的信用证，等来的却是汇丰的

时间已是 7 月末，星期二，天气酷热难当。张艾一早来到公司，打开空调，搞好办公室卫生工作后刚坐定，李经理进来了。

"张艾，等一下打个电话到中行问一下，我们公司有一个从香港开过来的信用证到了没有，客户说他们银行上个星期已经开出。"李波一进门，露出了一个难得的笑容，对张艾说道。

"好的，李经理，嗯，中行我没联系过，打哪个电话，还有我找谁问?"看来真正要有业务做了，张艾有点兴奋。

"你等下，我去找张名片。"李波走进里边自己的办公室，找出一张名片时，张艾已走到他跟前。李波把名片递给张艾，"你找这个人，叫他单老师就行了"。

张艾倒了一杯水，坐下来看了一下邮件，给已经上线的 QQ 和 SKYPE 同学、朋友打过招呼后，时间已近八点半，银行的老师应该上班做事了。

张艾按名片上的号码打通了电话，找到了单老师。从声音判断，单老师应该有点年纪了。电话里单老师告诉张艾，他们中行已经收到的信用证中没有精彩公司的。现在开证都是以 SWIFT（Society for Worldwide Interbank Financial Telecommunication——环球同业银行金融电讯协会）方式发送，是电讯的一种，基本上开证行的电文一进系统，通知行马上能收到，是非常快捷的。信用证是他们省行统一接收打印后用 EMS 寄给下面分支行，一收到信用证会马上通知精彩公司。

把这个情况告诉经理后，张艾定下心来等单老师的电话。一等等到第二天，临下班时间还没有等到单老师的电话。张艾决定再打电话问一下。

单老师说还没有收到受益人是精彩公司的信用证，并问张艾，是不是确定开证行把信用证开到中行了。张艾从李经理那里得到了肯定的答复，告诉单老师，签合同时已在条款中明确，信用证通知行是中国银行。单老师需要张艾向进口商要一个开证行的信用证报文副本的传真，看看信用证是否确已开出，通知行究竟是哪家。

张艾把单老师的意见告诉了李经理，李经理一脸疑惑。刚开始从事外贸行业时，李波也曾经做过信用证单证员，单据总是有不符点被拒付，不时被领导怪罪。后来做业务有了自己的客户，坚持只做 T/T，信用证太麻烦，不敢碰。现在出口市场不太景气，越来越多的客户不接受前 T/T，后 T/T 风险毕竟太大。信用证是双方都可接受的方式。与 T/T 比起来，有个开证行在里边做信用中介，总会好一些。

现在真正准备做了，麻烦还真的来了。客户明明说上个星期已经向银行申请开证了，到本周二了还没收到，是不是中行没有认真查，还是客户骗他，信用证根本没有开？他一边想，一边给客户发了个措辞委婉的邮件，说信用证还未收到，请客户向他们的银行确认信用证是否开出；如已开出，请客户传真一份信用证的副本云云。

次日张艾上班，整理收到的传真时，意外发现有一份貌似信用证的文件，共 4 页，是有汇丰银行标志的信笺纸。等了两天之后，张艾终于看到了一份不是印在书本上的信用证。

"李经理，信用证到了，是汇丰银行上海分行传真过来的。"李波和陈希在张艾整理收到的传真时，也已经来到办公室。听到信用证已收到，李波面露喜色："拿过来我看看！"张艾连忙把信用证递给经理。李波逐页扫了一眼，对张艾说："去复印一份，你也看一下，信用证条款有什么问题，有没有软条款，有的话还要让客户修改。再给单老师打个电话，告诉他信用证已经收到，让他不要查了。"

本节提示

1. 信用证开立方式有信开和电开，信开已经很罕见，电开有 TELEX 和 SWIFT 方式。TELEX 也已经很罕见，目前绝大多数信用证以 SWIFT 方式开立。

2. 开证行有自己选择通知行的权力，信用证通过非出口商自己的往来银行通知实务中很常见。

3. 信用证开证行按信贷业务管理，需要履行信贷审批过程，正式开立会迟于受理日期。

1.2 密钥问题

张艾复印时，陈希打手势也要一份，张艾就多复印了一份。把副本交给经理和陈希，人手一份，各自研究，而后给单老师打电话。

"单老师，我们的信用证收到了。"

"噢，是哪个银行通知你们的？"单老师问。

"是汇丰银行上海分行。我们合同上明明规定信用证要求开到中国银行，怎么会跑到汇丰呢？"张艾把传真拿到手上，再看了眼，确实是汇丰上海分行。

"是这样，一来呢，通过 SWIFT 系统开证，需要开证行和通知行之间有代理行关系，相互交换密钥才行。开证行与受益人指定的通知行不一定有代理行关系，电文发不通。二来呢，开证行有选择通知行的权力，通常在受益人的所在地如果有自己银行的分支机构，就会优先开到自己的分行，也是照顾自己海外分行的业务发展和利益嘛。"

"什么是密钥？"张艾不懂。

"是这样，信用证是一份相当严肃的法律性文件，为保证它的真实性，防止贸易欺诈，电文是加密后发送的。如果相互之间没有交换过密钥，系统就不能成功发送。打个比方吧，你在邮局订了份报纸，邮局给你家一个加锁的信箱，送报纸时，得有邮局的钥匙才能把报纸放进去，其他自办发行的报纸，没有你家信箱钥匙，报纸就放不进去。如果你要自办发行的报纸也能放进你家信箱，你得配一把钥匙给人家——这就相当于交换密钥。当然 SWIFT 系统给信用证加密和核对密钥这个过程，是系统自动完成的，所以通过 SWIFT 系统开立和接收的信用证，就不再手工核对密钥，也就是没有真实性的问题，不像信开信用证。"

张艾知道所谓信开信用证就是开证行把信用证内容打印在固定格式的纸上，以信函方式寄给通知行的开证方式。

"信开信用证怎么确定真实性呢？"勤学好问一直是张艾最大的优点。

"信开信用证必须有开证行有权签字人的签名，并跟通知行交换过签字样本，由通知行手工核对签字样本才能确定信用证的真实性。如果无法核实签字样本，可以通过与开证行交换过签字样本的第三方银行核实，也可以向开证行发电文要求核实。在核实信开信用证的真实性之前，贸然发货是很危险的。"单老师对客户咨询向来是很有耐心的，"目前发现利用假信用证诈骗的案件，常见的也是利用过期的信开信用证，涂改金额、有效期和受益人等要素后实施的。"

本节提示

1. 电讯方式发送的信用证电文需要加密钥，开证行只能向建立代理行关系，交换过密钥的通知行发送电文。这也是信用证开立到不是受益人指定银行的原因之一。

2. 通过 SWIFT 系统开立的信用证，已经过系统自动核对密钥，没有真实性问题。信开信用证必须核对签字样本证实信用证的真实性，防止贸易欺诈。

1.3　记得向客户要信用证副本

"你们中行与香港汇丰没有代理行关系，还是汇丰就是为了照顾自己分行的业务才把我们的信用证开到汇丰上海分行的？"张艾问。

"大家都算是国际性的大银行，中行不可能与汇丰没有代理行关系，汇丰

就是为照顾自己海外分行的业务。"单老师很肯定，"其实我们国内银行也有这种要求。"

"要是信用证上没有我们公司的电话和传真，信用证开到了汇丰上海分行这种不是我们公司的开户行，无法通知我们怎么办？"张艾问。

"这确实是个问题。实务中，信用证开到不是受益人指定的银行很常见。除了跟你说过的代理行关系、照顾自己海外分行利益外，还有人为的失误。比如中国银行浙江分行经常收到受益人在江苏镇江的信用证，镇江分行也经常收到受益人是浙江企业的信用证，ZHEJIANG 和 ZHENJIANG，很多境外开证行混到一起。"

"如果通知行确实无法通知信用证，或有其他原因，它有拒绝通知一份信用证的权力，拒绝通知是必须立即通知开证行的。在实务中，拒绝通知信用证极其罕见，我从业二十多年都没听说过我们中行拒绝通知过信用证。通知行决定通知一个信用证，肯定会用最便捷的方式通知受益人，但如果没有电话和传真等联系方式，可能会耽误时间。但受益人见不到信用证有时会影响到按时备货订仓，所以我曾建议你们，向客户要信用证副本，看一下电文的收报行，可以主动与通知行联系。"

"谢谢单老师。"怪不得单老师让我们要副本，好在我们公司的信用证有公司的电话和传真，张艾想。

"客户说上个星期他们的银行就开出了，我们为什么今天才收到？不是说电讯方式传送速度很快吗？"张艾还是为这两天不安的等待不平。

"你客户说的可能是向他们的银行提交了开证申请。信用证开证业务，开证行存在垫款风险，都是按贷款一样的信贷业务来进行管理的，内部都有一个信贷审批手续。提交申请后，2 至 3 个工作日才能正式对外开立，是比较正常的。"单老师继续耐心地解释。

"那我们合同上约定是通过你们中行通知的，开证行却把信用证开到了汇丰上海。算不算违约？"单老师这么耐心，张艾决定把心中的疑问一并解决。

"信用证虽然根据你们进出口双方的交易合同开立，但它是一个独立的合同，并不受你们交易合同的约束。他们这样做，算不上违约。"单老师答。

"谢谢您，我们看一下信用证，有问题再向您请教！"张艾放下了电话，开始认真看这个信用证。

本节提示

1. 信用证基于基础交易合同开立，但独立于交易合同，不受交易合同约束。

2. 如果迟迟收不到信用证影响备货订仓，应及时跟进口方核实通知行信息，主动与通知行联系。

第二章　信用证的审核与修改

2.1　信用证之庐山真面目

　　打完电话后，张艾开始看这个信用证。经理布置了任务，要检查信用证有什么问题，有没有软条款。这是工作后的第一次考验，小心再小心，不要被经理看扁了。这个信用证有什么问题呢？

　　放在张艾面前的，是这样一份文件：

WONDERFUL TRADE CO. , LTD

NO. 123 ZHONGSHAN ROAD, HAIBEI CITY, CHINA

TEL/FAX：86 - 567 - 2345 - 2326/2336

USD SIXTY ONE THOUSAND SIX HUNDRED FIFTY ONLY

DEAR SIRS,

IN ACCORDANCE WITH THE VERSION OF THE UCP RULES (ISSUED BY THE ICC) AS SPECIFIED IN THE CREDIT, WE ADVISE HAVING RECEIVED THE CAPTIONED DOCUMENTARY CREDIT IN YOUR FAVOUR

FROM HSBC BANKING CORPORATION, HONG KONG

　　(SWIFT ADDRESS：HSBCHKHHHKH)

Sequence of Total　　　　　　　　：27 1/1

Form of Documentary Credit	: 40A : IRREVOCABLE
Documentary Credit Number	: 20: LC140800234
Date of Issue	: 31C: 30JUL14
Applicable Rules	: 40E: UCP LATEST VERSION
Date and Place of Expiry	: 31D: 30SEP14 IN CHINA
Applicant:	: 50: BRILLIANCE TRADE CO. , LIMITED
	FLAT D, 17/F. , BRILLIANCE COM-MERCE MANSION, 1 – 3 THE GARDEN ROAD, CENTRAL HONG KONG
	TEL/FAX: 00852 – 2238 2388/2399
BENEFICIARY:	: 59: WONDERFUL TRADE CO. , LTD
	NO. 123 ZHONGSHAN ROAD, HAIBEI CITY, CHINA
	TEL/FAX: 86 – 567 – 2345 – 2326/2336
Currency Code, Amount	: 32B: USD61 650. 00
Percentage Credit Amount	: 39A: 05/05
Available with. . . By. . .	: 41D: ANY BANK
	BY NEGOTIATION
Draft at	: 42C: DRAFTS AT SIGHT FOR 100PCT OF THE INVOICE VALUE
Drawee	: 42D: ISSUING BANK
Partial Shipment	: 43P: ALLOWED
Transshipment	: 43T: NOT ALLOWED
Port of Loading/Airport of Departure	: 44E: ANY PORTS IN CHINA
Port of Discharge/Airport of Destination	: 44F: HONG KONG
Latest Shipment Date	: 44C: 15SEP14
Description of Goods and/or Services	: 45A:

5 000 PCS OF LADIES' COAT AT UNIT PRICE
USD12. 33 FOR AMOUNT USD61 650. 00
DETAILS AS PER C/O NO. BWC2014021
DD 140721
PRICE TERM：CIF HONG KONG
COUNTRY OF ORIGIN：CHINA

Documents Required　　　：46A：

+ SIGNED COMMERCIAL INVOICE IN TRIPLICATE INDICATING THIS L/C NO. AND CONTRACT NO.

+ FULL SET OF SHIPPED ON BOARD BILLS OF LADING MADE OUT TO OR-DER AND BLANK ENDORSED, MARKED "FREIGHT PREPAID" NOTIFYING APPLICANT WITH FULL NAME AND ADDRESS

+ INSURANCE POLICY/CERTIFICATE IN DUPLICATE FOR 110% OF THE INVOICE VALUE COVERING INSTITUTE CARGO CLAUSE (A), SHOWING CLAIMS AT DESTINATION IN THE CURRENCY OF THE DRAFT

+ PACKING LIST IN TRIPLICATE

+ CERTIFICATE OF ORIGIN IN DUPLICATE ISSUED BY A LOCAL CHAM-BER OF COMMERCE, SHOWING THE ORIGIN IS CHINA

+ BENEFICIARY'S CERTIFIED COPY OF FAX ADVICE TO THE APPLICANT ADVISING THE INVOICE NO. , NAME OF COMMODITY, VALUE AND QUAN-TITY OF THE GOODS, NAME OF THE CARRYING VESSEL, VOYAGE NO. , IT'S SAILING DATE AND ETA, SHOWING THIS DC NO. WITHIN TWO WORK-ING DAYS AFTER SHIPMENT DATE, THE FAX REPORT TO THIS EFFECT IS REQUIRED

Additional Conditions　　　：47A：

+ BOTH SHIPMENT QUANTITY AND CREDIT AMOUNT 5PCT MORE OR LESS ARE ALLOWED

+ THIRD PARTY AS SHIPPER IS NOT ACCEPTABLE

+ SHIPPING MARK：MADE IN CHINA

BRILLIANCE

+ A DISCREPANCY FEE OF USD75. 00 OR EQUIVALENT WILL BE DEDUCT-ED FROM THE PROCEEDS IF DOCUMENTS PRESENTED WITH DISCREPANCY (IES).

+ IF DC IS OVERDRAWN AND SUCH A DISCREPANCY IS ACCEPTED BY APPLICANT AND THE ISSUING BANK, DC OVERDRAWN COMMISSION AT 1/4 PCT (MIN. HKD500. 00 OR CURRENCY EQUIVALENT) FOR ACCOUNT OF BENEFICIARY AND WILL BE DEDUCTED FROM PROCEEDS AT TIME OF RE-IMBURSEMENT.

+ IN CASE OF DC EXPIRED AND THE PRESENTATION DATE OF DOCU-MENT AT OUR COUNTER BEYOND 6 MONTHS AFTER THE ISSUING DATE OF DC, AND IF SUCH DISCREPANCY IS ACCEPTED BY APPLICANT, THEN A DC EXPIRED COMMISSION AT 1/4 PCT ON INVOICE VALUE (MIN. HKD500. 00 OR EQUIVALENT) IS FOR ACCOUNT OF BENEFICIA-RY AND WILL BE DEDUCTED FROM PROCEEDS AT TIME OF REIM-BURSEMENT.

+ PLS KINDLY NOTE THAT UCP ARTICLE 37/C DOES NOT APPLY. SO WE SHALL NOT BE LIABLE FOR THE COMMISSIONS, EXPENSES AND CHARGES NOT COLLECTED FROM THE BENEFICIARY.

+ WHERE MULTIPLE PRESENTATION OF DOCUMENTS ARE MADE IN THE SAME DAY, INDIVIDUAL SCHEDULES MUST BE CREATED IN ORDER TO A-VOID DELAY IN SITUATION WHERE SOME PRESENTATIONS COMPLY AND OTHERS NOT.

+ ALL DOCUMENTS MUST BE SUBMITTED IN ENGLISH.

+ NOTWITHSTANDING THE PROVISIONS OF UCP600, IF WE GIVE NOTICE OF REFUSAL OF DOCUMENTS PRESENTED UNDER THIS CREDIT WE SHALL RETAIN THE RIGHT TO ACCEPT A WAIVER OF DISCREPANCIES FROM THE APPLICANT AND, SUBJECT TO SUCH WAIVER BEING ACCEPTABLE TO US, TO RELEASE DOCUMENTS AGAINST THAT WAIVER WITHOUT REFERENCE

TO THE PRESENTER PROVIDED THAT NO WRITTEN INSTRUCTIONS TO THE CONTRARY HAVE BEEN RECEIVED BY US FROM THE PRESENTER BEFORE THE RELEASE OF THE DOCUMENTS. ANY SUCH RELEASE PRIOR TO RECEIPT OF CONTRARY INSTRUCTIONS SHALL NOT CONSTITUTE A FAILURE ON OUR PART TO HOLD THE DOCUMENTS AT THE PRESENTER'S RISK AND DISPOSAL, AND WE WILL HAVE NO LIABILITY TO THE PRESENTER IN RESPECT OF ANY SUCH RELEASE.

Charges : 71B: ALL BANKING CHARGES OUTSIDE ISSUING BANK AND REIMBURSEMENT COMMISSIONS ARE FOR THE BENEFICIARY'S ACCOUNT

Period for Presentation : 48: DOCUMENTS TO BE PRESENTED WITHIN 15 DAYS AFTER THE DATE OF SHIPMENT, BUT WITHIN THE VALIDITY OF THE CREDIT

Confirmation Instruction : 49: WITHOUT

Inst/paying/Accpt/Neg. Bank : 78:

+ ALL DOCUMENTS INCLUDING DRAFTS MUST BE SENT IN ONE LOT TO HSBC BANKING CORPORATION ATTN: TRADE SERVICES DEPT. TEAM F, ADDRESS: UNIT A, 5/F., HSBC BLD., NO. 100 GARDEN ROAD, CENTRAL, HONG KONG

+ AMOUNT OF EACH DRAWING UNDER THIS CREDIT MUST BE ENDORSED ON THE REVERSE OF THE ORIGINAL CREDIT

+ UPON RECEIPT OF DRAFTS AND DOCUMENTS IN COMPLIANCE WITH THE CREDIT TERMS AND CONDITIONS, WE SHALL HONOR THE DOCUMENTS AS PER YOUR INSTRUCTIONS

Advise Through: : 57A: BKCHCNBJ910

THIS ADVICE CONSTITUTE A DOCUMENTARY CREDIT ISSUED BY THE ABOVE BANK AND SHOULD BE PRESENTED WITH THE DOCUMENTS/DRAFTS FOR NEGOTIATION/PAYMENT/ACCEPTANCE,

AS APPLICABLE

7782938 – AUTO – 000. 01 – 00

＊＊ END OF DC ＊＊

看到这么一堆大写英文字母，张艾有些晕眩。很多单词看着熟悉，但张艾一下子想不起是什么意思，写成了小写才恍然大悟。

对张艾来说，毕竟是第一次接触信用证，很多条款字面意思都知道，但不知道是怎么回事。经理让他提问题，张艾看哪儿都不是问题，又都是问题，不知道提什么好。

下午一上班，张艾开始着手整理问题向经理交差，在信用证副本最后一页的空白处写了下面三个问题：

（1）附加条款的"NOTWITHSTANDING…"太复杂，开证会不会在里边设置不利于我方的"陷阱"？

（2）费用条款太多，不符点费每个 75 美元收费太高，对我方不利。

（3）MULTIPLE PRESENTATION 不清楚是什么指示，能否做到？

写完后拿到李经理面前，经理这时也正在研究信用证。张艾对经理说道："李经理，我看了信用证，觉得有这些问题，您看看。"李波经理没有接张艾递过来的纸，却从一个文件夹里拿出一份合同："这是我们跟香港客户签的合同，你再拿信用证跟合同对一下，上午忘记给你了。我马上要去工厂，看完后明天给我好了。"

"好的！"张艾回到自己位置后不久，经理就打个招呼出门了。张艾静下心来把合同与信用证的货物名称、单价、金额、价格术语、发货期、起运港、目的港、单据要求等内容进行了仔细核对。核对下来，觉得问题大了：

（1）合同规定了面料的成分和规格，各个款号和颜色的比例，信用证里没有。

（2）合同最后交货期是 9 月底（THE BOTTOM OF SEP.），信用证提前到了 9 月 15 日，我方能否及时交货？

（3）合同的单据要求中没有提到装船通知问题。装船通知中的"ETA"是什么意思？

（4）信用证规定 UCP600 第 37 条不适用，是否对我方不利？

特别是第二点，张艾特别担心，急忙打经理手机。李波用赞许的口气对张艾说："不错，你也注意到这个问题了，我正在工厂谈这个事，工厂说加加班 9 月上旬就能赶出来，没有问题。"

打完电话，张艾松了一口气，看出了一个实质性的问题，第一次的考验应该可以过关了。

第二天，张艾把第二次看出来的问题在信用证副本上补充后交给了李经理。李经理示意放在桌上，张艾回到自己的位置，等李经理的指示，上学时等考试成绩的感觉又回来了。

不一会儿，李经理把他自己看过并在上面做了签注的信用证副本连同张艾交过去的副本一并拿过来，对张艾说，"我也看出一些问题，过一会儿你去中行找单老师，我也好久没有做信用证了，让单老师帮忙看看，还有没有其他问题，我们一并向客户提出，让他们申请修改信用证"。说完就提包出门了。

张艾目送经理出门后，开始看他签注过的信用证。在受益人名称下面，画了一条线，旁边注有：公司名称少了"HAIBEI"——联系修改，张艾觉得自己脸上发烫，什么都仔细核对了，怎么没核对自己的公司名称？好糗！在最迟装运期下面画了一条线，旁边注：联系工厂，能否赶工期，赶不出来联系修改。其他就是在那几条事关扣费的条款上做了标记。

张艾给单老师打了个电话，说收到的信用证要他帮忙看看，有些问题需要请教。单老师一口答应，让张艾上午就过去。

本节提示

1. 收到信用证后，要进行审核，审核应该以贸易合同为依据。对商品名称、规格、数量、单价、金额、价格条款、最迟装运期、起运港、目的港和单据要求等内容进行核对。其中，进出口双方公司名称经常被忽略。

> 2. 审核信用证条款和条件有无矛盾，有无不明确的指示。
>
> 3. 在信用证费用承担等方面有无明显不公平的条款。
>
> 4. 信用证各项指示是否明确，有无存在歧义和难以理解的条款和措辞。

2.2　老师一席话，胜读十年书

　　放下电话，张艾就带上自己和经理看过的两个信用证副本，来到中行。在中行2楼的国际业务部，张艾见到了单老师。单老师年纪偏大，头发已白多黑少，面容清癯。据李经理说，单老师原来是英文老师。20世纪80年代末期中国银行成立，作为国际结算的专业银行，总得找一个精通英文的。当时除了英文老师，其他人在县城也确实不好找。中行负责国际业务的副行长想方设法将自己的英语老师调了过来。三十多年了，单老师已经退休，无奈单老师带的学生，走了一茬又一茬，现在留在国际业务部门的几位新人，从业时间还不长，中行领导对他们的能力还不放心，留用单老师再带带这些新人。

　　寒暄了几句，单老师把他们办公室的同事介绍给张艾。其中一位姓赵的同事，是去年加入中行的，先在柜面工作了一年，刚调到国际业务部，以后精彩公司业务由他负责。单老师介绍完，大家算是认识了之后，招呼张艾坐下，开始看张艾带过去的信用证。让张艾吃惊的是，单老师看文件，居然还用放大镜。

　　只见单老师的放大镜快速地在文件上移动，时不时地停一下，很快就把信用证看完了。"张艾，这个信用证也就是一些常规的条款。"单老师抬头道，"除了信用证超支和过期交单要额外收费，还有同一天提交多套单据需要分别缮制寄单面函在其他银行开的信用证中比较少见外，跟其他信用证还是大同小异的。那个不符点单据放单问题，我们中行开的信用证也有类似条款，其实还是为了贸易的顺利进行。"单老师停下来喝了口水，小赵也主动走了过来，"小赵你也听一下，一般刚做信用证的外贸业务员，都有跟张艾差不多的

问题。以后你负责解答这些问题。"

"我们先来看张艾的问题。"单老师开始向张艾和小赵讲解。

"先看这个货物描述与合同不一致问题。贸易合同一般都会详细地描述交易的标的，特别是服装等产品，会规定面料、款式、颜色、大小规格，包括各个规格的数量、单价，甚至还有不同的发货时间。但在开立信用证时，开证行不主张在货物描述部分，包含过多的细节。申请人即使要求这样做，开证行也会劝阻。当然如果申请人坚持，开证行也会照办。结果有时货物描述部分内容实在太多，SWIFT 报文根本容纳不下，开证行不得不采用信开方式，把合同作为信用证的一部分直接寄通知行，货物描述部分直接引用合同内容的方式解决。所以你们这份信用证，货物描述部分没有包括合同的详细内容，是开立信用证的常规做法，你应该庆幸信用证没有详细的货物描述，你做单证时就简单多了。"

"信用证上说 AS PER CONTRACT，我做单据时不用把合同内容打上去吗？"张艾问。

"没必要，当然也没人阻止你把合同内容打上去，但内容多了，犯错误的机会就增加了。除非信用证没有规定商品或服务的具体名称，发票的货物描述无须显示信用证 45A 规定以外的内容。"

"那倒是！"张艾十分赞同单老师的说法，毕竟单据是要自己做的，越简单越好。

"现在看这个装船通知。小赵，你认为这个装船通知有什么作用？"单老师看来要考考他的学生。

"我感觉要通知那么多细节，是存心让受益人出错，可以大大增加拒付机会！"小赵一边笑一边说。

"这个是开证行不能说的用途。张艾有什么看法？"单老师把问题交给张艾。

张艾在单老师问小赵时，也已经在考虑这个问题了。"是不是开证行和进口商要凭这个装船通知作船情调查，防止出口商伪造单据进行诈骗？"张艾回答。

"那确实是一个重要的用途。其实小赵你以后肯定会看到，这些类似的装船通知，有些信用证规定是直接传真给保险公司的，也就是在 FOB 或 CFR 成交条件下，进口商要投保，装船通知其实就是起投保信息的作用。小赵你看一下，这个装船通知所需要提供的信息，是不是就是投保海运保险所需要的信息？"

小赵看了一下信用证，一副恍然大悟状。

"那我们这一票是 CIF 价格，保险要我们办的啊？"张艾问。

这次单老师笑起来："那就是你和小赵说的作用了。"

"你说的那个 ETA，用在货运方面，就是 Estimated Time of Arrival 的缩写，也就是预计到港时间。相对应的，还有一个 ETD，就是 Estimated Time of Departure，就是预计开船日。货运中常见的缩写，还有 FCL，是 Full Container Load 的缩写，意思是整箱装，对应就有 LCL，是 Less Than Container Load 的缩写，也就是拼箱装了，还有 CY – CY，就是 Container Yard to Container Yard，集装箱堆场到堆场。有关货运方面的术语缩写特别多，不做物流这一行的接触得少，不可能全部知道。需要时网上搜索一下也基本上能搜索得到，平时多注意积累，见得多了，自然就没有问题了。"

"还有一个你自己没提出来，我提醒你一下。就是那个 FAX REPORT，我开始也不知道是怎么回事，以为是受益人出具一个已经传真了的证明，记得第一次做有这个要求的信用证，客户提供了一个证明格式的 FAX REPORT，结果被拒付，不符点是 'FAXED CERTIFICATE I/O FAX REPORT'，即已传真证明代替传真报告。当时我意识到自己想当然想错了，还好传真是确实传了的，进口方也同意接受这个不符点。"

"我们行科技部门的经理是个对凡带'电'字的器具都精通的人物，我就打电话问他这个 FAX REPORT 是怎么回事。他也没说什么，直接跑过来在我们这边传真机上按了一番，然后拿张纸给行里的其他部门发了个传真，传真结束，传真机就自己输出一个报告来，双方的传真号码，传真起讫时间，耗时多少，传真的页数，发送的结果一清二楚。其实所有的传真机都有这个功能，发送或接收结束后，打印一个发送或接收结果的报告，只是为节约纸张，出厂时把这个功能关闭了而已。如果需要，在传真机的功能菜单里，把这个 REPORT 功能设置改成 'ON'，这个报告就有了，根本不用去想由谁签发，怎么签发。"

"那这个传真报告我们公司要不要在上面签字盖章？"张艾想到自己马上

就要做单据，立刻问这个问题。

"通常就把这个传真报告附在装运通知的后面当成附件，不作为独立的单据，不需要签字盖章。"单老师答。

"现在就来看'NOTWITHSTANDING...'这条，小赵应该知道这一条是什么意思吧？"单老师又开始向小赵发问。

"知道，就是单据如果有不符点，开证行拒付后，申请人同意放弃不符点，如果事先没有收到交单行的相反指示，开证行将不再征询交单行的意见，直接放单给申请人。"小赵斟字酌句地回答道。

"就是这个意思啦！"单老师对小赵的回答还算满意。

"那不是对我们有好处？为什么还要在信用证上强调？"张艾忍不住插话了。

"这个其实跟 UCP600 中第 16 条关于开证行拒付通知和对不符点单据的处理有关。"单老师拿出一个 UCP600 中文版的单行本，指着拒付通知部分，上面的文字是：

"该通知必须声明：

I. 银行拒绝承付或议付；及

II. 银行拒绝承付或者议付所依据的每一个不符点；及

III. a）银行留存单据听候交单人的进一步指示；或者

b）开证行留存单据直到其从申请人处接到放弃不符点的通知并同意接受该放弃，或者其同意接受对不符点的放弃之前从交单人处收到其进一步指示；或者

c）银行将退回单据；或者

d）银行将按之前从交单人处获得的指示处理。"

单老师估计张艾看完了这个条款内容，就继续往下说："也就是说，开证行发一个拒付电文，这里的 I、II 和 III 三个部分缺一不可，否则拒付就是无效的。"

"在 UCP500 中，对不符点单据的处理，这里的 b）和 d）是没有的，也就是只能在留存单据等候交单人指示和直接退单里选择。修订 UCP600 时，国际商会 UCP 起草委员会的专家采用了银行委员会的意见，增加了 b）和 d）两个选择。毕竟受益人，特别是在明知有不符点的情况下还继续向开证行或

保兑行提示单据，希望申请人接受不符点并支付货款的意向是很明确的。"

"境外银行不像我们的银行，进口单据有不符点，拒付会征询开证申请人意见，甚至要申请人出具同意拒付的书面文件。他们会毫不迟疑地行使独立拒付的权力，一旦审出单据有不符点，通常会先拒付，再去联系申请人是不是接受不符点。那么，大多数情况下获得申请人放弃不符点的同意就会在拒付之后，这个免责条款就起作用了。"

"从理论上来说，开证行一旦拒付了单据，在拒付电文中表示持有单据等候交单方的指示，英文通常就是'HOLDING THE DOCUMENTS AT YOUR RISK AND DISPOSAL'，它就不再拥有对单据的处置权。万一真有出口商品市场价格大涨，出口商准备另找买家等原因，需要退单，但交单银行向发出拒付通知的开证行要求退单前，开证行因为申请人已经同意接受不符点而放单，就构成了开证行的操作错误，违背了 UCP 的原则，也就是他们 MAKE A FAILURE 了。加上这个条款，发生这种情况就可以免责了。其实我国部分银行开立的信用证，也有这个条款。这个条款在绝大多数情况下，可以促进贸易的正常进行，节约银行间电文往来的费用和时间，以及可能由此引起的滞港、滞箱等额外费用。"

原来是这样，张艾想，早知道把这个条款逐字逐句仔细翻译一下，英文好歹过了 6 级，尽管不少词汇放在信用证中不知道如何确切翻译，但肯定不至于把这个条款的作用向相反的方面考虑。

"看来每一个不可思议的条款背后，都有它深刻的背景！"小赵总结性地发言了。

"说得对极了，看张艾的经理圈起来的信用证超支扣费条款，其实我们中行也碰到了要把这个条款加到信用证里面的业务背景。"

"是不是那个开证 70 万美元，超支了 100 多万美元的?"小赵问单老师。

"是的。你想，如果不超支这个信用证，发货又确实需要发那么多，申请人必须到我行修改信用证追加 100 万美元的金额，或另开一个 100 万美元的新证。我行按标准的费率 1.5‰收费，开证或修改费有多少? 1 500美元，直接超支信用证我们收费多少? 50 美元的不符点费！"

"不修改信用证，超支那么多，进口商怎么会同意? 还有，受益人的单据会被拒付，会被扣不符点费，为什么不坚持让申请人修改信用证?"单老师他们考虑的是他们银行方面的问题，张艾想到更多的是出口商方面的问题。

"在实务中，开证行拒付后真正退单退运的，是极个别的交易。绝大多数是以进口商接受不符点，并付款赎单这种方式来完成交易。再考虑到进出口双方可能有长期良好的合作关系，或者是境内、外关联企业之间的交易，信用证的作用并不是解决交易双方互不信任的问题，而仅仅是一种融资工具，出口商并不担心进口方拒收货物拒付货款。如果最终的发货数量超过预期，进口方同意接受，就极有可能不愿向开证行申请修改增加信用证金额，而出口商也不会要求进口方修改信用证，坦然地不符点出单等待进口方接受单据支付货款。这种情况下，唯一受损的是开证行的收益。"

听了单老师的解释，张艾觉得汇丰银行加上这个条款也确实情有可原。

"汇丰是家以做贸易服务见长的银行，估计遇到这种问题比我们多，也比我们早。为了避免出口双方是关联企业也好，还是有默契也好，用这种手法来规避信用证修改费用，加上这个条款也是无奈之举。我猜想 0.25% 应该就是汇丰信用证修改追加金额的收费比率，500 元港币是汇丰修改信用证的最低收费标准。"单老师接着说。

"后面那个信用证过有效期后交单的扣费条款，跟我们境内银行操作手法就有些差异了。我们境内银行不增加信用证的金额，仅仅是延长信用证有效期的信用证修改，不是按金额的比例收费的，仅按每次收取 25 至 30 美元的费用。信用证过了有效期，也会同意做这类修改。也有国内部分银行对信用证开立日期到信用证有效期的时间超过一定限度，要加收开证费用，自然而然信用证展期展到超过这个限度，也要加收开证费用。这个加收费用也是有道理的，信用证长时间留着余额，银行有不少维护工作要做，至少信贷资产清分工作量就要加大，是确实发生管理成本的。从这个条款来看，我国香港，也包括其他国家的银行，信用证失效之后，是不允许通过修改来展期的，交易还要进行，必须开立新证。如果发生信用证过了有效期还需要交单的情况，进出口双方是关联企业也好，有默契也好，不开立新的信用证，直接在失效的信用证项下交单并接受不符点，开证行的新开证的收费不是没有着落了？所以从这个角度来说，这个条款跟上一个条款一样，也不算过分，无非是开证行对自己利益的保护。"

"那个 MULTIPLE PRESENTATION 的条款，是对交单银行的指示。说白了，也跟扣费有关。如果受益人同一天提交多套单据，要求交单行分别出具寄单面函，表面上是为我们出口方好，万一有几套单证相符，有几套单证不符，单证相符的可以及时得到偿付。汇丰也太小看我们境内银行的审单水平了，我们不会把单证相符的合在一起做一个寄单面函，单证不符的合在一起做成另一套？所以据我个人看法，无非也是扣费问题。什么偿付费、电报费是按笔扣收的，几套甚至十多套单据做一个面函，开证行只需要安排一次付款，只能扣一次费用，明显影响收益。"单老师拿起信用证，边看边说，"这个条款你们没有做得到做不到的问题，是我们银行是不是照办的问题。"

"接下来这个排除条款，就是'PLS KINDLY NOTE THAT UCP ARTICLE 37/C DOES NOT APPLY'这一条，开证行就把保护自己利益这件事做到了无懈可击。看这个条款前我们先看一下 UCP600 第 37 条规定，如果信用证规定费用由受益人负担，而该费用未能收取或从信用证款项中扣除，开证行依然承担支付此费用的责任。这份信用证直接排除这个条款，通知行、议付行如果不能从受益人这边收取相关费用，开证行没有承担这些费用的义务，厉害吧？汇丰就是汇丰啊！当然，汇丰也不仅仅是尽力保护自己的利益，在保护自己客户利益方面，也是无懈可击的，这就是为什么那么多客户选择汇丰的原因。"单老师说完，起身倒了杯水喝，停了一下。

"那这一条'AMOUNT OF EACH DRAWING UNDER THIS CREDIT MUST BE ENDORSED ON THE REVERSE OF THE ORIGINAL CREDIT'到底是什么意思，我们公司要做些什么吗？比如出个受益人证明什么的？"其实张艾对没有列出问题的条款，也并不是全部理解。

"不用。"单老师非常肯定地说，"这是对交单行的指示，要求每次交单后，交单行把该次交单的金额，写在信用证正本的背面。按信用证操作惯例，包括我们国内银行国际结算方面的相关规定，客户向银行交单，银行审完单后，是要把正本信用证退给客户的。如果信用证允许分批装运，信用证还有余额，非指定议付的信用证是允许企业更换交单行的。那么如果不把信用证已支用的金额写在信用证的背面，后一家银行怎么知道信用证已经支用多少，是否已经超支呢？"

张艾点点头表示明白："也就是说这几个条款跟我们公司做单据无关。那么不符点费不论大小，每个 75 美元是不是太高了？"

"你这个说法有两点需要纠正：一是不符点没有大小，只有成立不成立，你迟装运、迟交单这些所谓的大不符点，与提单被通知方里电话号码少一个 0 的所谓小不符点，性质是一模一样的。二是不符点费没有见过按'个'扣的，一套单据有不符点，一个也好，十个也好，不符点费是一样的。当然如果有不符点，扣费的时候大多超过信用证规定的这个数。"

"为什么？"小赵问，"单老师我也奇怪，信用证明明规定不符点费是 50 美元的，付款报文的费用栏显示的往往超过 50 美元，我也一度认为不符点费是按'个'扣的。"

"很简单啊，像汇丰，它一收到单据，经审核发现不符点，第一时间拒付。这个拒付电文是不是要收费？是不是要你受益人承担？"显然单老师经常回应这种疑问，回答起来不假思索。

"那么要撤销、修改这些扣费条款是不可能的了？"张艾问道。

"除非一、客户跑到汇丰去说，这些费用我们公司承担；二、客户是汇丰数一数二的大客户，在汇丰的业务中发展举足轻重，而且愿意跟汇丰说，把这些扣费条款删除，我们客户不接受，不行的话，我们去其他银行开证了。"单老师没有直接说不行。

"这怎么可能？"张艾笑道。

"是啊，所以这个信用证能修改，而且必须修改的，就是你们公司的名称。别忘了，你们合同上公司名称如果是正确的，这个错误是进口商方造成的，修改费要由他们承担。"单老师考虑得很周到。

张艾感到收获不小，打扰单老师那么久，应该回公司了。"那好，我们去联系客户修改信用证。能不能让汇丰把信用证修改发到你们中行？再发到汇丰上海分行，有什么问题要联系，太不方便了。"

"那是不可能的，"单老师又在翻 UCP600 的单行本。"你看一下 UCP600 第 9 条 D 款的规定：'经由通知行或第二通知行通知信用证的银行必须经由同一银行通知其后的任何修改。'继续跟汇丰打交道吧！"

"这样啊，那有问题我还会来找单老师，可以吧？想不到第一次做信用证就碰到这么复杂的条款，没有单老师的解释我肯定不知道怎么办才好。"张艾确实是从内心感激单老师。

"有什么疑问当然可以来问我。但我也不是万能的，有些信用证条款我也没把握，我们可以讨论，可以请示上级行。实在不行，还可以发电文向开证行要求澄清。前几天我们就有一个信用证的提单条款让开证行澄清，而且还是一个不太复杂的条款：ONE FULL SET OF CLEAN ON BOARD BILLS OF LADING MADE OUT TO ORDER, BLANK ENDORSED, MARKED 'FREIGHT PREPAID', SHOWING APPLICANT'S FULL NAME AND ADDRESS AS NOTIFY PARTY（HOUSE B/L REQUIRED）。"

"给大家造成困扰的是括号中的'HOUSE B/L REQUIRED'，我第一感觉就是信用证要求提交一套货代提单，再一想逻辑上站不住脚，船东提单的功能完全可以涵盖货代提单，为什么只接受货代提单呢？再说要求货代提单可以直接表述成 ONE FULL SET OF HOUSE BILLS OF LADING... 是货代提单也可接受？也不对，只要货代提单签发符合 UCP600 的规定，本身就是可以接受的。"

"让小赵看了，认为是要同时提交船东提单和货代提单，就像你这个信用证中的装船通知一样，除了提供经认证的副本（CERTIFIED COPY）外，还需要一个传真报告（FAX REPORT IS REQUIRED），而且表述也差不多，也有几分道理。但细想一下，也不可能，发货人怎么可能同时拿到这两种提单？跟我们上级行讨论了一下，也没有结果。最后就发电报要求开证行澄清，开证行答复是只接受货代提单。"

"一些非英语国家银行开立的信用证，碰到特殊一点的要求，表述不是很严谨，所以向开证行要求澄清的事，还是要做的。不过汇丰开立的信用证，还是很严谨的，不会有这种模棱两可的表述。"

"还有比较常见的问题就是信用证表面有矛盾。我们收到和通知的信用证，每年都会有几份，信用证的条件和条款相互之间有冲突，受益人根本无法做到。最近一个是45A 货描栏显示的价格条款是 FOB SHANGHAI，44E 的 PORT OF LOADING 又是宁波。还有一份信用证44D 栏规定一个货柜 7 月底出，一个货柜 8 月底出，43P 规定不允许分批装运，让受益人怎么做？这些错误，我们通知信用证时，都在信用证上加以标注，提醒客户及时联系修改。"单老师在做老师时，肯定是个好老师。

张艾跟单老师道别回到公司，已近中饭时间。李经理还没回公司，联系修改这件事，只好下午再说了。

本节提示

1. 收到一份信用证后，要充分理解信用证的条款和条件（TERMS AND CONDITIONS）。有困难可以向往来银行的国际结算人员咨询，不明确的条款和指示，可以要求开证行澄清。

2. 信用证上看似复杂的开证行免责条款，额外的费用条款，是开证行对自身利益的保护。只要严格按合同和信用证要求及时备货发货，认真履行出口合同，按信用证的规定制单交单，这些条款并不构成对受益人的实质性不利。除非开证申请人非常强势，通常难以删除或修改这些条款。

3. 寄单线路、信用证支用金额必须在信用证背面签注的规定等是给交单行的指示，与受益人备货发运、制单交单无关。

4. 如果信用证表面有矛盾和错误，有自己方做不到的条件和条款，及时联系进口商修改。如果是进口商方面原因造成信用证必须修改，修改费用由进口商承担。

5. 信用证通过什么银行通知，信用证的修改也必须通过该银行通知。

2.3 英译中

下午上班时，经理没有来。张艾重新看了一遍那份汇丰的信用证。听了单老师不厌其烦的讲解后对信用证上那些长长的条款，张艾不再像刚拿到信用证时那么发怵。还没有装箱出货，单据还不用准备，闲着也是闲着，张艾决定把信用证翻译成中文，做单据时就不用再去看英文了，顺便熟悉一下大写字母拼写的单词。

张艾花了几乎整整一个下午的时间，对不少条款的表述进行了反复的分析，还打了几次电话给中行的小赵，请教了一些信用证词汇银行通常怎么说，终于有了下面的成果：

Sequence of Total ：27 1/1

（报文）总序列：1/1

Form of Documentary Credit ：40A：IRREVOCABLE

信用证类型：不可撤销

Documentary Credit Number ：20：LC140800234

跟单信用证号：LC140800234

Date of Issue ：31C：30JUL14

开证日期：2014 年 7 月 30 日

Applicable Rules ：40E：UCP LATEST VERSION

适用规则：UCP 最新版本

Date and Place of Expiry ：31D：30SEP14 IN CHINA

到期日期和地点：2014 年 9 月 30 日　中国

Applicant： ：50：BRILLIANCE TRADE CO. , LIMITED

FLAT D, 17/F. , BRILIANCE COM-
MERCE MANSION, 1 – 3 THE GARDEN
ROAD, CENTRAL HONG KONG

TEL/FAX：00852 – 2238 2388/2399

申请人：光辉贸易有限公司，

香港中环花园道 1 – 3 号光辉商业大厦 17 楼 D 室

电话/传真：00852 – 2238 2388/2399

BENEFICIARY： ：59：WONDERFUL TRADE CO. , LTD

NO. 123 ZHONGSHAN ROAD, HAIBEI
CITY, CHINA

TEL/FAX：86 – 567 – 2345 – 2326/2336

受益人：精彩贸易有限公司，

中国海北市中山路 123 号，

电话/传真：86 – 567 – 2345 – 2326/2336

Currency Code, Amount ：32B：USD61 650. 00

货币代码、金额：USD61 650. 00

Percentage Credit Amount ：39A：05/05

Tolerance

信用证金额浮动百分比：05/05

Available with... By... : 41D：ANY BANK

BY NEGOTIATION

兑用方式：任意银行议付

Draft at... : 42C：DRAFTS AT SIGHT FOR 100PCT OF THE

INVOICE VALUE

汇票：见票即付，发票金额的 100%

Drawee : 42D：ISSUING BANK

汇票付款人：开证行

Partial Shipment : 43P：ALLOWED

分批装运：43P：允许

Transshipment : 43T：NOT ALLOWED

转运：43T：不允许

Port of Loading/Airport of : 44E：ANY PORTS IN CHINA

Departure

装运港口/起运机场：中国任意港口

Port of Discharge/Airport of : 44F：HONG KONG

Destination

卸货港/目的地机场：44F：香港

Latest Shipment Date : 44C：15SEP14

最迟装运期：2014 年 9 月 15 日

Description of Goods and/or : 45A：

Services

5 000 PCS OF LADIES' COAT AT UNIT PRICE

USD12.33 FOR AMOUNT USD61 650.00

DETAILS AS PER C/O NO. BWC2014021 DD 140721

PRICE TERM：CIF HONG KONG

COUNTRY OF ORIGIN：CHINA

商品和/或服务描述：5 000 件女式上衣，单价 12.33 美元，金额

61 650美元

明细根据 2014 年 7 月 21 日的 BWC2014021
号合同

价格条款：CIF 香港

原产地国：中国

Documents Required   : 46A：

   单据要求：

+ SIGNED COMMERCIAL INVOCES IN TRIPLICATE INDICATING THIS L/C NO. AND CONTRACT NO.

经签署的商业发票 3 份显示本信用证号和合同号。

+ FULL SET OF SHIPPED ON BOARD BILLS OF LADING MADE OUT TO ORDER AND BLANK ENDORSED, MARKED "FREIGHT PREPAID" NOTIFYING APPLICANT WITH FULL NAME AND ADDRESS

全套已装船提单，签发成凭指示，空白背书，标记"运费已付"，以申请人的完整的名称和地址为被通知方。

+ INSURANCE POLICY/CERTIFICATE IN DUPLICATE FOR 110% OF THE INVOICE VALUE COVERING INSTITUTE CARGO CLAUSE (A), SHOWING CLAIMS AT DESTINATION IN THE CURRENCY OF THE DRAFT

两份保险单/保险凭证，投保金额为发票金额的 110%，投保险种为协会一切险，显示以汇票币种在目的地索赔。

+ PACKING LIST IN TRIPLICATE

三份装箱单。

+ CERTIFICATE OF ORIGIN IN DUPLICATE ISSUED BY A LOCAL CHAMBER OF COMMERCE, SHOWING THE ORIGIN IS CHINA

当地商会签发的产地证 2 份，显示原产地为中国。

+ BENEFICIARY'S CERTIFIED COPY OF FAX ADVICE TO THE APPLICANT ADVISING THE INVOICE NO. , NAME OF COMMODITY, VALUE AND QUANTITY OF THE GOODS, NAME OF THE CARRYING VESSEL, VOYAGE NO. , IT'S SAILING DATE AND ETA, SHOWING THIS DC NO. WITHIN TWO WORKING DAYS AFTER SHIPMENT DATE, THE FAX REPORT TO THIS EFFECT IS REQUIRED

经证实的受益人传真副本，在装运日后两个工作日之内通知申请人、通知发票号、商品名称、货物的价值和数量、装运船只名称和航次号、开船日期和预计到港日期，显示本信用证号码。必须附有传真报告。

Additional Conditions : 47A：

附加条款：

+ BOTH SHIPMENT QUANTITY AND CREDIT AMOUNT 5PCT MORE OR LESS ARE ALLOWED

允许装运数量的信用证金额均有5%的增减幅度。

+ THIRD PARTY AS SHIPPER IS NOT ACCEPTABLE

第三方作为发货人不接受。

+ SHIPPING MARK：MADE IN CHINA

BRILLIANCE

唛头： MADE IN CHINA

BRILLIANCE

+ A DISCREPANCY FEE OF USD75.00 OR EQUIVALENT WILL BE DEDUCTED FROM THE PROCEEDS IF DOCUMENTS PRESENTED WITH DISCREPANCY (IES).

如果提交的单据有不符点，不符点费75美元或等值的其他货币将会在付款金额中扣除。

+ IF DC IS OVERDRAWN AND SUCH A DISCREPANCY IS ACCEPTED BY APPLICANT AND THE ISSUING BANK, DC OVERDRAWN COMMISSION AT 1/4 PCT（MIN. HKD500.00 OR CURRENCY EQUIVALENT）FOR ACCOUNT OF BENEFICIARY AND WILL BE DEDUCTED FROM PROCEEDS AT TIME OF RE-IMBURSEMENT.

如果信用证超支且该不符点为申请人和开证行所接受，开证行将在偿付时，从付款金额中扣除0.25%的超支佣金（最少500元港币或等值的其他货币）。

+ IN CASE OF DC EXPIRED AND THE PRESENTATION DATE OF DOCU-MENT AT OUR COUNTER BEYOND 6 MONTHS AFTER THE ISSUING DATE OF DC, AND IF SUCH DISCREPANCY IS ACCEPTED BY APPLICANT, THEN A DC

EXPIRED COMMISSION AT 1/4 PCT ON INVOICE VALUE（MIN. HKD500. 00 OR EQUIVALENT）IS FOR ACCOUNT OF BENEFICIARY AND WILL BE DE-DUCTED FROM PROCEEDS AT TIME OF REIMBURSEMENT.

在信用证过期并且单据交到我行柜台的日期在本信用证的开证日 6 个月以后，如果该不符点为申请人所接受，发票金额的 0. 25% 的信用证过期佣金（最低 500 元港币或其他等值货币）由受益人承担并在偿付时在付款金额中扣除。

+ PLS KINDLY NOTE THAT UCP ARTICLE 37/C DOES NOT APPLY. SO WE SHALL NOT BE LIABLE FOR THE COMMISSIONS, EXPENSES AND CHARGES NOT COLLECTED FROM THE BENEFICIARY.

敬请注意 UCP 第 37 条 C 款本信用证不适用，所以我们不对未从受益人那里收取佣金、费用和收费负责。

+ WHERE MULTIPLE PRESENTATION OF DOCUMENTS ARE MADE IN THE SAME DAY, INDIVIDUAL SCHEDULES MUST BE CREATED IN ORDER TO A-VOID DELAY IN SITUATION WHERE SOME PRESENTATIONS COMPLY AND OTHERS NOT.

如果在同一天进行了多次交单，为避免若干套单据构成相符交单而另一些不构成相符交单而引起的延误，每套单据请单独缮制寄单面函。

+ ALL DOCUMENTS MUST BE SUBMITTED IN ENGLISH.

所有单据必须以英语出具。

+ NOTWITHSTANDING THE PROVISIONS OF UCP600, IF WE GIVE NOTICE OF REFUSAL OF DOCUMENTS PRESENTED UNDER THIS CREDIT WE SHALL RETAIN THE RIGHT TO ACCEPT A WAIVER OF DISCREPANCIES FROM THE APPLICANT AND, SUBJECT TO SUCH WAIVER BEING ACCEPTABLE TO US, TO RELEASE DOCUMENTS AGAINST THAT WAIVER WITHOUT REFERENCE TO THE PRESENTER PROVIDED THAT NO WRITTEN INSTRUCTIONS TO THE CONTRARY HAVE BEEN RECEIVED BY US FROM THE PRESENTER BEFORE THE RELEASE OF THE DOCUMENTS. ANY SUCH RELEASE PRIOR TO RE-CEIPT OF CONTRARY INSTRUCTIONS SHALL NOT CONSTITUTE A FAILURE ON OUR PART TO HOLD THE DOCUMENTS AT THE PRESENTER'S RISK AND

DISPOSAL, AND WE WILL HAVE NO LIABILITY TO THE PRESENTER IN RE-SPECT OF ANY SUCH RELEASE.

尽管 UCP600 有规定，本信用证项下提交的单据我行发出了拒付通知，我行保留从申请人那里接受放弃不符点的权力。鉴于这种不符点的放弃我行可以接受，在放单前倘若没有收到交单人书面的相反意义的指示，我行放单给申请人并不再征询交单人意见。这种在收到相反指示前的放单，不构成我方持有单据，风险和处置权归交单人情况下的错误。对交单人我行没有关于任何此类放单的义务。

Charges　　　　　　　　　　　: 71B: ALL BANKING CHARGES OUTSIDE ISSUING BANK AND REIMBURSE-MENT COMMISSIONS ARE FOR THE BENEFICIARY'S ACCOUNT

费用：开证行以外的全部银行费用和偿付费由受益人承担。

Period for Presentation　　　　 : 48: DOCUMENTS TO BE PRESENTED WITHIN 15 DAYS AFTER THE DATE OF SHIP-MENT, BUT WITHIN THE VALIDITY OF THE CREDIT

交单期：单据在装运日后 15 天内提交，无论如何必须在信用证有效期以内。

Confirmation Instruction　　　　 : 49: WITHOUT

保兑指示：无保兑

Inst/paying/Accpt/Neg. Bank　: 78:

+ ALL DOCUMENTS INCLUDING DRAFTS MUST BE SENT IN ONE LOT TO HSBC BANKING CORPORATION, ATTN: TRADE SERVICES DEPT. TEAM F, ADDRESS: UNIT A, 5/F., HSBC BLD., NO. 100 GARDEN ROAD, CENTRAL, HONG KONG

所有单据包括汇票必须用一套（快递）寄到汇丰银行，收件人：贸易服务部 F 组，地址：香港中环花园路 100 号汇丰大楼 5 楼 A 单元

+ AMOUNT OF EACH DRAWING UNDER THIS CREDIT MUST BE EN-DORSED ON THE REVERSE OF THE ORIGINAL CREDIT

每次支用的信用证金额，必须签注在正本信用证的反面。

+ UPON RECEIPT OF DRAFTS AND DOCUMENTS IN COMPLIANCE WITH THE CREDIT TERMS AND CONDITIONS，WE SHALL HONOR THE DOCUMENTS AS PER YOUR INSTRCUTIONS

收到符合信用证条款和条件的单据和汇票后，我行将根据你们的指示进行承付。

Advise Through：   ：57A：BKCHCNBJ910

通知通过：BKCHCNBJ910（中国银行浙江分行）

翻译完后，望着写得密密麻麻的几页纸，张艾颇有成就感。临下班时，李经理回来了。走过张艾办公桌时看到放在案头翻译好的信用证，饶有兴致地拿起来站着就从头到尾仔细看了起来。看过后笑着对张艾说："不错，不错，我没看错你，去一趟中行就变半个专家了，等出完货做完单据，就可以从半个成为整个专家了。这几天还有韩国和西班牙的信用证过来，等一下我把合同的副本给你，信用证的审核就交给你了。"

张艾听得出来自己的工作受到了领导的肯定，感觉没有白辛苦。顺便就把单老师对这个信用证中有疑问条款的解释尽量简明地作了汇报。李经理知道那些看着头痛的条款，不会构成对公司实质性的影响，也就放心了。至于那个公司名称漏了个地名，发个电子邮件让客户去修改，费用当然要由他们承担。如今，一票生意本来就没有多少利润，信用证结算费用又高，在这里扣一点，那里扣一点，到头来都给银行打工了。

本节提示

1. 初次接触信用证，不习惯看通篇大写字母的信用证，不习惯用英语来思考问题，不妨把典型的信用证译成中文，加深对信用证结构的常见条款的理解。

2. 一个专业有一个专业的术语，掌握了一个行业的专业术语是熟悉一个行业的基础，专有词汇的翻译可与银行国际结算人员讨论。

2.4 该改的改了，不该改的怎么也改了

过了双休日，星期一上班后，李经理让张艾关注一下，说客户今天会去汇丰申请修改信用证，是他们缮打"开证申请书"时，落了"HAIBEI"，愿意承担相关的修改费用。

信用证的修改显然比开立新证要快一些，次日下午，张艾看到了信用证修改的传真。

信用证修改是这样的：

WONDERFUL TRADE CO. , LTD

NO. 123 ZHONGSHAN ROAD, HAIBEI CITY, CHINA

TEL/FAX：86 – 567 – 2345 – 2326/2336

USD SIXTY ONE THOUSAND SIX HUNDRED FIFTY ONLY

DEAR SIRS,

IN ACCORDANCE WITH THE VERSION OF THE UCP RULES（ISSUED BY THE ICC）AS SPECIFIED IN THE CREDIT, WE ADVISE HAVING RECEIVED THE CAPTIONED DOCUMENTARY CREDIT AMENDMENT IN YOUR FAVOUR

FROM HSBC BANKING CORPORATION, HONG KONG

　　（SWIFT ADDRESS：HSBCHKHHHKH）

SENDER'S REFERENCE：20：	LC140800234
RECEIVER'S REFERENCE：21：	NONREF
NUMBER OF AMENDMENTL：26E：	01
DATE OF AMENDMENT：26E	04AUG14
DATE OF ISSUE：31C	30JUL14
NEW DATE OF EXPIRY：31E	20SEP14
BENEFICIARY（BEFORE THIS AMENDMENT）：59	WONDERFUL TRADE CO. , LTD
	NO. 123　ZHONGSHAN

ROAD, HAIBEI CITY,
CHINA TEL/FAX：86 –
567 – 2345 – 2326/2336

NARRATIVE：79：

+ FIELD 59 BENEFICIAY WONDERFUL TRADE CO. , LTD "AMEND TO"
HAIBEI WONDERFUL TRADE CO. , LTD

+ FIELD 48 PERIOD FOR PRESENTATION AMEND TO "DOCUMENTS TO BE
PRESENTED WITHIN 5 DAYS AFTER THE
DATE OF SHIPMENT, BUT WITHIN THE
VALIDITY OF THE CREDIT" I/O ORIGI-
NAL

+ OTHER TERMS AND CONDITIONS REMAIN UNCHANGED

7783438 – AUTO – 000. 01 – 00

＊＊END OF DC AMD＊＊

　　后面还附了一页纸，让精彩公司把信用证通知费人民币 300 元或 45 美元，信用证修改通知费人民币 200 元或 30 美元汇到汇丰上海分行开立在中国银行的账户上，称在收到通知费后将给精彩公司通过快递寄送信用证及修改正本云云。

　　张艾仔细审核了信用证修改，一开始吓了一跳，抬头的公司名称和受益人栏都没有加上"HAIBEI"字样。直到看到后面的 79 栏才算明确受益人名称修改正确了，但发现交单期居然由 15 天变成了 5 天，有效期也提前了。于是马上向李经理汇报。李波告诉张艾，这件事他知道，客户在给他的电子邮件和之前的电话中解释过了，说货到香港地区，航程也就 2~3 天，怕我们这边单据迟迟不准备好，到货后提不了货产生滞港滞箱费。

　　李经理感觉 5 天时间应该能拿到提单交单，没有强烈反对。并且认为信用证修改可以不接受，到时候如果来不及交单，可以不接受这个修改。那 500 元人民币的通知费，先不付，正本不寄也行，反正有副本，不影响准备单据。张艾觉得经理说的后面这两点，好像都有问题，哪儿不对，一时也说不上来，

又有点怕他，没把自己的感觉说出来。反正责任尽到了，心安理得做自己的事吧。

本节提示

1. 信用证的修改也必须认真审核，防止改正原有错误的时候产生新的错误，或修改未按要求进行。

2. 信用证修改如果不涉及增加金额，或期限由即期改成远期等事项，开证行无须进行信贷审批，通常比开立新证迅速。

3. 国际商会不主张通知行以向受益人收取通知费作为交付正本信用证的先决条件，但通常受益人不支付通知费，通知行只会交付信用证或修改的副本。

第三章　不同类型的信用证

接下来几天，李经理带着陈希每天在不同工厂跑，已经谈下来用信用证结算的几个合同、副本都交给了张艾。张艾则继续留守办公室，不是研究研究合同，就是听听电话，看看传真。一转眼到了星期五，中行小赵打来电话，通知张艾，精彩公司到了份西班牙的信用证，10多万欧元，让张艾过去拿。李经理交代办公室不能没人值守，告诉小赵可能要等下星期一才能过去。

休息时间通常比上班时间过得快。星期一早上一上班，张艾跟李经理说到了份西班牙的信用证，要到中行去拿。李经理说了声"好的，知道了"，让张艾去中行把信用证取回来后又趁早出了门。这天陈希跟上海的货代有事联系，上海还没到上班时间，没有出去。张艾就趁陈希还等在办公室，早早地去了中行。到中行没见到单老师，小赵说单老师家里有事休息一天。张艾在中行的信用证签收登记本上签了字，拿了信用证回了公司。

3.1　到期地点怎么能在国外?

有了上一份信用证审核的经验，张艾这次看西班牙的信用证前满怀信心，可是一看下来，问题还有不少啊。这份西班牙的信用证，内容为:

MT 700　ISSUE OF A DOCUMENTARY CREDIT

Sender: BSCHESMM

BANCO SANTANDER CENTRAL HISPANO S. A.（ALL SPAIN BRANCH-ES）, MADRID

Receiver: BKCHCNBJ910 N

BANK OF CHINA, ZHE JIANG BRANCH

Message User Reference   108 00001

Sequence of Total   27   1/1

Form Documentary Credit 40A IRREVOCABLE

Doc. Credit Number   20   CI62273100004578

Date of Issue   31C 140807

Applicable Rules   40E UCP LATEST VERSION

Date and Place of Expiry 31D 141105 BARCELONA

Applicant   50 SANTINO DE PUNTO S. L.

                    CL OVERLACAIRE 126 – 128

                    09033 MATARO

                    ESPANA

Beneficiary   59   HAIBEI WONDERFUL TRADE CO. , LTD

                 NO. 123 ZHONGSHAN ROAD, HAIBEI CITY, CHINA

                 TEL/FAX：86 – 567 – 2345 – 2326/2336

Currency/Transac. Amount 32B   EUR158. 668，50

Available With... By... 41D   ISSUING BANK

                    BY DEF PAYMENT

Deferred Payment Detail 42P   AFTER 90 DAYS UPON RECEPTION DOCU-

                    MENTS IN APPLICANT BANK

Partial Shipments   43P   ALLOWED TWO LOTS FOR WHOLE ITEM

Transhipment   43T   ALLOWED

Port Loading/Airport   44E   SHANGHAI, CHINA

Port Disc. /Airport Dest   44F   VALENCIA PORT

Shipment period   44D   ON OR ABOUT 15 SEP. , 2014 FOR ITEM I

       period   ON OR ABOUT 25 SEP. , 2014 FOR ITEM II

Descrip. Goods or Service 45A

AS PER PROFORMA INVOICE N. 14WB080802 DATED 31/07/14 COVERING

THE FOLLOWING ITEMS：

ITEM I   1. 400 PCS OF MEN S JACKET

ITEM II   8.970 PCS OF MEN S COAT

TOTAL AMOUNT EUR. 158.668,50

INCOTERMS：   FOB SHANGHAI PORT CHINA

Documents Required   46A

+ DULY SIGNED AND STAMPED COMMERCIAL INVOICE IN FOUR ORIGINALS (INCLUDING THE WHOLE DESCRIPTION OF GOODS)

+ PACKING LIST IN ONE ORIGINAL AND THREE COPIES.

+ FULL SET CLEAN ON BOARD BILL OF LADING PLUS THREE NON-NEGOTIABLE COPIES, CONSIGNED TO THE ORDER OF SANTINO DE PUNTO S. L. WITH FULL ADDRESS NOTIFY TO SANTINO DE PUNTO S. L. TEL. 96 – 1982012 MARKED FREIGHT COLLECT AND THE CONTAINER SEALS AND NUMBERS.

+ GSP FORM A ISSUED BY COMPETENT CHINESE AUTHORITIES IN ONE ORIGINAL

+ COPY/PHOTOCOPY OF FAX, E-MAIL OR TELEGRAM SENT BY THE BENEFICIARY TO THE APPLICANTS IMMEDIATELY AFTER SHIPMENT EFFECTED STATING ALL SHIPMENT DETAILS IN ORDER TO INSURE THE GOODS.

+ COPY OF E-MAIL OR FAX SENT FROM SANTINO DE PUNTO S. L. TO BENEFICIARY GIVING THEM INSTRUCTIONS ABOUT THE FORWARDING AGENT TO BE USED FOR THIS CARGO.

Additional Conditions   47A

1. DO NOT SEND ANY DRAFT IF NOT REQUESTED, IF PRESENTED IT WILL BE RETURNED TO YOU WITH CHARGES AT YOUR EXPENSES.

2. A DISCREPANCY FEE OF EUR 100 OR EQUIVALENT WILL BE DEDUCTED FROM REIMBURSEMENT FOR EACH SET OF DOCUMENTS PRESENTED WITH DISCREPANCIES UNDER THIS L/C. DISCREPANCY FEE IS ALWAYS ON BENEFICIARIES ACCOUNT EVEN THOUGH L/C STIPULATES ALL CHARGES ON APPLICANTS ACCOUNT.

3. DOCUMENTS MUST BE SENT TO US BY INTERNATIONAL COURIER.

4. PLEASE FORWARD DOCUMENTS IN ONE LOT.

5. ARTICLE 12B OF UCP600 NOT APPLICABLE.

6. ALL DOCUMENTS MUST BE ISSUED IN ENGLISH UNLESS OTHERWISE STATED

Charges　71B ALL COMMISSIONS AND CHARGES OUTSIDE OF SPAIN, INCLUDING REIMBURSEMENT CHARGES, IF ANY, ARE FOR ACCOUNT OF THE BENEFICIARY

Period for Presentation 48 DOCUMENTS MUST BE PRESENTED WITHIN 15 DAYS AFTER SHIPMENT DATE AND WITHIN VALIDITY TERMS OF THIS DOCUMENTARY CREDIT

Confirmation Instruction 49 WITHOUT

Instruction to the Bank 78 KINDLY ACKNOWLEDGE RECEIPT TO THIS MESSAGE QUOTING OUR REFERENCE.

PLEASE SEND US DOCUMENTS BY COURIER TO :

BANCO SANTANDER S. A.

E. O. MATARO OFFICE 9781 PLAZA SANTA ANA, 118 PLANTA 1

09033 MATATO (BARCELONA-SPAIN)

ONCE ALL L/C TERMS DULY COMPLIED WITH WE SHALL REIMBURSE YOU AS PER YOUR INSTRUCTION. AFTER 90 DAYS UPON RECEPTION OF DOCUMENTS IN APPLICANT BANK

Advise Through Bank　57D BANK OF CHINA HAIBEI BRANCH

Sender to Receiver Info 72 CREDIT IS SUBJECT TO ICC UNIFORM CUSTOMS AND PRACTICE FOR CREDITS (UCP600)

　　张艾看过信用证后，第一感觉是这个信用证与汇丰香港开的信用证不一样，没有令人头痛的文字和很长的条款。但条款不长也不代表好理解。在与合同条款仔细核对后，张艾并没有发现信用证与合同不一致的地方，但不少条款张艾还是不理解，或认为有问题，复印了副本，张艾把自己有疑问的地方注了出来：

1）Date and Place of Expiry 31D 141030 BARCELONA　　有效地点在国外

2）Available With... By... 41D　ISSUING BANK　指定的"议付行"是开证行自己

3）Partial Shipments　　43P ALLOWED TWO LOTS FOR WHOLE ITEM 分批到底是允许还是不允许

4）Shipment period 44D　ON OR ABOUT 15 SEP.，2014 FOR ITEM I

　　　　　　　　　　　　　ON OR ABOUT 25 SEP.，2014 FOR ITEM II

　　　　装运期到底怎么定？

5）ITEM I　1. 400 PCS OF MEN'S JACKET

ITEM II　8. 970 PCS OF MEN'S COAT

TOTAL AMOUNT EUR. 158. 668，50　　开证行是不是把小数点点错地方了？

6）　+ COPY OF E-MAIL OR FAX SENT FROM SANTINO DE PUNTO S. L. TO BENEFICIARY GIVING THEM INSTRUCTIONS ABOUT THE FORWARDING AGENT TO BE USED FOR THIS CARGO.　　是不是传说中的软条款，申请人总是不发这个邮件或传真怎么办？

　　写完后，张艾打电话给中行的小赵讨论了这几个问题。其中，到期地点和付款行问题，小赵说，平时审单看到付款或迟期付款的信用证（AVAILABLE WITH ××× BANK BY PAYMENT/DEFERRED PAYMENT），到期地点在国外和指定境外的银行作为付款行比较常见，第3个分批装运问题，比较清楚，就是只允许分两批，每批必须全部装运一个品种。"ON OR ABOUT"小赵说刚看过 UCP600 的规定，应该是规定日期的前后5天都允许，没什么问题。至于小数点，小赵也不清楚，也倾向于认为是开证行搞错了，不过不改问题也不大，应该不影响理解。最后一条，小赵也认为是软条款，万一精彩公司备货完毕，进口商迟迟不通过传真或电子邮件通知通过什么船公司装运，错过了装运期和信用证有效期，货物又找不到其他买家，损失就大了。至于这些问题是不是一定要求进口商向开证行申请修改，小赵也说不好。

　　与中行小赵通完电话，张艾觉得还是早些把这些情况汇报给李经理，就给李波打了个电话。李波正在外面忙着，说下午回公司再讨论。

　　下午过了四点，李波回到了公司。等他一坐定，张艾就把信用证的问题和与小赵讨论的情况向他进行了汇报。李波感觉在境外到期，风险太大，万一快递公司寄单据时出点什么状况怎么办？再说开证行也良莠不齐，收到了单据说没收到也有可能。至于货描部分那个小数点，李波长期与西班牙客户有业务往来，知道西班牙等一些国家，数据中习惯小数点用逗号，千分位用"."。至于那个用什么货代公司发货的通知，李经理认为不是什么问题。李波与这个西班牙的客户从在市外贸公司工作时就开始合作，历来就是这么操作的。

　　李波本来准备自己再向单老师请教一下，得知单老师家里有事没上班，不好意思去打扰人家，只能作罢。在下班前他拟了份邮件给客户，要求把有效地点改到中国。

　　隔了一天，客户回复了邮件，说开证行不同意修改。李波一时也没有办法，单老师应该上班了，先征求一下单老师的意见。问题比较多，怕电话说不清楚，李经理准备登门求教。先打个电话，单老师说随时可以去找他。李波就带着张艾来到中行，见到了单老师。李波很早就认识单老师，自从中行的汇款业务不再由国际业务部门受理，直接在营业部办理后，李波与单老师接触并不多。见面后客套了几句，就回到了正题，讨论信用证问题。

　　李波心里最没把握的是西班牙那份信用证指定的付款行是开证行自己，到期地点在国外的规定，这几天问过市外贸公司的老同事，几乎异口同声地让他要求客户把信用证的到期地点改到中国。

　　单老师告诉李波，这种付款信用证，付款行是开证行自己，那么到期地点在开证行柜台理所当然，开证行当然不同意修改。中国境内的银行，不常开立付款信用证，承兑信用证比较常见。如果承兑行是开证行自己的话，到期地点也必须在中国的开证行，没什么可争辩的。李波不解。

　　单老师说，从本质上来说，信用证作为一个合同，基本当事人就是开证行和受益人，如果有保兑，保兑行与开证行地位相同，也成为基本当事人。信用证指定的议付行、付款行或承兑行，是代表开证行行事的一方。受益人向信用证的指定银行交单要求付款，就是这个合同的履行过程，按常规来说，合同应该在履行地到期。为什么大家印象中信用证都是在中国而且必须在中国到期呢？主要是因为，实务中最常见的是自由议付信用证。对自由议付信用证来说，任意银行都是潜在的指定银行。受益人为方便起见，通常就在受益人自己所在地的往来银行交单议付，信用证的到期地点也就规定成受益人的所在地。但如果信用证必须向指定的银行兑用，就像受益人不能选择兑用银行一样，也不能选择信用证的到期地点，必须在指定银行到期。

李波理解了其中的关系，问有没有可能让开证行把付款行改成中国的银行，比如中国银行，到期地点不就转移到中国了吗？

单老师说："理论上当然可以。但是付款信用证的付款是终局性的，付款行的付款对受益人没有追索权。所以如果不是分支行关系，或与开证行有密切的业务合作关系并签有相关协议，愿意担当'付款行'这个角色的银行很少。开证行如果同意指定我们中国银行作为付款行，我们中国银行不对开证行进行资信和经营作风方面的全面评估，也不敢贸然做这个'付款行'啊。在实务中，除非付款信用证的开证行在受益人所在地有自己的分支机构，可能会指定其分支机构作为付款行，或有部分中小商业银行，把信用证业务外包给以做贸易服务见长的银行，由这些做外包业务的银行代理开证和进行付款，如果这些代理行在出口商所在地有分支机构的话，有可能指定这些分支机构为付款行。但具备上述条件的开证行少之又少，所以最常见的是开证行自己担当付款行，在开证行自己的柜台到期。"

"所以如果你希望信用证到期地点在中国，除非改成自由议付信用证或指定我们中国银行为议付行的限制议付信用证。"单老师总结道。

"对啊，可以要求客户这样修改。"李经理有点兴奋。

"议付信用证通常要求提供汇票，而汇票在西班牙有高额的印花税，我还没有看到过西班牙的议付信用证。"单老师当即打消了李波要求改成议付信用证的念头。

"其实在国外到期风险也未必比在国内到期大，"单老师见李波有些失望，就接着说，"你这份信用证的交单期有 15 天，提单、产地证，装运后通常一个星期应该能拿到。交单给我们，不是特别忙，我们可以当天出单，邮程 3 天，也就是 10 天，不会产生迟交单等情况。再说即使有些文件耽搁几天，15 天内寄到开证行，问题肯定不大。"

"万一开证行临近到期日时才收到单据，然后说没有在交单期或有效期内收到，说我们迟交单，怎么办？"外贸从业时间越长，胆子越小，李波还是有

些担心。

单老师笑了起来："西班牙的银行肯定还不至于那么恶劣，再说，快件都可以上网追踪，何时签收单据一目了然。"

李波终于打消了疑虑，看来西班牙的信用证不能修改成在国内到期，确实不是客户不肯配合，再说根据单老师的说法，信用证的到期地点与信用证的类型有关，在境外到期也不是洪水猛兽，李波决定接受境外到期这一事实。

李波想到中行业务量较大，有时单据来不及处理，可能会耽搁一两天。再说中行也不是信用证的指定银行，就问单老师，既然付款行是开证行自己，公司能不能直接向开证行寄单？

单老师回答说，任何信用证都不禁止受益人向开证行直接交单，他们中行就收到过一票土耳其客户直接寄过来的进口单据。当时发现提单根据信用证规定签发成凭发货人指示抬头，但未按信用证要求空白背书。船公司是否同意放货都是未知数，通知开证申请人后，申请人要求拒付。但如何拒付啊？单据里面连个联系方式都没有，电话、传真、电子邮件都联系不上。退一步讲，单据就算没问题，进口方同意付款，那么开证行如何向受益人付款？起码得提供个汇路吧。

所以，如果真的准备向境外的指定付款行直接交单，也得像银行寄单一样，做一个文件，上面起码有公司的联系方式和付款指示两项内容，并附上正本信用证。否则开证行根本无法处理业务。

单老师强烈建议李波不要选择直接向开证行交单，不管国内的银行审单水平如何，像提单忘了背书等问题，还是能发现的，可以及时改正。如果直接寄到国外来回修改肯定相当麻烦，几乎不太现实。再说如果直接交单到开证行，开证行也会把受益人当成他们的出口客户，一样要收审单费。尽管国内的银行不是开证行的指定银行，作为受益人的代理人向付款行交单，在业务上有什么问题时，联系方便得多。如果发生开证行无理拒付等情况，也可以更专业地予以抗辩和交涉。

临走时，单老师提醒这个信用证的发货通知，是个典型的软条款，要李经理注意。李波说这个客户已经做了多年，货运向来是听他们安排的，应该没有大问题。

离开中行，经理让张艾回公司，自己又出去办事了。

本节提示

1. 信用证按其兑用方式可分为：

+议付信用证（AVAILABLE WITH … BY NEGOTIATION），如果指定议付行（AVAILABLE WITH ××× BANK），就是指定议付信用证，不指定（AVAILABLE WITH ANY BANK），就是自由议付信用证。参见汇丰香港开立的信用证。

+付款信用证（AVAILABLE WITH … BY PAYMENT/DEFERRED PAYMENT），与议付信用证相比，付款信用证最常见的为开证行自身作为付款行，或指定与其签有相关代理协议的代理行或账户行作为付款行。实务中一般开证行不会开立"自由"付款信用证。参见西班牙信用证。

+承兑信用证（AVAILABLE WITH … BY ACCEPTANCE），与付款信用证一样，承兑信用证通常由开证行自己担任承兑行，或指定承兑行，与付款信用证一样，尽管UCP600并不禁止"自由"承兑信用证。

2. 受益人向信用证指定银行交单要求付款，就是信用证这份合同的履约行为。从逻辑上来说合同应该在履约地点到期，所以，如果付款/迟期付款信用证指定的付款行，承兑信用证指定的承兑行在境外，或就是开证行自己，信用证就会在指定银行或开证行所在的境外到期。开证行通常不会同意修改成在受益人所在地到期。

3. 如果交单期足够长，在境外到期风险并无放大。开证行是否已经签收单据，快递公司官方网站均能追踪，经营作风良好的银行不会在签收单据日期上做小动作。

4. 在境外到期的信用证，受益人可以直接向信用证指定的境外银行交单，自由议付的信用证也不禁止受益人直接向开证行交单，但涉及联络、付款等问题，建议受益人还是选择自己的往来银行交单。

3.2 远期乎？即期乎？

转眼到了星期四，上午刚上班，张艾就接到中行小赵的电话，说到了一

个韩国的信用证，让张艾去拿。张艾放下电话，问陈希有没有事，陈希答复今天不出去了。张艾告知她自己要去中行拿份信用证。

到了中行，单老师不在，小赵很热情地给张艾倒水让座。中行大楼里面的冷气效果很好，张艾就在单老师的位置坐下来，凉快一下，顺便看看信用证，有问题还可以当场跟小赵讨论讨论。

比起汇丰香港和西班牙的信用证，韩国的信用证就简练多了，开证行为韩国友利银行，除去中行的通知面函，电文才两页纸：

MT700

SENDER：HVBKKRSE, WOORI BANK, SEOUL, SEOUL

RECEIVER：BKCHCNBJ 910, BANK OF CHINA, ZHE JIANG BRANCH

27： SEQUENCE OF TOTAL

1/1

40A： FORM OF L/C（Y/N/T）

IRREVOCABLE

20： DOCUMENT CREDIT NO

MW1ST808NE00056

31C： DATE OF ISSUE

140813

40E： APPLICABLE RULES

UCPURR LATEST VERSION

31D： DATE AND PLACE OF EXPIRE

141015 IN BENEFICIARY'S COUNTRY

50： APPLICANT

LUNGWOL S. P CO. , LTD

12F DAEWOO B/D 122 – 5 KANGAN-DONG RO

NGDAELU-GU SEOUL, KOREA

50： BENEFICIARY

HAIBEI WONDERFUL TRADE CO. , LTD

NO. 123 ZHONGSHAN ROAD, HAIBEI CITY, CHINA

TEL/FAX：86 – 567 – 2345 – 2326/2336

32B： CURRENCY CODE, AMOUNT

USD108 000. 00

39A： PERCENTAGE CREDIT AMOUNT

05/05

41D： AVAILABLE WITH… BY…

ANY BANK

BY NEGOTIATION

42C： DRAFT AT

150DAYS FROM B/L DATE

42A： DRAWEE

HVBKGB2L

43P： PARTIAL SHIPMENT

ALLOWED

43T： TRANSHIPMENT

ALLOWED

44E： PORT OF LOADING

CHINA PORT

44F： PORT OF DISCHARGE

INCHON PORT

44C： LASTED DATE OF SHIPMENT

140930

45A： DESCRIPTION OF GOODS

LAMB SKIN FOR GARMENT

COLOR. NAVY GREY   20 000 S/F USD2. 70   USD54 000. 00

COLOR D/BROWN   20 000 S/F USD2. 70   USD54 000. 00

TOTAL ：   40 000 S/F   USD108 000. 00

.

ORIGIN CHINA

CFR BY SEA

46A： DOCUMENTS REQUIRED

+ FULL SET OF CLEAN ON BOARD BILL OF LADING, MADE OUT TO THE ORDER OF WOORI BANK SEOUL MARKED FREIGHT PREPAID NOTIFY APPLICANT

+ SIGNED COMMERCIAL INVOICE IN TRIPLICATE

+ PACKING LIST IN TRIPLICATE

+ CERTIFICATE OF ORIGIN IN TRIPLICATE

+ INSPECTION CERTIFICATE ISSUED BY APPLICANT SIGNED BY KING CHUNGSEONG, FAX COPY ACCEPTABLE

47A： ADDITIONAL CONDITIONS

+ DRAFTS ARE TO BE MARKED AS DRAWN UNDER THIS DOCU-MENTARY CREDIT

+ COMBINED SHIPMENT B/L IS ACCEPTABLE

+ T/T REIMBURSEMENT IS NOT ALLOWED

+ MORE (05PCT) OR LESS (05PCT) IN QUANTITY AND A-MOUNT ARE ACCEPTABLE

+ IF DOCUMENTS CONTAINING DISCREPANCIES ARE PRESENTED, A DISCREPANCY FEE OF USD80.00 SHOULD BE DEDUCTED FROM REIM-BURSEMENT CLAIM. NOTWITHSTANDING ANY INSTRUCTION TO THE CONTRARY, THIS FEE SHOULD BE CHARGED TO THE BENEFICIARY

+ THIS CREDIT IS SUBJECT TO THE ICC UCP600 AND URR525, REIMBURSEMENT MUST BE CLAIMED STATING COMMODITY, PORT OF LOADING AND PORT OF DISCHARGE

+ AN EXTRA COPY OF ALL DOCUMENTS IS REQUIRED FOR ISSU-ING BANK'S FILE

+ NAME OF COMMODITY, PORT OF LOADING, PORT OF DIS-CHARGE MUST BE INDICATED ON ALL DOCUMENTS

71B： ALL BANK CHARGES (INCLUDING POSTAGE, ADVISING AND PAY-MENT COMMISSION, NEGOTIATION AND REIMBURSEMENT COM-MISSION) OUTSIDE KOREA ARE THE ACCOUNT OF BENEFICIARY

49： CONFIRMATION INSTRUCTION

WITHOUT
53A： REIMBURSEMENT BANK.
HVBKGB2L
78： INSTRUCTION TO PAY/ACCEP/NEG
+ THE AMOUNT OF EACH DRAFT MUST BE ENDORSED ON THE REVERSE OF THIS CREDIT
+ ALL DOCUMENTS MUST BE FORWARDED TO US BY COURIER SERVICE IN ONE LOT, ADDRESS TO：WOORI BANK 207, HO-EYUON DONG 7 – GA, CHUNG GU, SEOUL KOREA
+ REIMBURSE YOURSELVES ON THE REIMBURSING BANK AT SIGHT BASIS, ACCEPTANCE COMMISSION AND DISCOUNT CHARGES ARE FOR THE ACCOUNT OF APPLICANT

在张艾专心看信用证时，恰好有客户进来询问开立外汇账户的事，小赵陪他去找客户经理了。直到张艾粗略地看完信用证时，小赵还没有回来。整个信用证的条文，张艾觉得没什么特别的地方，条款非常简洁。除了比前两个信用证多规定了一个没见过的偿付行（REIMBURSEMENT BANK），要一份申请人签发的检测证，还有最后一条"REIMBURSE YOURSELVES…"应该是给议付行的指示，除了这些内容不太明白外，其他条款大同小异，问题不多，张艾决定不等小赵回来讨论了，先回公司。

回到公司，张艾开始习惯性地拿出合同与信用证核对。一对对出一个大问题来，合同上明确规定付款条件为即期信用证（PAYMENT TERM：100% L/C AT SIGHT），但信用证却规定付款期限为提单日后150天（150 DAYS FROM B/L DATE）！顾不上继续往下核对，张艾马上打电话汇报经理。李波听说对方开成了远期信用证，相当生气。

这个韩国客户是李经理一位从事皮革生产的高中同学在展会上认识的，亲自去同学的公司考察过，觉得他同学的公司工艺先进，管理严格，产品品质可靠，下单时一副诚心诚意做生意的样子。李波同学的皮革公司，尽管已向政府有关部门进行了自营进出口的备案，但还没有配备做出口业务的人员，但由于跟李波是同学关系，大家相互了解，因此决定委托精彩公司代理出口。签协议时

李波跟那个韩国人也见过一面，姓金，长期在东北生活和工作，一口东北味的普通话。其人看起来挺实在的，像个规规矩矩的生意人，又有长期合作的意向，下单量也较大，所以李波和他同学答应了金先生自己验货后再发货的要求。合同签订后，李经理同学的公司已按合同要求组织生产，谁料想韩国人会来这一手。

听完张艾电话，李波立即拨通了金先生的电话，进行义正词严的交涉。那个金先生很无辜地向李波解释，他们公司的信用证都是这样开的，信用证是远期，但他们银行是即期付款的，叫"假远期"。李波还是第一次听说有"假远期"的信用证，将信将疑地挂了电话，心想得打个电话向单老师问问清楚。

张艾这边给经理打电话后，继续看那个信用证。李经理打电话回来告诉张艾说客户称那个信用证是"假远期"信用证时，张艾已经意识到信用证最后那个条款："REIMBURSE YOURSELVES ON THE REIMBURSING BANK AT SIGHT BASIS，ACCEPTANCE COMMISSION AND DISCOUNT CHARGES ARE FOR THE ACCOUNT OF APPLICANT"，字面意思就是"你们（议付行）自己按即期方式向偿付行索偿，承兑费用和贴现费用由申请人承担"。应该就是根据这个条款的规定，这份信用证是所谓的"假远期"了。

挂断经理的电话后，张艾在网上搜索了一下"假远期"，有不少介绍"假远期"的链接，但内容大同小异，基本上相互抄袭，对"假远期"是怎么回事只能了解个大概。

根据李经理的要求，张艾在网上找不到有价值的信息后，就打电话给单老师。其实张艾自己也想知道这个"假远期"究竟是怎么回事，具体该怎么操作。拨通电话时，单老师已经回到办公室了。

单老师告诉张艾，"假远期"信用证在韩国很常见，还有就是我国，最近几年开立"假远期"信用证配合"海外代付"，解决进口企业的短期融资问题，各大银行也操作得很普遍。

"我们要求的是即期信用证结算，韩国的银行为什么要开成'假远期'啊？"张艾问单老师。

"其实韩国银行为什么要开成'假远期'，我估计情况跟我国差不多，"单老师说，"我国的进口企业，如果短期资金比较紧张，国外出口商又不愿意接受远期信用证，原来是向银行申请信托收据贷款，俗称'进口押汇'解决，特别是在美元贷款利率低于人民币贷款利率的情况下，企业这种需要非常强烈。结果就是银行短期美元贷款余额大幅度上升，美元资金不足。据我所知，像农业银行，美元存贷比长期高于100％，美元短缺就需要到国际市场拆借解决。后来国家大幅度压缩外债规模，银行的外汇资金来源就更加紧张，用进口押汇来解决进口企业的短期资金需要就存在障碍了。在这种情况下，我们的'假远期'信用证业务就应运而生。"

"也就是说，除了贸易实务需要外，还有国家外汇管制的因素？"张艾问。

"至少中国是。韩国跟中国一样，也有一定程度的外汇管制，货币不能自由兑换，是不是出于与我们一样的原因而开立'假远期'，我也不得而知。具体的操作手法，是和我国大同小异的。即信用证需要提供远期汇票，在信用证的47A栏或78栏明确'远期汇票即期支付，承兑费用和贴现利息由申请人承担'，英文表述为'USANCE DRAFT PAYABLE AT SIGHT BASIS, DISCOUNT INTEREST AND ACCEPTANCE COMMISSION ARE FOR THE APPLICANT'S ACCOUNT'，你这份信用证上78栏的'REIMBURSE YOURSELVES ON THE REIMBURSING BANK AT SIGHT BASIS, ACCEPTANCE COMMISSION AND DISCOUNT CHARGES ARE FOR THE ACCOUNT OF APPLICANT'也是'假远期'信用证最典型的表述之一。"

"另外，中国和韩国一样，开证行都会指定自己的海外分行，或合作关系良好的代理行，在签订相关合作协议后，作为信用证的偿付行或付款行（PAY THROUGH BANK），我国银行业在海外资源利用得差不多后，也寻求外资银行在中国的分支机构提供合作。"

"中国与韩国的'假远期'，操作上最主要的区别是，韩国的'假远期'，开证行授权议付行在相符交单的情况下，不符点单据在开证行授权后，自己直接向偿付行寄送索汇面函和偿付行为付款人的远期汇票索汇（REIMBURSE YOURSELVES ON THE REIMBURSING BANK），而中国的'假远期'信用证，通常汇票付款人还是开证行自己，在信用证中承诺，对相符交单授权付款行进行即期付款（AUTHORISE THE PAY THROUGH BANK EFFECT PAYMENT AT SIGHT BASIS）。收到单据后，开证行向代付行发送规定内容的授权报文，由代付行垫付资金向议付行付款，到期日开证行连本带息扣收客户账后，向代付行支付本金和代付利息。"

"那对我们进口企业来说，'假远期'和即期有什么区别呢？"张艾其实关心的只是这个，当然自己以后也可能会接触到进口业务，对银行的进口开证方面的知识，张艾也不是完全没有兴趣。

"对，这才是问题的关键。"单老师也许觉得说得有点远了，"其实对出口企业来说，'假远期'信用证可以视同即期信用证，可以即期收款，不承担承兑费用和贴现利息，并进行收汇申报，可以用于核销和退税。"

"我在网上看到，信用证注明了远期汇票即期议付，利息由买方承担（USANCE DRAFT/BILLS TO BE NEGOTIATED AT SIGHT BASIS, INTEREST IS FOR THE BUYER'S ACCOUNT），或本信用证项下开立的远期汇票可按即期议付（USANCE DRAFT/BILLS DRAWN UNDER THIS CREDIT ARE TO BE NEGOTIATED AT SIGHT BASIS），或授权议付银行议付远期汇票，依票额即期付款（THE NEGOTIATION BANK IS AUTHORIZED TO NEGOTIATE THE USANCE DRAFTS/BILLS AT SIGHT FOR THE FACE AMOUNT），即为'假远期'信用证。我认为，如果没有其他条款授权议付行向开证行或其指定的偿付行即期索汇，至少在中国目前的外汇管理体制情况下，这种信用证不是纯粹意义上的'假远期'信用证。"

"上个月我们有一个客户，交单的信用证有一条规定这样说'L/C IS AVAILABLE BY NEGOTIATING BANK AT 180 DAYS FROM BILL OF LADING DATE, WHICH MAY BE DISCOUNTED BY THE NEGOTIATING BANK UPON BENEFICIARIES REQUEST. DISCOUNT CHARGES ARE ON APPLICANTS ACCOUNT, FINANCING CHARGES FOR 180 DAYS PAYMENT ARE AS FOLLOWS: USD LIBOR 6 MONTHS PLUS THE INTEREST RATE 2.5 PERCENT P. A'（信用证由议付行提单日后180天远期议付，议付行可以根据受益人要求贴现，贴现费用由申请人承担，180天远期付款的融资费用按以下方式计收：年利率美元6个月伦敦金融同业拆借利率加2.5%），但信用证上找不到议付行可以即期索汇的条款，我告诉他不是真实意义上的'假远期'。"

"好在这个信用证的开证行是德意志银行，我行同意贴现，而且我们给该客户的贴现利率还不到美元6个月 LIBOR+2.5%，向开证行索取的利息超过真正的贴现利息。但我还是认为，至少在我国，这份信用证不能视同即期信用证。其中最主要的区别是，我们贴现向客户出具的是做贸易融资的贷记通知，其实相当于贷款的放款凭证，不同于即期或真正的'假远期'的收汇水单，关键是不能办理收汇申报和退税。更不要说开证行是资信很差的小银行，议付行不同意贴现，受益人根本没法'即期收汇'，或者贴现利率高于 LIBOR

+2.5%，贴现利息不能完全由开证申请人承担，那就离'假远期'的概念更远了。所以我始终认为，'假远期'信用证从本质上来看，是开证行对开证申请人的资金融通，而不是议付行对受益人提交单据的贴现或买断；对受益人来说，'假远期'可以视同为即期信用证，根本不用考虑贴现是如何计息的，因为那是开证行与开证申请人之间的事。"

"我顺便介绍一下我行的贸易融资产品，如果是180天的真远期，可以不申请出口议付，也就是常说的押汇，而是向我行申请福费廷业务。福费廷银行没有追索，按目前的外汇管理规定，进行收汇申报，用于核销退税。"

"我们这个信用证，就是真正意义上的'假远期'了，可以按即期信用证来操作，难道与即期没有一点区别吗？"张艾感觉到，这个"假远期"，与即期信用证肯定会有点区别。

"也不是没有一点区别，主要是做汇票的时候，要注意汇票的付款人，即DRAWEE是信用证指定的偿付行而不是开证行自己，另外，韩国的'假远期'信用证，费用通常高于即期信用证，因为多了家偿付行，银行通常是'雁过拔毛'的，付款时会扣一定的偿付费用。索汇时，议付行还要把远期汇票和索汇面函寄到偿付行，受益人还需要额外承担一笔快递费用。"

现在外贸业务不好做，利润空间已经不大，扣费多了利润肯定受影响。但按经理的说法，做生意关键是有得做。再说利润多少是经理们关注的事，张艾没有经理们敏感。

"谢谢单老师，打扰您这么久。"张艾很客气地挂断了电话。

本节提示

　　1. 根据付款时间不同，信用证的类型可以分为：

　　+ 即期信用证。指开证行（如果有的话，保兑行）收到符合信用证条款的全套单据后，立即（根据UCP600的规定，在签收单据后5个工作日之内）履行付款义务的信用证。参见汇丰香港信用证。

　　+ 远期信用证。指开证行（如果有的话，保兑行）收到信用证的单据后，在规定期限内履行付款义务的信用证。参见西班牙信用证。

　　2. 与期限有关的一类特殊信用证——"假远期"信用证。信用证规定受益人开立远期汇票，由开证行或其指定的偿付行负责贴现，并规定与此相关的利息和费用全部由开证申请人承担。这种信用证对受益人来讲，实际上仍属即期收款，但对开证申请人，是在远期到期日向开证行支付到单款项，是远期。在信用证中有"远期汇票即期支付"（USANCE DRAFT PAYABLE AT SIGHT BASIS）或类似条款。参见韩国友利银行信用证。

3. 如果合同约定用即期信用证结算，但收到的信用证是远期，检查一下信用证有没有"远期证即期支付"条款，如果有，可能是"假远期"，可以接受。

4. "假远期"信用证必须有开证行承诺即期付款或允许议付行即期索汇的条款，如果仅授权议付行贴现，即使贴现利息由申请人即进口商承担，而且国内的议付行进行了贴现，根据目前我国的外汇管理政策，也不能进行收汇申报，并不能视同即期信用证，是否接受需要视情况（如核销退税问题，能否做无追索的银行融资等）决定。

5. "假远期"信用证在制单、交单议付方面，与即期信用证并没有实质性区别，注意汇票付款人，费用通常略高于即期信用证。

3.3 花旗金融服务公司是什么角色？

放下电话，张艾整理了一下单老师介绍的知识，把自己认为重要的内容用笔记本记了下来。下午临近下班时间，中行的小赵打电话过来，说又到了两份信用证，让张艾第二天过去取。

下班时李经理在办公室，张艾临走时跟经理说，明天上班先去银行取信用证，迟一点到公司，大热天，可以少跑一趟。经理忙着，不置可否地"嗯"了一声，应该算是同意了。

第二天张艾比往常迟了近半个小时出门，直接去了中行。一到中行国际业务部，小赵就笑嘻嘻地对张艾说："你运气不错，昨天到的两份信用证都超级烦琐，工作不到 1 个月，什么类型的信用证都让你遇上了。"

"信用证烦琐还说我运气好？"张艾回道，"你是替我高兴呢还是幸灾乐祸？"

"怎么会幸灾乐祸？"小赵连忙辩白，"我们都是刚接触信用证，多见识一些不同类型的信用证也是好事嘛，见多才能识广啊。单老师你说对不对？"

单老师没有理会他们年轻人之间的斗嘴，直接对张艾说："不要听他说烦琐不烦琐，是小赵他自己怕烦。那两份信用证我看过了，就是一份普通的转让信用证，一份是转通知的信用证，你先拿回去看看。"

张艾说了声行，便在小赵那边办理了签收手续，向小赵要了个大号的信封把信用证装在里面，拿着回公司了。经理和陈希说不定又要出门办事，迟迟不回去会挨骂的。

回到公司，陈希在，经理已经出门了。张艾看到陈希闲着在 QQ 上聊天，就对陈希说，今天这两份信用证中行的小赵说超烦琐，我给你看一份。没等陈希说好，就从信封中随意取出一份递给陈希，然后坐到自己办公桌前拿出另一份，看看到底是怎么个烦琐法。

张艾看到信用证，内容是这样的：

710 02

: 27：SEQ OF TOTAL

1/2

: 40B：FORM OF DOCUMENTARY CREDIT

IRREVOCABLE

WITHOUT OUR CONFIRMATION

: 20：OUR REF. NUMBER

TAEC09416

: 21：DOCUMENTARY CREDIT NUMBER

0086581090311

: 31C：DATE OF ISSUE

140814

: 40E：CREDIT SUBJECT TO

UCP LATEST VERSION

: 31D: DATE OF PLACE OF EXPIRY

140915 IN CHINA

: 52D: ISSUING BANK

MCB BANK LIMITED

.

: 50: APPLICANT

HUSSAIN PHARMA CO. , LTD.

11/14, KHEM CHAND ST. , JODIA BZR. , KAR. , TEL: 2525673

: 59: BENEFICIARY

HAIBEI WONDERFUL TRADE CO. , LTD

NO. 123 ZHONGSHAN ROAD, HAIBEI CITY, CHINA

TEL/FAX: 86 – 567 – 2345 – 2326/2336

: 32B: AMOUNT

USD20000. 00

: 39B: MAXIMUM CREDIT AMOUNT

NOT EXCEEDING

: 41D: AVAILABLE WITH... BY...

ANY BANK

BY NEGOTIATION

: 42C: DRAFT AT

SIGHT

: 42A: DRAWEE

MUCBPKKAXXX

: 43P: PARTIAL SHIPMENT

NOT ALLOWED

: 43T: TRANSHIPMENT

ALLOWED

: 44E: PORT OF LOADING

ANY CHINESE AIRPORT

: 44F: PORT OF DISCHARGE

KARACHI AIRPORT

: 44C: LATEST OF SHIPMENT

140830

: 45A: DESCRIPTION OF COMMODITY/SERVICES

800KGS (32 DRUMS) OF MANDELIC ACID AT UNIT PRICE USD2. 50/KG FOR AMOUT USD20 000. 00

SPECIFICATION: APPEARANCE WHITE POWDER

PURITY NOT LESS THAN 99PCT

PACKAGE: 25KGS/DRUM

PRICE TERM: CPT KARACHI

COUNTRY OF ORIGIN: CHINA

: 46A: DOCUMENTS REQUIRED

+ MANUALLY SIGNED COMMERCIAL INVOICE IN TRIPLICATE CERTIFYING MERCHANDISE TO BE OF CHINESE ORIGIN AND HS CODE 2941. 9090

+ AIRWAY BILL CONSIGNED TO ISSUING BANK SHOWING FREIGHT PRE-PAID NOTIFYING APPLICANT AND ISSUING BANK, BEARING THIS CREDIT NUMBER

+ INSURANCE COVERED BY THE APPLICANT UNDER OPEN POLICY NO 12120812/09/2013 DATED 12 09. 2013. COPY OF CERTIFICATE, DETAILING ALL SHIPMENTS SENT BY FAX DIRECTLY TO THE APPLICANT AND GENER-AL INSURANCE CO. , LTD KARACHI CENTRE BR, FAX: 9221 – 4532124, REFERENCE TO ABOVE MENTIONED OPEN POLICY AND THIS CREDIT NUM-BER MUST COMPANY ORIGINAL DOCUMENTS

+ CARRIER OR ITS AGENTS CERTIFICATE CERTIFYING THAT THE CARRY-ING AIRCRAFT IS OPERATING UNDER A FLAG OTHER THAN OF ISRAEL AND THE GOOD WILL NOT BE TRANSCARRIAGED ON ANY AIRCRAFT OF AIRPORT OF THE AFORESAID COUNTRY

+ CERTIFICATE FROM BENEFICIARY CERTIFYING THAT ONE SET OF IN-VOICE AND PACKING LIST HAS BEEN ATTACHED TO THE GOODS OF PACK-AGE

：47A：ADDITIONAL CONDITIONS

+ DRAFTS AND ALL DOCUMENTS MUST INDICATE THE CREDIT NUMBER, DATE OF ISSUANCE AND NAME OF THE ISSUING BANK, NEGOTIATION ACCEPTANCE BY BANK IF SUBJECT TO FULLFILLMENT OF THE FOLLOWING CONDITIONS BY AVAILING THE BENEFICIARY'S CERTIFICATE：

1. BENEFICIARY MUST SEND TO ISSUING BANK ONE COMPLETE SET OF DOCUMENTS (ORIGINAL) INCLUDING COMMERCIAL INVOICE, PACKING LIST, CERTIFICATE OF ANALYSIS, FORM 3 FORM 7, AWB AND RULES OF ORIGIN FTA CERTIFICATE FOR THE PAKISTAN-CHINA FREE TRADE AREA (FTA) AS NOTIFIED BY THE MINISTRY OF COMMERCE UNDER THE BILATERAL EARLY HARVEST PROGRAM (EHP) WITHIN TEN DAYS FROM THE DATE OF SHIPMENT

2. BENEFICIARY MUST SEND TO APPLICANT ONE SET OF NON-NEGOTIABLE DOCUMENTS INCLUDING COMMERCIAL INVOICE, PACKING LIST, CERTIFICATE OF ANALYSIS, FORM 3, FORM 7, AWB AND RULES OF ORIGIN FTA CERTIFICATE FOR THE PAKISTAN-CHINA FREE TRADE (FTA) AS NOTIFIED BY THE MINISTRY OF COMMERCE UNDER THE BILATERAL EARLY HARVEST PROGRAM (EHP) AFTER SHIPMENT BY FAST COURIER SERVICE

3. COPY OF INVOICE AND PACKING LIST SHOULD BE DISPATCHED IN SEPARATE ENVELOP ALONG WITH THE CONSIGNMENT

4. PACKAGE AND AWB MUST BEAR MARKS AND NOS. AS 'ZPL KARACHI'

5. ON PACKAGES PLEASE MENTION IN BOLD LETTER 'CONSIGNMENT COVERED BY EXPRESS FACILITY LANE'

6. CREDIT NO. AND DATE , COUNTRY OF ORIGIN MUST BE CLEARLY MENTIONED ON INVOICE AND AWB

+ EXCEPT AS FAR AS OTHERWISE EXPRESSLY STATED, THIS CREDIT IS SUBJECT TO THE ICC'S UNIFORM AND PRACTICE FOR DOCUMENTARY CREDITS VERSION IN FORCE ON THE DATE OF ISSUANCE OF THIS CREDIT, AND AS TO MATTERS NOT ADDRESSED BY THE UCP, SHALL BE GOVERNED

AND CONSTRUED IN ACCORDANCE WITH THE LAW OF THE COUNTRY OF ISSUING BANK.

+ ALL PARTIES TO THIS CREDIT ARE ADVISED THAT THE U. S. GOVERNMENT HAS IN PLACE SANCTIONS AGAINST CERTAIN COUNTRIES, RELATED ENTITIES AND INDIVIDUALS. UNDER THESE SANCTIONS CITIBANK N. A. INCLUDING ITS BRANCHES AND AT TIMES, SUBSIDIARIES WILL BE PROHIBITED FROM ENGAGING IN TRANSACTIONS THAT MAY FALL WITHIN CITIGROUP POLICY AND GUIDELINES FOR SUCH SANCTIONS

+ A FEE OF USD60. 00 OR EQUIVALENT WILL BE DEDUCTED BY US IF DOCUMENTS PRESENTED WITH DISCREPANCIES FOR PAYMENT/ REIMBURSEMENT UNDER THIS CREDIT, THIS FEE WILL BE CHARGED FOR EACH SET OF DISCREPANT DOCUMENTS AND WILL APPLY WHENEVER WE MUST OBTAIN APPROVAL FROM OUR CUSTOMER, THE DISCREPANCY FEE WILL BE DEDUCTED BY US FROM REMITTANCES MADE UNDER THIS CREDIT EVEN IF THE CREDIT INDICATES THAT SOME OR ALL CHARGES ARE FOR THE ACCOUNT OF THE APPLICANT

+ IN THE EVENT DOCUMENTS PRESENTED HEREUNDER ARE DETERMINED TO BE DISCREPANT, WE MAY FORWARD THE DOCUMENTS AND SEEK A WAIVER OF DISCREPANCIES FROM THE APPLICANT OR APPLICANT BANK, SHOULD SUCH WAIVER BE OBTAINED, WE MAY RELEASE THE DOCUMENTS AND EFFECT SETTLEMENT, NOTWITHSTANDING ANY PRIOR COMMUNICATION TO THE PRESENTER THAT WE ARE HOLDING DOCUMENTS AT THE PRESENTER'S RISK AND DISPOSAL, UNLESS WE HAVE INSTRUCTED OTHERWISE BY THE PRESENTER PRIOR TO OUR RELEASE OF DOCUMENTS. SUCK RELEASE WILL NOT CONSTITUTE A FAILURE ON OUR PART TO HOLD THE DOCUMENTS AT THE PRESENTER'S RISK AND DISPOSAL, AND IF THE WAIVER IF NOT OBTAINED, WE WILL RETURN THE DOCUMENTS TO THE PRESENTER AS SOON AS REASONLY PRACTICABLE UPON THE PRESENTER'S INSTRUCTION. WE SHALL HAVE NO LIABILITY TO THE PRESENTER IN RESPECT OF ANY SUCH RELEASE TO THE ISSUING BANK

+WHETHER PRESENT ON A CREDIT PAYMENT OR APPROVAL AND PAY-
MENT, ALL DRAFTS AND DOCUMENTS MUST BE SENT TO:

CITIGROUP FINANCIAL SERVICES LTD

C/O GITIGROUP TRANSACTION SERVICES (M) SDN BHD TRADE SERVICES
CENTER LEVEL 35 MENARA CITIBANK 165 JALAN LUMPUR MALAYSIA,
ATTN: CFSL FI OPERATION UNIT, MENTIONING OUR REF. NO.

: 71B: CHARGES

ALL BANK CHARGES INCLUDING REIMBURSEMENT BANK'S CHARGES OUT-
SIDE PAKISTAN ARE FOR BENEFICIARY'S A/C

: 48: PERIOD FOR PRESENTATION

WITHIN 15 DAYS AFTER THE DATE OF SHIPMENT BUT WITHIN THE VALIDI-
TY OF CREDIT

: 49: CONFIRMATION

WITHOUT

: 78: INSTRUCTION TO PAY/ACCEPTANCE/NEGOTIATION BANK

THE ISSUING BANK HEREBY UNDERTAKE WITH DRAWERS AND/OR
BONAFIDE HOLDERS THAT DRAFTS DRAWN AND PRESENTED WITH DOCU-
MENTS IN COMPLIANCE WITH THE TERMS AND CONDITIONS OF THIS
CREDIT WILL BE DULY HONOURED. THE AMOUNT OF EACH DRAWING
MUST BE ENDORSED ON THE REVERSE OF THIS CREDIT

–

MAC/W122DDBBEE4

TAS/07DDLEDWSSS

SAC

=002300404 CB DSDE40022

711 02

: 27: SEQUENCE OF TOTAL

2/2

: 20: OUR REF. NUMBER

TAEC09416

: 21: DOCUMENTARY CREDIT NUMBER

0086581090311

: 47B:

+ FOR PAYMENT IN A SINGLE COURIER/MAILING

+ PLEASE NOTE THAT CITIGROUP FINANCIAL SERVICES LIMITED IS THE PROCESSING AGENT FOR ISSUING BANK AND NO DOCUMENTS ARE REQUIRED TO BE SENT TO ISSUING BANK.

+ THE NEGOTIATION BANK IS REQUESTED TO STRICTLY FOLLOW THE ABOVE MAILING INSTRUCTION, THE ISSUING BANK IS NOT LIABLE FOR ANY CLAIMS RESULTING FROM THE DELAYS CAUSED BY MISHANDLING OF OUR MAILING INSTRUCTIONG AS PER STIPULATED

+ PAYMENT WILL BE EFFECTED IN THE SAME CURRENCY OF THE DRAWING UNDER THIS CREDIT UPON RECEIPT OF DOCUMENTS BY CITIGROUP FINANCIAL SERVICES LTD IN COMPLIANCE WITH THE TERMS OF THIS CREDIT IN ACCORDANCE WITH YOUR INSTRUCTION

+ IN CASE OF ANY CORRESPONDENCE, SUCH AS AMENDMENT CONSENT, CABLE NEGOTIATION ETC. , SHOULD BE DIRECTED TO CITIGROUP FINANCIAL SERVICES LTD, SWIFT CITIHKHCREI QUOTING CREDIT NO. AND APPLICANT'S NAME

+ A SET OF DOCUMENT WHICH DEPICTS SHIPMENT USING SHIPPING VESSELS OF CUBA, IRAN, SUDAN, BURMA (MYANMAR), SYRIA, LIBERIA, NORTH KOREA OR PORT OF SHIPMENT/TRANSSHIPMENT FROM ANY OF THESE COUNTRIES SHOULD NOT BE SUBMITTED TO CITIGROUP FINANCIAL SERVICES LTD. FOR PAYMENT MUST BE FORWARD DIRECTLY TO THE FOLLOWING ADDRESS:

MCB BANK LIMITED, TRADE SERVICE CENTER

KHEM CHAND ST. , JODIA BZR. , KAR. PAL.

—

MAC/64F4523334

TAS/98DWWDDGGW

SAC

=09KDFE33SE CD GEFFFF

　　张艾看完这个信用证，感觉有点乱，条款和指示特别烦琐，电文分成两份整整 6 页，是张艾见过的几个信用证中内容最多的信用证。需要受益人用证明证实的事项就是 1、2、3、4 一大堆。关键一点，花旗集团的金融服务公司是个什么角色，与开证行是什么关系？还有，FORM 3，FORM 7 是什么单据？没什么头绪。陈希大概已经把张艾给的信用证也看了一遍，一言不发还给了张艾，估计也有很多内容不懂。

　　张艾先把信用证中的申请人、受益人、最迟装运期、起运地、目的地、商品名称、数量、规格、单价、金额、价格术语等与合同核对一遍。这些基本要素除了价格术语合同上是 CFR KARACHI，但信用证上是 CPT KARACHI 外，其他没有问题。网上搜索了一下"CFR"和"CPT"，意义差不多，都是运费付至……指定地点，CFR 适用于海运，而 CPT 适用于任何运输方式。这票货是空运的，显然是信用证上表述成"CPT KARACHI"更合理些。

　　接下来张艾还是决定把在其他信用证上没出现过的条款一条条标记出来，认真研究一下。缩小比例复印了一个副本，以便空出位置写中文翻译。

　　张艾用铅笔标记了下列条款，并认认真真地进行了翻译：

　　+ INSURANCE COVERED BY THE APPLICANT UNDER OPEN POLICY NO 12120812/09/2013 DATED 12.09.2013. COPY OF CERTIFICATE, DETAILING ALL SHIPMENTS SENT BY FAX DIRECTLY TO THE APPLICANT AND GENERAL INSURANCE CO., LTD KARACHI CENTRE BR, FAX：9221 – 4532124, REFERENCE TO ABOVE MENTIONED OPEN POLICY AND THIS CREDIT NUMBER MUST COMPANY ORIGINAL DOCUMENTS

　　保险由申请人在 2013 年 9 月 12 日签署的 12120812/09/2013 号预约保单项下安排，包含全部装运明细的证明副本，直接传真给申请人和 GENERAL 保险公司卡拉奇 CENTRE 分公司，传真号 9221 – 4532124，提及上述提到的预约保单号和本信用证号，该证明必须与正本单据一起提交。

　　+ CARRIER OR ITS AGENT'S CERTIFICATE CERTIFYING THAT THE

CARRYING AIRCRAFT IS OPERATING UNDER A FLAG OTHER THAN OF IS-RAEL AND THE GOOD WILL NOT BE TRANSCARRIAGED ON ANY AIRCRAFT OF AIRPORT OF THE AFORESAID COUNTRY

承运人或其代理人证明，保证承运航空器是用除以色列以外国家旗帜营运并且货物不经上述提及的国家的航空器或机场转运。

+ CERTIFICATE FROM BENEFICIARY CERTIFYING THAT ONE SET OF INVOICE AND PACKING LIST HAS BEEN ATTACHED TO THE GOODS OF PACKAGE

受益人出具证明证实一套发票和装箱单已经随附在包装的货物内。

+ BENEFICIARY MUST SEND TO ISSUING BANK ONE COMPLETE SET OF DOCUMENTS (ORIGINAL) INCLUDING COMMERCIAL INVOICE, PACKING LIST, CERTIFICATE OF ANALYSIS, FORM 3 FORM 7, AWB AND RULES OF ORIGIN FTA CERTIFICATE FOR THE PAKISTAN-CHINA FREE TRADE AREA (FTA) AS NOTIFIED BY THE MINISTRY OF COMMERCE UNDER THE BILAT-ERAL EARLY HARVEST PROGRAM (EHP) WITHIN TEN DAYS FROM THE DATE OF SHIPMENT

受益人必须在发货后10天内向开证行寄送整套文件（正本），包括商业发票，装箱单，分析证明，FORM 3，FORM 7，空运单和根据双边早期收获计划由商业部通报的中巴自由贸易区原产地规则产地证。

+ EXCEPT AS FAR AS OTHERWISE EXPRESSLY STATED, THIS CREDIT IS SUBJECT TO THE ICC'S UNIFORM AND PRACTICE FOR DOCUMENTARY CREDITS VERSION IN FORCE ON THE DATE OF ISSURANCE OF THIS CRED-IT, AND AS TO MATTERS NOT ADDRESSED BY THE UCP, SHALL BE GOV-ERNED AND CONSTRUED IN ACCORDANCE WITH THE LAW OF THE COUN-TRY OF ISSUING BANK

除非有其他明确的声明，本信用证自开立之日起，即受国际商会跟单信用证标准和实务的约束，UCP 未尽事宜，将根据开证行所在国家的法律接受管辖和解释。

+ ALL PARTIES TO THIS CREDIT ARE ADVISED THAT THE U. S. GOV-ERNMENT HAS IN PLACE SANCTIONS AGAINST CERTAIN COUNTRIES, RE-

LATED ENTITIES AND INDIVIDUALS. UNDER THESE SANCTIONS CITIBANK N. A. INCLUDING ITS BRANCHES AND, AT TIMES, SUBSIDIARIES WILL BE PROHIBITED FROM ENGAGING IN TRANSACTIONS THAT MAY FALL WITHIN CITIGROUP POLICY AND GUIDELINES FOR SUCH SANCTIONS

兹通知参与本信用证交易的有关各方，美国政府正对某些国家、有关实体和个人进行制裁，在制裁之下，花旗银行及其分支机构，有时还有辅助机构，将禁止从事对属于根据花旗集团为这些制裁所制定的政策和指引所禁止的交易。

+IN CASE OF ANY CORRESPONDENCE, SUCH AS AMENDMENT CONSENT, CABLE NEGOTIATION ETC., SHOULD BE DIRECTED TO CITIGROUP FINANCIAL SERVICES LTD, SWIFT CITIHKHCREI QUOTING CREDIT NO. AND APPLICANT'S NAME

如果有任何联络，诸如同意修改、电复可否议付等，请直接跟花旗集团金融服务公司联系，SWIFT：CITIHKHCREI，引用信用证号和申请人名称。

+ PLEASE NOTE THAT CITIGROUP FINANCIAL SERVICES LIMITED IS THE PROCESSING AGNET FOR ISSUING BANK AND NO DOCUMENTS ARE REQUIRED TO BE SENT TO ISSUING BANK.

请注意花旗集团金融服务公司系开证行的（信用证单据）处理代理人，没有单据要求被提交到开证行。

+ THE NEGOTIATION BANK IS REQUESTED TO STRICTLY FOLLOW THE ABOVE MAILING INSTRUCTION, THE ISSUING BANK IS NOT LIABLE FOR ANY CLAIMS RESULTING FROM THE DELAYS CAUSED BY MISHANDLING OF OUR MAILING INSTRUCTIONS AS PER STIPULATED

议付行请严格遵从上述寄单指示寄单，开证行没有义务承担因违反约定的寄单指示所引起的迟误而造成损失的索赔。

+ PAYMENT WILL BE EFFECTED IN THE SAME CURRENCY OF THE DRAWING UNDER THIS CREDIT UPON RECEIPT OF DOCUMENTS BY CITIGROUP FINANCIAL SERVICES LTD IN COMPLIANCE WITH THE TERMS OF THIS CREDIT IN ACCORDANCE WITH YOUR INSTRUCTION

花旗集团金融服务公司在收到与本信用证条款相符的单据后，将根据你们的指示按本信用证支用的币种确认付款。

+ A SET OF DOCUMENT WHICH DEPICTS SHIPMENT USING SHIPPING VESSELS OF CUBA, IRAN, SUDAN, BURMA (MYANMAR), SYRIA, LIBERIA, NORTH KOREA OR PORT OF SHIPMENT/TRANSSHIPMENT FROM ANY OF THESE COUNTRIES SHOULD NOT BE SUBMITTED TO CITIGROUP FINANCIAL SERVICES LTD. FOR PAYMENT MUST BE FORWARD DIRECTLY TO THE FOLLOWING ADDRESS:

某套单据如果显示使用的运输工具属于古巴、伊朗、苏丹、缅甸、叙利亚、黎巴嫩、朝鲜或从上述国家的港口装运或转运，则不能提交到花旗集团金融服务公司，请求付款必须直接寄往下列地址：

这些条款表述很复杂，不太好翻译，即使看懂了英文的意思，一些内容也一时无法用中文表述清楚。张艾上午没翻译好，到下午3点左右才算完成。翻译完后，张艾喝了杯水，长舒了一口气，基本搞清了这个信用证的基本脉络。信用证的开证行是巴基斯坦 MCB 银行，花旗集团金融服务公司是开证行的代理——工厂出口产品找我们外贸公司做代理，银行做信用证也能找代理。条款之所以貌似这么复杂，大多与花旗集团的金融服务公司这个代理商有关。其他就是交易涉及美国制裁的问题，把这些条款抽掉给信用证瘦一下身，留下与发货、制单、交单有关的基本条款，其实还是与其他信用证差不多的。单老师说起过信用证要求的装船通知，主要作用之一是在 FOB（FCA）或 CFR（CPT）成交条件下提供给进口方的投保信息，在这个信用证中得到了证实。

由于经常直接找单老师咨询一些问题，张艾已经有点不好意思了。但张艾心中还是有些疑问，他想不如这次打电话给小赵，先跟他讨论一下，毕竟大家都是同龄人，说话时心理压力会小一些。除了信用证，还可以谈点别的。如果有不明白的地方，可以让小赵去问单老师。

张艾第一个疑问是开证行为什么不把信用证直接开到合同中指定的中国的通知行。这一点小赵相当肯定，原因一是有一些中小商业银行，建立双边密钥交换关系（Bilateral Key Exchange，BKE）能直接发送信用证电文的境外代理行少之又少，你让它直接把电文发送到指定的中国的通知行确实勉为其难。二是一些中小银行开立的信用证可接受性较差，找一家信誉良好的银行

或类似花旗集团金融服务公司这样的专业机构代理信用证的单据处理和付款业务，可提高这些银行开立信用证的可接受性。三是把信用证的单据和付款业务外包出去后，这些银行就可以不再设立相应的专业机构，降低运营费用。

张艾还奇怪 52D 开证行一栏，上面是开证行名称，下面应该是地址，但只有一个"."，是不是报文不完整？小赵说，这是不可能的，银行的业务系统在缮制 SWIFT 电文时，涉及银行名称的栏位，通常有"A"和"D"可选。选"A"，系统就只有一行，填上 SWIFT 代码。选"D"，就有银行的具体名称和地址两个栏目要填。有时做电文的人觉得地址没必要填上，但 SWIFT 系统不允许有空行，就填上一个"."。张艾想，这些也只有他们银行的工作人员才会知道。

还有就是有关国际制裁的条款。小赵说花旗集团毕竟是总部设在美国的美资银行，肯定需要配合美国政府针对其他国家、特定的机构和个人的经济制裁。在交易中，主要是在资金的汇划过程中，由于目前美元清算大多通过美国的清算行进行，收、付款人名称或所在国家出现敏感字眼，资金会被冻结、退回甚至扣押。出于控制自身风险考虑，银行通常会在信用证中明确：一是不参与交易涉及被制裁的国家、其他实体和个人的信用证交易。比如国内的银行，近期除个别银行愿意充当交单行接受伊朗的信用证外，大多数已不接受伊朗的银行开立的信用证。二是声明一旦交易涉及此类问题银行免责。如果交易不涉及相关被制裁国家，此类条款可以跳过不看。像张艾所在的精彩公司的这份信用证，安排空运时，只要问清楚货代是不是用信用证中提到被制裁国家的航班可以了。

至于那个 FORM 3 和 FORM 7 是什么单据，张艾的 QQ 群中一致认为是 FORM F、FORM E 之类的产地证，开证行搞错了名称。张艾自己认为不可能，小赵也说从来没见过，但可以肯定不是什么 FORM E、FORM F 等产地证的名称开证行搞错了，因为信用证中多次提及，不可能处处搞错，还有信用证中有明确规定，需要的是中巴自由贸易区原产地证书，不太会再要其他类型的产地证。张艾问了单老师，单老师也不知道。小赵提醒张艾，问问工厂可能知道，因为工厂不可能就做这一单出口业务。另外，商检、贸促会等机构也可能知道，几乎所有的出口企业都要跟这些机构打交道，很多出口单据需要通过这两个机构办理。这些机构见多自然识广，对出口什么产品到什么国家，需要提供什么单据应该比较专业。实在不行，还可以直接联系进口方，进口方自己肯定知道需要什么样的单据。张艾想想也对，可以让李经理问一下工厂，问不到再按小赵说的方法一个个往下找。

另一个问题是，信用证为什么要求空运单签发给开证行？小赵也说不清楚，要问单老师。单老师可能觉得让小赵转述说不清楚，干脆亲自听电话，对张艾说："因为空运单不是物权凭证，空运收货人通常并不需要凭正本的空运单去提货。也就是说，如果信用证规定空运单的收货人是开证申请人，开证申请人不向开证行付款赎单就能提取货物。开证行充分考虑到不能控制物权所产生的风险，防止银货两空，在开证时，就要求把空运单的收货人做成开证行自己。进口商如果想提货，就必须付款赎单，由开证行办理相应授权手续后才能进行提货。"

张艾听到单老师的电话，就把另一个问题也提了出来，信用证要求精彩公司直接寄一套正本单据给开证行，比如他们这个信用证的产地证、分析证明、FORM 3 和 FORM 7，这些单据交单时并不需要，如果单据上有错误，开证行会不会拒付？张艾自己感觉是不会的，想通过单老师证实一下自己的想法。

单老师说肯定不会，让张艾放心，银行只会审核信用证要求向指定银行提交的单据，信用证不需要提交的单据，银行不会理会。根据 UCP600 的规定："按指定行事的指定银行、保兑行（如果有的话）及开证行须审核交单，并仅基于单据本身确定其是否在表面上构成相符交单。"也就是审核的是"交单"，不是"交单"的单据不会审核更不能据此拒付。

"但我们提交了呢？比如我们不想直接寄给他们，让你们随交单的单据一起寄给开证行？"张艾在想，通常单据是通过银行直接寄给开证行的，如果要求受益人直接向开证行邮寄的单据让银行寄，不是可省快递费吗？也要上百元人民币的。

"我们中行一向是劝阻客户这么做的，因为有教训。"单老师说，"几年前我们中行跟香港汇丰闹过一次纠纷，进口商要一套副本单据，我们这边的出口企业不想单独寄，就要我们中行在交单的单据中一起寄过去。当时的UCP500 也明确，'信用证上没有规定的单据，银行不予审核'。所以我们想汇丰当然不会审核那套副本单据，不巧的是，船公司先把提单打在副本上让客户确认，上面是有错误的。客户核对确认后船公司出的正本提单是正确的，

副本不用交银行，船公司就没改副本，直接把有错误的副本给了我们客户。我们客户把这个有错误的副本提单通过我们寄给进口商，我们银行自然没有审核信用证没做要求的副本单据。但我们不审核并不代表开证行汇丰也不审，一看看出问题了，拒付马上过来了。我们抗辩，理由充分，'DOCUMENTS NOT STIPULATED IN THE CREDIT WILL NOT BE EXAMINED BY BANKS.'汇丰说，'WILL NOT'，又不是'PROHIBIT'，你们没说这套副本不是交单，我们当然要审。官司打到 ICC 专家那里，ICC 专家也认为，既然是随同交单单据一起提交单据，当然要审核，拒付有理。好在贸易本身没有问题，进口商按时付款赎单了，但也把我们中行国际业务部门上上下下吓出一身冷汗。从此，我们中行把客户提交的信用证不要求的副本单据等，除非交单企业特别说明，直接放进纸篓，免得节外生枝。如果是要求直接转递给进口商的，我们会在寄单面函上特别说明，副本单据一套，不作为交单，请直接交申请人（COPY DOCUMENTS, NOT FOR PRESENTATION, PLS RELEASE TO APPLICANT DIRECTLY），有时候还会把这句或类似的话写在不需要交单的单据上。你知道我们银行做寄单面函有计算机软件系统，常规的指示系统会自己生成，这些特别的指示需要工作人员手工输入，难免会遗忘。再说你们这个信用证明确要求你们公司直接把单据寄给他们，并要求出具证明，就更没有理由这样做了，不能为省邮费因小失大啊。"

"还有，如果进口时货物来自伊朗、俄罗斯、刚果（金）等被制裁或高风险国家，进口方可能为规避贸易制裁等问题，开证时会刻意回避提交产地证等某些单据。你非要交一份信用证不需要的产地证，结果很可能不是普通的节外生枝，而是被开证行以监管要求为由直接退单并不再受理相关业务。监管高于国际惯例啊！"

"好的，我明白了。"张艾若有所思，按单老师的意思，如果信用证要求单据由受益人直接寄开证行，不作为交单的单据，如果有错误，没问题，开证行不会据此拒付，如果夹在交单的单据中让议付行转交，就有可能节外生枝？

挂断电话后，打电话找经理说了 FORM 3 和 FORM 7 的问题。经理说他会找工厂问的，有消息就告诉张艾。

张艾忽然想到神通广大的网络，就用百度搜索了一下，结果也查不出个所以然。手上有事做就会感觉时间过得快，转眼就到了下班时间，收工回家过双休。

星期一一早，李经理就有了关于 FORM 3 和 FORM 7 这两个文件的消息。据市精细化工厂的说法，这两个文件就是针对向巴基斯坦出口医药化工类产品的，是进口商申请进口许可证用的，其他国家或其他产品都不需要，所以比较少见。文件格式和措辞固定，由生产商签发，发货后工厂会把做好的文件送过来。随后陈希也确认那个中巴 FTA 原产地证由商检局签发，申请手续与 FORM A 类似。到此，张艾才算搞清这个信用证的全部疑问。

本节提示

1. 国外一些中小商业银行，因为海外代理行稀少、节约费用等原因，会把自己的信用证业务，包括单据处理、承兑付款等外包给花旗集团等以做贸易服务见长的国际性大银行所属的金融服务公司或单据处理中心。在这种情况下，这些处理信用证业务的代理人，将代表开证行发送信用证电文，日常联络，接收和处理单据并进行承付。信用证中会出现一些与之相关的条款，对信用证交易无实质性影响。

2. 交易如果牵涉国际及美国单方对某些国家、实体和个人的经济制裁，开证行及其代理机构，以一些美资银行为主，会在信用证中做出诸多免责声明。如果贸易涉及国际热点地区，需要考虑这类政治风险。如果不涉及这些国家和地区，这些条款可以不予理会。

3. 以色列和伊斯兰国家积怨颇深，国际贸易中涉及这些国家和地区，对使用的运输工具及其悬挂的旗帜、停靠的港口等有禁止性规定，通常需要承运人出具相关证明，订仓时必须事先向货运公司说明。

4. 信用证可能需要提供一些特殊的单据，其形式和内容可向生产商、商检和贸促会等官方机构咨询，最终可找进口商要求提供。

5. MT710 的转通知信用证，寄单、偿付等给交单行的指示相对复杂，受益人尽可能让自己的银行去把握和处理，自己不必予以理会。

6. 信用证不要求的单据不作为交单直接寄开证行，开证行不会审单并据此拒付，但向信用证指定银行（包括开证行自己）交单时，提交了信用证不需要的单据，除非特别声明这些单据仅通过银行转递，可能会节外生枝，尽可能避免这样做，以免因小失大。

3.4　转让信用证，最不安全的信用证?

最先接触的信用证是 MT700，刚研究的是 MT710，张艾拿起陈希看过的那份信用证，居然是 MT720，不会一份比一份难吧?

MT720

SENDER：SBBLHKHH

STANDARD CHARTERED BANK（HONG KONG）LIMITED

STANDARD CHARTERED TOWER FLOOR 15 388 KWUN TONG ROAD, KWUN TONG

RECEIVER：BKCHCNBJ 910

BANK OF CHINA

27：　SEQUENCE OF TOTAL

　　　1/1

40B：FORM OF DOCUMENTART CR

　　　IRREVOCABLE

　　　WITHOUT OUR CONFIRMATION

20：　SENDER'S REFERENCE

　　　CRT140016

21：　DOCUMENTARY CR NUMBER

　　　IC14001234

31C：DATE OF ISSUE

　　　140802

40E：APPLICABLE RULES

　　　UCP LATEST VERSION

31D：DATE AND PLACE OF EXPIRE

　　　140930HONG KONG

52A：ISS BANK OF ORIG D/C

　　　BOFAUS66

50： FIRST BENEFICIARY

WORLD FASHION CO. , LTD

FLAT A 12/F. , UNION PALZA, NO. 12 THE COTTON RD. , CENTRAL,

HONG KONG

59： SECOND BENEFICIARY

HAIBEI WONDERFUL TRADE CO. , LTD

NO. 123 ZHONGSHAN ROAD, HAIBEI CITY, CHINA

TEL/FAX： 86 – 567 – 2345 – 2326/2336

32B： CURRENCY CODE AND AMOUNT

USD47731. 20

41A： AVAILABLE WITH … BY

SCBLHKHH

BY NEGOTIATION

42C： DRAFTS AT

SIGHT

42D： DRAWEE

BANK OF AMERICA N. A. LOS ANGELES

43P： PARTIAL SHIPMENT

ALLOWED

43T： TRANSHIPMENT

ALLOWED

44E： PORT OF LOADING

NINGBO, CHINA

44F： PORT OF DISCHARGE

LOS ANGELES, USA

44C： LATEST DATE OF SHIPMENT

140920

45A： DESCRIPTION OF GOODS

LADIES' COAT WITH FUR COLLAR

QUANTITY：2112PCS

UNIT PRICE：USD22. 6/PC FOB NINGBO，CHINA

46A：DOCUMENTS REQUIRED

+2 ORIGINALS AND 1 COPY OF COMMERCIAL INVOICED

+2 ORIGINALS OF PACKING LIST

+2/3 CLEAN ON BOARD MARINE BILL OF LADING MADE OUT TO ORDER OF SHIPPER AND BLANK ENDORSED MARKED FREIGHT COLLECT NOTIFYING MERIS IQ, 251 S OLIVE ST. , LOS ANGELES CA

+1 ORIGINAL OF BENEFICIARY'S CERTIFICATE STATING THAT：

A）1/3 SET OF NEGOTIABLE DOCUMENTS HAVE BEEN SENT TO MERIS IQ, 251 S OLIVE ST. , LOS ANGELES CA WITHIN 15 DAYS OF THE BILL OF LADING DATE

B）1 SET OF NON-NEGOTIABLE COPIES OF DOCUMENTS HAVE BEEN SENT TO MERIS IQ, 251 S OLIVE ST. , LOS ANGELES CA

COURIER'S RECEIPT TO THIS EFFECT IS REQUIRED.

47A：ADDITIONAL CONDITIONS

+ INSURANCE EFFECTED BY ULTIMATE BUYER

+ DOCUMENTS TO BE PRESENTED WITHIN 10 DAYS AFTER SHIPMENT BUT WITHIN THE VALIDITY OF THIS L/C

+ PRESENTATION OF DOCUMENTS THAT ARE NOT IN COMPLIANCE WITH THE APPLICABLE ANTI-BOYCOTT, ANTI-MONEY LAUNDERING, ANTI-TERRORISM, ANTI-DRUG TRAFFICKING, EXPORT DENIAL OR ECONOMIC SANCTIONS LAWS, REGULATIONS OR ORDERS IS NOT ACCEPTABLE, APPLICABLE LAWS VARY DEPENDING ON THE TRANSACTION AND MAY INCLUDE UNITED NATIONS, UNITED STATES AND/OR LOCAL LAWS.

THIS LETTER OF CREDIT COVERS 100PCT OF INVOICE VALUE

+ THE AMOUNT OF EACH DRAWING MUST BE ENDORSED ON THE REVERSE OF THE DOCUMENTARY CREDIT BY THE NEGOTIATING BANK.

+ ISSUING BANK STATES QUOTE AN ADDITIONAL HANDLING FEE OF USD90. 00 WILL BE DEDUCTED FROM THE PROCEEDS FOR EACH SET OF DOCUMENTS PRESENTED WITH DISCREPANCIES. SHOULD PAYMENT BE

EFFECTED BY WIRE TRANSFER OR CHECK, A USD45.00 HANDLING FEE WILL BE DEDUCTED FROM PROCEEDS

+ DOCUMENTS OTHER THAN DRAFTS AND COMMERCIAL INVOICE MUST NOT SHOW THE TRANSFERRING BANK'S REF. NUMBER, UNIT PRICE AND/OR VALUE OF GOODS

+ PLEASE SEND ALL DOCUMENTS TO STANDARD CHARTERED BANK (HONG KONG) LIMITED AT STANDARD CHARTERED TOWER FLOOR 15 388 KWUN TONG ROAD, KWUN TONG, HONG KONG, ATTN: TRADE SERVICES DEPT, QUOTING TRANSFERRING NO.

+ THE DOCUMENTS WILL BE PRESENTED TO THE ISSUING BANK FOR THEIR PAYMENT, UPON RECEIPT OF GOOD FUNDS FROM THE ISSUING BANK WE WILL EFFECT PAYMENT TO THE TRANSFEREE.

+ IN THE EVENT THAT THE DOCUMENTS ARE PRESENTED WITH DIS-CREPANCIES, WE SHALL FORWARD THE DOCUMENTS TO THE ISSUING BANK FOR THEIR APPROVAL, FURTHERMORE, WE HAVE BEEN INSTRUCT-ED BY THE FIRST BENEFICIARY OF THE CREDIT THAT THEY RETAINED THE RIGHT TO REFUSE TO ALLOW US TO ADVISE AMENDMENT (S) IF ANY, TO TRANSFEREE.

+ THIS TRANSFER LETTER OF CREDIT IS SUBJECT TO ICC UCP600

+ PLEASE ACKNOWLEDGE RECEIPT AND DATE OF ADVICE TO SECOND BENEFICIARY

71B: CHARGES

ALL BANK CHARGES ARE FOR THE ACCOUNT OF THE SECOND BENE-FICIARY

看过内容，张艾明确这是份转让信用证。记得在上学时，国际结算课程中有关信用证的章节，也曾提到过。但真正的转让信用证还是第一次看到。张艾看过后只有一个感觉，虽然比那份 MT710 好一点，但还是与中行小赵说的一样——烦琐。有几个条款，是普通信用证不会出现的，张艾决定如法炮制，把这些条款摘出来，翻译一下加强理解。

张艾用铅笔把下边这几项条款画了线，翻译了出来：

+ ISSUING BANK STATES QUOTE AN ADDITIONAL HANDLING FEE OF USD90.00 WILL BE DEDUCTED FROM THE PROCEEDS FOR EACH SET OF DOCUMENTS PRESENTED WITH DISCREPANCIES. SHOULD PAYMENT BE EFFECTED BY WIRE TRANSFER OR CHECK, A USD45.00 HANDLING FEE WILL BE DEDUCTED FROM PROCEEDS

开证行声明，对提交的每套包含不符点的单据，收取额外的 90 美元的处理费并从付款金额中扣除。不论付款采用电汇或支票方式，都将从付款金额中扣除 45 美元的处理费。

+ DOCUMENTS OTHER THAN DRAFTS AND COMMERCIAL INVOICE MUST NOT SHOW THE TRANSFERRING BANK'S REF. NUMBER, UNIT PRICE AND/OR VALUE OF GOODS

除了汇票和发票外的其他单据，不能显示转让行的业务编号、单价和/或商品价值。

+ PLEASE SEND ALL DOCUMENTS TO STANDARD CHARTERED BANK (HONG KONG) LIMITED AT STANDARD CHARTERED TOWER FLOOR 15 388 KWUN TONG ROAD, KWUN TONG, HONG KONG, ATTN: TRADE SERVICES DEPT, QUOTING TRANSFERRING NO.

请把全套单据寄到渣打银行香港分行贸易服务部（地址），引用转让号。

+ THE DOCUMENTS WILL BE PRESENTED TO THE ISSUING BANK FOR THEIR PAYMENT, UPON RECEIPT OF GOOD FUNDS FROM THE ISSUING BANK WE WILL EFFECT PAYMENT TO THE TRANSFEREE.

单据将被提交到开证行请求付款，在收到开证行足额付款后我们将付款给受让人。

+ IN THE EVENT THAT THE DOCUMENTS ARE PRESENTED WITH DIS-CREPANCIES, WE SHALL FORWARD THE DOCUMENTS TO THE ISSUING BANK FOR THEIR APPROVAL, FURTHERMORE, WE HAVE BEEN INSTRUCT-ED BY THE FIRST BENEFICIARY OF THE CREDIT THAT THEY RETAINED THE RIGHT TO REFUSE TO ALLOW US TO ADVISE AMENDMENT (S) IF ANY, TO TRANSFEREE.

在提交单的单据有不符点的情况下，我们将把单据递交给开证行寻求他们接受。另外，我们根据本信用证第一受益人的指示，第一受益人保留本信用证项下的修改，如果有的话，拒绝我们通知受让人的权利。

+ PLEASE ACKNOWLEDGE RECEIPT AND DATE OF ADVICE TO SECOND BENEFICIARY

请确认收到本证和通知第二受益人的日期。

翻译完后，张艾对那些扣费条款，已经从单老师那儿了解到即使觉得高也无能为力，只能接受，已经不觉得奇怪。

只是对这一条"THE DOCUMENTS WILL BE PRESENTED TO THE ISSUING BANK FOR THEIR PAYMENT, UPON RECEIPT OF GOOD FUNDS FROM THE ISSUING BANK WE WILL EFFECT PAYMENT TO THE TRANSFEREE."（单据将被提交到开证行请求付款，在收到开证行足额付款后我们将付款给受让人。）觉得特别不放心，转让行明确表示，即使单证相符，构成所谓的相符交单，转让行也不承诺付款，而是要等收到开证行付款后才会向第二受益人付款，是不是对安全收汇根本没有保障？

上一次打电话给小赵，最终还是单老师亲自听。这次张艾决定还是直接打电话向单老师请教。

单老师基本认同张艾的见解。在电话中，单老师告诉张艾，转让信用证，特别是香港的中间商，使用很频繁。主要原因是使用转让信用证，既能避免客户与最终供应商直接接触，以赚取差价收益，又可以免去向银行申请开立对真正的供货方进口货物的新信用证所需要的保证金或开证额度，手续简单。转让费用理论上应该由提出转让的申请人即第一受益人承担，但我国内地的出口方往往处于弱势地位，这笔费用常常也被转嫁给第二受益人，所以费用低廉。

至于收汇的安全性，转让信用证肯定不如没经转让的普通信用证。按单老师的说法，也就是比付款交单的托收（D/P）好一点。在转让信用证项下，即使第二受益人向转让行提交的单据完全符合信用证的条件和条款，构成所谓的"相符交单"，转让行也没有向第二受益人付款的义务，正如信用证所规定的那样，要等到收到开证行的全额付款后，才会向第二受益人付款。

根据UCP600有关转让信用证的规定，开证行也不对第二受益人承担付款

责任。在实务中转让信用证有两种形式。第一种比较常见的是转让金额低于原证金额，第一受益人需要用自己的发票和汇票（如果需要的话）替换第二受益人提交的发票和汇票，第一受益人赚取两者间的差价。另一种就是转让金额与原证相同，第一受益人仅收取佣金，这种形式不常见。在第一种转让方式下，第二受益人通过自己的银行向转让行提交单据时，UCP600 规定"如果第一受益人应提交其自己的发票和汇票（如有的话），但未能在第一次要求时照办，或第一受益人提交的发票导致了第二受益人的交单中本不存在的不符点，而其未能在第一次要求时修正，转让行有权将从第二受益人处收到的单据照交开证行，并不再对第一受益人承担责任"。但还是没有明确转让行是不是对第二受益人承担责任。

中行在 1997 年有过一个案例，某外贸公司通过中行向新加坡某转让行提交了 14 套单据，金额共 USD1 223 499.12。第一受益人换单后将单转寄德国的开证行要求付款。寄单后中国银行收到新加坡银行转来的德国银行的拒付电。拒付原因有两点：（1）动物健康证缺少名称；（2）正本提单弄混。中国银行检查信用证和留存的单据副本，认为：（1）信用证对动物健康证名称规定为英文名称，仅在括号内显示德文名称。提交的单据只显示了英文名称，未显示括号内的德文名称，并不影响进口方清关提货，不构成实质上的不符，德国的开证银行借此拒付理由不充分。（2）留存单据副本表明，提单提交新加坡银行时完整无缺。单据是否为新加坡银行搞混不得而知，因此正本提单即使搞混也不是中国银行的责任。中国银行随即向新加坡银行发出抗辩电文，转让行在回电中称，已将中国银行电文内容转达德国开证行听候回复。并声明作为转让行本身对单据的拒付和最终的付款与否不负责任。其后，中国银行多次向转让行抗辩，要求开证行付款，但转让行均回复正在与开证行联系，开证行坚持不符点成立，拒绝付款。鉴于通过转让行已无法解决问题，中国银行直接给德国开证行发电，催促付款。但开证行在回电中声明，既然它的信用证是开给新加坡的转让行的，中国银行无权直接与开证行联系。最后部分退单退运，部分无单放货，外贸公司承担了不小的损失。

从这个案例可以看出，对开证行来说，第二受益人完全是信用证规定以外的第三方，不对第二受益人负有任何义务。代表第二受益人的交单银行，也不是信用证的指定银行，无法取得信用证项下指定银行的地位。一旦发生纠纷，连向开证行抗辩的资格都没有。从法律意义上来说，也确实如此。所以一般情况下，转让信用证的第二受益人，并不可以享受到不可转让信用证对受益人的保护。

转让信用证还有另外一个风险，第二受益人根本无法控制，就是自己提交的单据没有不符点，但转让行向开证行交单时产生了新的不符点。在上述案例中，中国银行提交的提单是完整正确的，但开证行坚称搞混了。根据常理，德国开证行尽管挑剔单据，但经营作风不至于差到虚构不符点，在转让行换单时发生问题的可能性较大。要求银行从业人员百分之百不发生工作差错是不可能的，开证银行签收的单据不是自己开立的信用证项下的而是议付行误寄的，甚至收到的是议付银行自己留存的副本和审单记录，正本单据不知所终的，几十年国际结算业务做下来，也不绝无仅有。

第一受益人换单时也可能出现问题，理论上第一受益人更换第二受益人发票和汇票即可，但也可能替换装箱单等其他所有由受益人出具的单据，出问题的概率比银行出错的概率更大。虽然转让行肯定会审核第一受益人替换的单据，单据中存在不符点，可以要求第一受益人修改。第一受益人如果不在第一时间修改，转让行有权直接把第二受益人提交的无不符点单据直接寄开证行。但要银行审单人员对每套单据都要审出全部不符点，显然不现实。还有第一受益人毕竟是转让行的直接客户，能为转让行带来收益，转让行通常不愿得罪自己的客户，未必真的会把第二受益人提交的单据直接寄开证行。再者牵涉单价等规定，不换单没有不符点的可能性也很小。这也是第一受益人无法控制的风险。

另外，转让信用证的结算费用高于普通信用证。除了正常的交单行的审单费用、快递费外，原本由第一受益人承担的费用，会转嫁到第二受益人头上，转让行为维护自己客户的利益会倾向于那么做，最典型的就是转让费用会向第二受益人收取。另外，第二受益人的银行必须向转让行寄单，不能直接向开证行寄单要求付款。转让行签收单据后，会审核单据并通知第一受益人换单。第一受益人准备单据也需要时间，换单后转让行还会进行必要的审核再向开证行寄单索汇。而后，转让行收到开证行付款后再安排向第二受益人的银行付款，正常的收汇时间也远长于非转让信用证的收汇时间。当然这些问题与上述风险比较起来，只是次要问题。

强调了转让信用证的潜在风险后，单老师说近几年他对转让信用证的负面看法已经有所改变。上述提到的案例相对极端，在正常的贸易背景下，即排除申请人与中间商是关联方并试图欺诈出口商的情形，信用证第一受益人与第二受益人的利益应该是一致的。中间商能赚取差价收益，必须以开证行付款为前提。转让行收妥开证行付款就必须支付第二受益人转让信用证项下的交单款，无须听候第一受益人的指示，这是转让行的义务。中间商只做一个发票，最多再加一份汇票，出错的可能性毕竟不高，而且还有转让行在审单把关。至于中间商没能及时换单，局外人很难揣测各种原因，无论是有意为之试图欺诈还是无意之间的工作失误，个案很少，没有普遍意义。

信用证实务中，花旗等以贸易服务见长的银行，还有一种"保兑＋转让"的业务，转让信用证可以承诺承付第二受益人相符交单。即转让信用证对交单人的指示，不是"... UPON RECEIPT OF GOOD FUNDS FROM THE ISSU-ING BANK WE WILL EFFECT PAYMENT TO THE TRANSFEREE"，而是类似"PAYMENT AGAINST PRESENTATION OF CREDIT COMPLIANT DOCUMENTS WILL BE EFFECTED BY THE TRANSFERRING BANK AS PER INSTRUCTION OF THE PRESNETER"这种措辞。原因是转让行如果同时是来证的保兑行，它将与开证行承担同样的承付原证项下相符交单的义务。并且假定，如果第二受益人转让信用证项下递交的文件构成相符交单，第一受益人原证项下换单后也必将构成相符交单。作为出口商，单老师意见完全可以接受这种类型的转让信用证。

对"DOCUMENTS OTHER THAN DRAFTS AND COMMERCIAL INVOICE MUST NOT SHOW THE TRANSFERRING BANK'S REF. NUMBER, UNIT PRICE AND/OR VALUE OF GOODS"（除了汇票和发票外的其他单据，不能显示转让行的业务编号，单价和/或商品价值。）这一条款，张艾也理解，是为了防止最终用户知道第一受益人真正的采购价格，泄露商业机密。单老师说当然这是主要原因。其实另外也有原因，就是第一受益人会拿自己的汇票和商业发票替换第二受益人提交的单据，如果在提单、官方出具的产地证等文件上出现了单价或商品价值，肯定会造成单据与单据之间的矛盾，无法做到相符交单而影响收汇安全。比如不能出现转让行的业务编号，并不是为了保守商业机密，而是为了不在单据上出现转让信用证的原证上未规定的信息，给开证行留下挑剔单据隐患。

张艾又问了第一受益人保留通知或不通知信用证修改给第二受益人的权利，是不是对公司不利。单老师说那倒不至于，如果转让信用证的条款可以做得到。该信用证原证的开证行若对信用证进行了修改，该修改对第二受益人有利，而第一受益人拒绝通知第二受益人，对第二受益人来说也没有实质性的不利影响，反正能按未修改的信用证进行备货、制单和交单。如果修改有利于第二受益人，那更无话可说了，第一受益人如果拒绝把修改通知给第二受益人，那好，相当于没修改过。选择把不利的修改通知第二受益人，第二受益人如果能做到修改后的条款或条件，那就可以照办，做不到，拒绝接受修改，这是受益人的权利。而且 UCP600 明确规定，"IF A CREDIT IS TRANSFERRED TO MORE THAN ONE SECOND BENEFICIARY, REJECTION OF AN AMENDMENT BY ONE OR MORE SECOND BENEFICIARY DOES NOT INVALIDATE THE ACCEPTANCE BY ANY OTHER SECOND BENEFICIARY WITH RESPECT TO WHICH THE TRANSFERRED CREDIT WILL BE AMENDED ACCORDINGLY, FOR ANY SECOND BENEFICIARY THAT REJECTED THE A-MENDMENT, THE TRANSFERRED CREDIT WILL REMAIN UNAMENDED"。也就是如果信用证转让给多于一个的第二受益人，一个或多个第二受益人拒绝授受修改，并不影响其他第二受益人接受修改，对接受修改的第二受益人来说，该信用证已进行了修改，对不接受修改的第二受益人来说，该转让信用证就没有修改。所以信用证一经开立，接不接受修改的主动权在受益人这一方，第一受益人通知不通知开证行对原证的修改，对第二受益人来说影响不大。当然如果信用证开立时有重大缺陷，可能影响到贸易顺利进行，那么这种修改第一受益人肯定会选择通知第二受益人的。

张艾又问，还有那个通知确认收到本证和通知第二受益人的日期（PLEASE ACKNOWLEDGE RECEIPT AND DATE OF ADVICE TO SECOND BENEFICIARY），是不是纯粹是通知行的事。单老师说当然纯粹是通知行的事，目前大多数银行的国际结算业务系统，在接收信用证电文后，会自动向发报行发送一个确认电文，措辞各有不同，作用就是确认已经收到电文，而且即使通知行不照办，对受益人也没有任何影响。

"我听说过背对背信用证，是怎么回事？是不是跟转让信用证差不多，也是中间商常用的结算方式?"张艾记得学校里上国际结算课时提到过这个概念,但老师的实务经验不如单老师,有些疑问还是单老师说得清楚。

"对的,背对背信用证确实是中间商经常采用的结算方式。具体来说是中间商在收到最终用户的出口信用证后,根据收到的来证,也就是所谓'母证'的条款,向自己的银行申请开立一个独立的信用证,称'子证'向最终供应商进口货物。为便于向'母证'交单,'子证'有时会规定除了发票和汇票,其他单据不能显示商品的价值和信用证号、开证行等任何信息,有时会要求提单的发货人(SHIPPER)显示成信用证的申请人等特殊条款外,从内容和形式上,不像转让信用证那样,从表面上能清楚分辨出是'背对背'信用证,'子证'和'母证'是两份相对独立的信用证。最终供应商备货交单,单据到达'子证'的开证行后,中间商付款赎单,取得最终供应商的货运单据后,加上自己的发票和汇票向'母证'交单收取货款。这种方式也避免了供求双方发生直接联系而丧失商机的可能。'子证'的开证行,就与其他普通的信用证的开证行一样,对受益人有独立的第一性的付款责任,不受'母证'开证行是否接受中间商单据的影响。对最终供应商来说,比转让信用证收汇安全得多。问题是大部分银行开立背对背信用证,不能光凭来证,还需要客户有授信或提供其他信贷担保措施。出口贸易实务中,中间商无法开立背对背信用证,而出口方对转让信用证确有疑虑,倘若中间商是我国香港、新加坡和英国等金融服务发达地区的公司,可以尝试让中间商申请上述保兑加转让的业务,也许是一个贸易双方都能接受的方案。银行信用证保兑业务,通常只考虑开证行的资信。"单老师简要地把背对背信用证的情况作了介绍。

谈完背对背信用证,张艾挂断了电话。证实了自己对这个信用证的疑问后,张艾打电话向经理汇报了香港 WORLD FASHION 公司开来的是转让信用证。李经理说他知道,谈合同时就提到了结算采用即期信用证,转让信用证也接受。张艾告诉经理,转让信用证风险很大,单老师也认同,最好采用背对背信用证。李经理说没办法,现在出口单子不多,而且反正也是工厂自己的客户,工厂同意接受转让信用证,没理由不做。

放下电话,张艾找到了那个转让信用证的出口合同,有关结算方式是规定 L/C OR TRANSFERRED L/C AT SIGHT,信用证上其他内容与合同也没有什么不同。不知不觉,已经是中午下班时间了。

本节提示

　　1. 转让信用证是中间商乐于采用的一种结算方式，既可以防止最终用户与供应商直接联系失去商机，又可以免去开立新证交存保证金、申请额度授信等手续，节约结算费用。

　　2. 对第二受益人来说，风险远高于没经转让的一般信用证。即使提交了严格单证相符的单据，开证行或转让行也没有对第二受益人付款的承诺。

　　3. 在第一受益人的转让行换单环节，会出现第二受益人不可控制地产生新的不符点等风险，影响第二受益人安全收汇。

　　4. 尽管 UCP600 明确规定转让费用由第一受益人承担，但第一受益人通常会把这笔费用转嫁给第二受益人，结算费用通常高于普通信用证。单据需要通过转让行向开证行寄单索汇，转让行需要在收到开证行付款后才会安排向第二受益人付款，所以收汇时间也远长于普通信用证。

　　5. 在了解中间商资信的情况下，有选择地接受转让信用证，争取让中间商申请背对背（BACK TO BACK）信用证，也就是凭来证条款开立新证。或尝试"保兑加转让"，转让行承付第二受益人相符交单的业务。

第四章　信用证与物权

　　下午上班后，张艾发现一向沉寂的 QQ 大学同学群中在热烈地讨论信用证问题，看来不少同学也开始接触信用证了。张艾一路从 MT700 研究到了 MT720，功力比大多数同学深些。手上的几份信用证基本搞懂，张艾心情不错，对同学们正在讨论的问题，也发表了一些自己的意见。单老师的心得基本能代表对信用证规定和条款的正确理解，张艾立即成了群里的信用证专家，群主还升张艾做了管理员。

　　正说得热闹呢，李经理回来了。从脸色来看，中午应该跟客户吃饭喝酒了。张艾连忙调低了电脑的音量，满是 QQ 信息声，不好。李经理坐下后，叫张艾把最近收到的两个信用证拿过去，张艾给了经理已经写上了几个主要条款中文翻译的副本。正期待经理表扬呢，没多久经理冲了出来，不是表扬，而是把信用证副本扔在张艾桌子上，用红色荧光笔在上面涂了几行，一改平时说话慢条斯理的样子："信用证只要求两个正本提单交银行，一个正本要直接寄给客户，为什么不早跟我说？"张艾拿起一看，涂的是 WORLD FASHION 通过渣打转让过来那个转让信用证的这两个条款：

　　+2/3 CLEAN ON BOARD MARINE BILL OF LADING MADE OUT TO ORDER OF SHIPPER AND BLANK ENDORSED MARKED FREIGHT COLLECT NOTIFYING MERIS IQ, 251 S Olive St., Los Angeles CA

　　+1 ORIGINAL OF BENEFICIARY'S CERTIFICATE STATING THAT：1/3 SET OF NEGOTIABLE DOCUMENTS HAVE BEEN SENT TO MERIS IQ, 251 S Olive St., Los Angeles CA WITHIN 15 DAYS OF THE BILL OF LADING DATE

　　"这样有问题吗？单老师也应该看过这个信用证，没说这样做不行啊？"张艾上午看这个转让信用证的时候，其中已经注意到提单条款不是通常说的全套（FULL SET 3/3）而是 2/3，并且要求把 1/3 正本提单直接寄美国的不知是报关行还是最终用户。当时觉得只要按信用证要求做，这个条款应该不是个问题。

"把正本提单都寄给客户了，还做什么信用证啊，直接 T/T 好了。"李波喝过酒，情绪有点不受控制。说完就回到了自己里间的办公室，把张艾晾在那边脸上发烫，陈希冲着李波的经理办公室做着夸张的鬼脸鄙视经理，声援张艾。

张艾回过神来，在那个同学群里说，刚才挨经理骂了，收到个信用证要求把一份正本提单直接寄客户，经理说风险很大，怪我没看出来告诉他。大家安慰张艾，说不是张艾的错，信用证条款又不是她定的，这一点大家意见高度一致。但对直接寄一份提单给客户，到底行不行，就七嘴八舌各说各的了。有同意张艾看法的，只要按信用证的要求做，风险不大，有的说不行，钱没拿到，物权就转移给了买家，客户提了货，随便找个理由不付款怎么办？搞得张艾对自己的看法也开始动摇。

张艾又开始想起了单老师，但李经理在，打电话问单老师不是明显不赞同经理的看法吗？张艾一边心烦意乱地看着信用证，一边在群里有一搭没一搭地说话，一心等着经理出门后打电话请教单老师。

等了一个多小时，李波终于要出门了。他出来时脸上酒色已经褪尽，神色虽然缓和了很多，但还是一副心事重重的样子，一声不响夹着包低头走了。

张艾等到不见经理的背影，就迫不及待地提起了电话。

"单老师，又要麻烦您了。"张艾不时地找单老师问问题，自己都有点不好意思。

"有什么事你说好了，不用客气。"单老师永远是一副诲人不倦的态度。

"是这样，上午请教过您的那个转让信用证，只要求 2/3 提单交银行，另一份提单直接寄美国的客户。我们经理说这样操作风险很大。我想请教一下，信用证不是只管单据不管其他吗？只要我们严格按信用证的要求做应该没问题，但我们经理反应很强烈啊。"张艾说了自己的疑问。

"这个啊，我只能站在银行的角度谈谈我的看法，至于风险大不大，接受不接受这样的条款，还得由你们经理把握。"单老师开始谈了。张艾只是不时地"对啊"，"是这样啊"这样简单地插几句。

"其实在近洋贸易中，比如货到日本、韩国、我国香港等地，采用 1/3 正本提单直接寄进口商，2/3 提单向银行交单的情况比较常见。船公司装船后出具提单，其间可能还需要发送草稿给发货人进行审核确认，这需要时间吧？提单草稿确认后，船公司一般在上海、宁波等港口城市，用快递把正本提单寄发货人，也需要 1 天时间吧？但船到这些近洋国家，3 至 4 天时间也到了，这样货已到港，提单还不知道在谁手上，很容易产生滞港滞箱等现象而发生额外费用。为避免出现这种情况，在这类近洋贸易中，一些进口商就要求客户在装船后几个工作日之内把 1/3 正本提单直接寄过去，省去了提单在银行的流转环节，以便及时办理清关提货手续。"

"但我们这票货是到美国的呀？"张艾问。

单老师沉默了一下，可能在找留存在他们那边的信用证副本看。

"你们这个信用证啊，原证肯定是可转让信用证，一旦发生转让，提单就会多一道从第二受益人的银行提交到转让行的流转环节。现在你们的转让信用证上交单期是 10 天，但我可以肯定，开证行开立的未转让的原证，为便于第二受益人换单，交单期肯定远不止 10 天，但据我了解，目前上海到美国西海岸的港口，最快也就是 10 来天。所以近洋贸易中可能发生的问题，即使货到美国也有可能发生。美国客户在可转让信用证下有这种要求，应该也在情理之中。"

"据说还有个别南美国家的报关手续特别复杂，也需要提前拿到 1/3 正本提单办理相关手续。所以在贸易实务中，信用证项下 1/3 正本提单直接寄进口方，通常也是基于贸易实务需要的合理要求，一概拒绝授受并不可取。"

单老师把需要 1/3 正本提单直接寄客户的贸易背景交代得很详细。

"可我们经理说，1/3 正本提单直接交客户了，就不必做信用证，直接做 T/T 好了，他还认为做信用证，必须可以控制物权。"张艾对李经理的这点意见特别不认同，期望得到单老师的认可。

"这是对信用证的重大误解。"一听单老师这么说，张艾轻松了很多。"信用证结算，本身并不关物权的事，尽管我没见过，但连不需要提交任何商业单据，只需要一个汇票的光票信用证都有。比如常见的备用信用证，也可能声明受 UCP600 约束，几乎就是光票信用证，不需要任何商业单据，按你们经理的想法，这些不都是多余了？"

"当然如果你们出口方相对强势，也可以坚持要求信用证项下提交全套提单，由申请人向开证行申请提货担保（SHIPPING GUARANTEE）解决上面提到诸如货到单未到等问题。这样安排对受益人非常有利。提货担保函没有金额和期限，即索即付，必须用正本提单向承运人换回保函才能解除保证责任。承运人凭提货担保放货后，如果再有人凭正本提单向承运人主张权利，承运人就会向开证行索偿。因此开证行通常要求申请提货担保时，明确放弃信用证不符点到单拒付的权利，以保证及时用正本提单换回保函解除担保责任。提货担保属于银行风险等级最高的信贷业务，并不好申请，而且有保证业务收费。所以平常进口方还是希望用 1/3 正本提单解决。但如果有客户要求你们同意凭提货担保放货这类要求，赶快同意。"

　　"明白，明白。"张艾附和单老师说。

　　"信用证从本质上来说，是开证行对受益人有条件的付款承诺。这个条件就是在规定时间内向信用证指定银行提交信用证所需要的全套单据，单据构成相符交单条件下，开证行的付款责任就确立了。不管是出口方、议付银行或开证行控制不控制物权，采用信用证结算都是比后 T/T 安全得多的结算方式。"

　　"你看一下 UCP600 有关运输单据部分的相关规定，信用证可以提交不可转让海运单（NON-NEGOTIABLE SEA WAYBILL），空运单据，公路、铁路或内陆水运单据，快递收据、邮政收据或投递证明等不代表物权的货运单据。实务中还有要求提交 UCP 没有规定的货物收据的（FORWARDER'S CARGO RECEIPT-FCR），也就是说，信用证项下不需要提交全套物权单据是很常见的。从根本上来说，信用证的第一付款人是开证行，如果有保兑，那么保兑行也和开证行一样负第一性的付款义务。信用证的初衷，应该是准备受益人提交相符单据直接找信用证的指定银行要钱，而不是准备拒付，所以从理论上来说，需要不需要提交全套物权单据，应该是开证行关注的事，受益人关注的是信用证的条件和条款自己是否全部做到。"

　　"开证行要关注是否能控制物权？"张艾不太理解。

　　"你忘了你们那个出口巴基斯坦的信用证？货物空运，开证行就要求空运单的收货人签发成开证行，就是为了开证行可以控制物权。你们李经理这个部门没做过进口业务，如果做过进口业务，向银行申请开立过进口信用证就

知道了。"单老师说，"我刚刚说过，信用证第一性的过款人是开证行，一旦受益人提交的单据构成相符交单，如果进口商无力或无意过款，开证行必须为申请人垫款对外支付。国内几大银行总行一级的试算平衡表上，信用证垫款科目估计都有余额。所以银行开立信用证，存在着垫款风险，与人民币的票据承兑业务一样，是纳入信贷业务统一管理的。"

单老师接着说："除非是交纳全额开证保证金，企业要向银行申请开立信用证，必须经过客户评价和信用评级，在信用等级评定后进行一般或贸易融资额度授信，也就是给企业核定一个各类信贷业务的最高限额，而后才能申请开立信用证。银行在考虑可以为进口企业开立什么类型的信用证，最高可以开多少余额的信用证，开证保证金比例是多少时，就开始关注是否控制物权了。"

"一般来说，为企业开立可控物权的即期信用证，开证行的风险最小，在申请人破产等情况无法赎单时，开证行至少还可以通过处置进口货物挽回一些损失，所以通常对开证保证金比例、企业的信用等级、担保措施等方面，要求要低一些。"

"如果开立的信用证物权不可控，比如你现在手上这个信用证，1/3 正本提单直接寄进口商了，或货物不经海运的，货运单据本身就不是物权单据，那么，开证行与出口商同样面临着银货两空的风险。现在我们假设你这个信用证就是进口商存心欺诈，收到你们的 1/3 正本提单直接提货后人间蒸发，你们公司和开证行，哪个面临的风险大些？"单老师有意考考张艾。

"我感觉开证行的风险更大，因为我们做的单据如果没有不符点，它必须付款，不能拿申请人欺诈来对抗。"张艾回答。

"对，至少对开证行来说肯定是这样看的。一个没有软条款，条款简洁，指示明确的信用证，受益人做到单证相符的可能性应该高于出现不符点然后被拒付的可能性。所以银行开立不可控物权的信用证，对开证申请人信用状况、保证金比例、保证措施等方面要求，都高于开立可控物权的即期信用证。也就是说，开证行同意为客户开立不能控制物权的信用证，是在对客户的付款能力有充分信心的基础上行使的。换个角度来说，进口商能向银行申请开立开证行不能控制物权的信用证，其本身的资金实力、信用记录等方面应该值得信赖。"单老师说得确实不无道理。

"这样来说，物权不可控的信用证，进口商的信誉比较好，反倒更安全？"张艾从单老师的长篇大论中得出这样一个结论。

"你要这样理解也未尝不可，反正我们国内银行对开立不可控物权的信用证把握得比可控物权的信用证要严，信贷风险管理的原理是一样的，想来境外的开证行也会那么操作。当然，这个也要结合信用证的内容来综合考量，如果信用证有软条款，或者条款复杂，指示不明确或前后矛盾，申请人又拒不修改，能否做到单证相符难以把握，这种不可控物权的信用证风险肯定高于可控物权的信用证，因为前者可能损失全部价款，而后者，损失的可能仅仅是运输和退运相关费用。"单老师部分认同张艾的结论。

"那有没有可能开证行和客户联手来骗我们？"张艾突然想到自己的同学群里，有人说过，境外有些银行会联合自己的客户进行贸易诈骗。

"这种事情我也仅限于听说过。你看看你们这份信用证开证行和转让行分别是什么银行？是美国银行和渣打银行！在国际上几大信用评级机构对全世界所有银行的评级中，中国恐怕没有哪家银行的信用等级会高于这两家。银行就是靠信用吃饭的，为什么英国人总是自豪地说自己发明了信用证，天才地解决了国际贸易中买卖双方互不信任问题？就是在信用证交易中，银行信用代替了商业信用。如果这两家银行连自己的信用也不顾了，信用证业务基本上也就消亡了。"单老师分析道。

"谢谢单老师，我明白了。"张艾很有礼貌地挂了电话。然后一个人呆呆地坐着琢磨单老师说的内容。自己先前也想不控制物权只要是做信用证就无所谓，单老师意见显然也是，但货款没收到，货权就交到对方手上，难道风险真的不大？得到了单老师的支持，自己反而怀疑起来了，为什么呢？

临下班时，李波打电话过来，让张艾和陈希到一家酒店一起吃个饭，是做那份转让信用证单子的服装厂请客，说是以后还有机会合作，双方业务人员相互认识一下。吃饭其实是工作内容之一，张艾和陈希不好推辞。工厂也来了三个人，边吃边讨论那个信用证的问题。席间工厂的销售部经理说起，香港的 WORLD FASHION 跟他们合作多年，一直 30% 定金，70% 从他们签收全套正本提单之日起 30 天后 T/T。上半年时不时有几笔不能按期付款，尽管表面上都有不得已的理由，但次数一多，难免心里没底，就提出用信用证结算。几经协商，最终 WORLD FASHION 公司同意了用信用证结算，说直接把客人的信用证转让过来。公司做外销的人都没接触过信用证，又不明白信用证转让过来是什么意思。海北是个小城市，做外销的一批人开会、培训等活动时都会见面，次数多了相互之间认识的也就不少，就找上李波他们做代理。李波反正配了职员准备做信用证，业务多做一笔是一笔，就应承下来。最终让 WORLD FASHION 把信用证转让给精彩公司。

下午李波去工厂一起跟 WORLD FASHION 交涉，不同意把 1/3 提单直接寄最终用户，试图说服他们让原证的开证申请人，也就是最终进口方改证。电话、SKYPE 等都用了，原来业务上有联系的，能拍板的不能拍板的都找了，WORLD FASHION 最终都没同意修改那个条款，说美国那家客户是洛杉矶那边一家影响力非常大的批发商，跟他们业务合作已超过 10 年，WORLD FASHION 自己跟它做信用证，也是 1/3 提单直接寄过去，主要原因就是提单在上海出，确认后到香港需要时间，加上香港假期多，发货后交单期间遇上节假日，很容易造成在美国港口产生额外费用。还有，WORLD FASHION 始终认为，既然是做信用证，肯定要做到相符交单，客观原因做不到相符交单，才是申请修改信用证的理由。出口方能做到相符交单，不管能不能控制物权，收款都会有保证。

张艾听他们你一言我一语，对李经理他们下午与香港客户的交涉情况知道了个大概。听到说起 WORLD FASHION 关于信用证相符交单就能安全收款的意见，忍不住把单老师的意思也说了出来。李波若有所思，过了一会儿，自己满了一杯酒，起身走到张艾旁边，一脸严肃地问道："我现在把信用证单证的工作交给你，你能保证做到每一套都单证相符吗？你说行，我敬你一杯。"张艾顿时语塞："这个……这个百分之一百谁能保证啊？"

李波回到自己座位上说道："就是，谁也无法保证百分之一百做到每一套单据都单证相符，包括单老师他们中行，也不能保证每套单据都把不符点全部审出来。现在把 1/3 提单寄客户，尽管我们和银行都出纰漏的可能性很小，或者由于货期、订舱等原因，我们根本不能做到单证相符，客户又不同意修改，服装这类产品，另找买家几乎不可能，只能出货并不符点交单，然后被拒付退单。万一客户已经提货，又拒不付款，我们哭着去打国际官司吧。当然开证行确实也正如单老师所说的那样，我们提交的单据它无法拒付，如果申请人破产或人间蒸发，开证行被迫垫款而产生损失，也存在银货两空的风险。但不要忘了，人家美国银行一年赢利几十亿美元，损失几万美元毫发无损。我们损失几万美元，则意味着我们三个有可能一年白干啊。还有，开证行毕竟在进口商所在地，与申请人交涉和诉讼挽回部分损失的可能性比我们大得多。所以单老师他从银行的角度来说，1/3 提单直接寄进口方的信用证，风险未必大于物权可控的确实有道理，但他不明白我们这样规模的外贸公司，与他们银行的抗风险能力不可同日而语。"

听完李经理的话，张艾想，人家到底是经理，想得比自己深入得多。"那我们还做不做这个单子?"张艾听到损失可能大到三个人白干一年，也开始惴惴不安。

"做啊，为什么不做，我们公司现在有你这个信用证高手了。"李经理很爽快地回答。

"经……经理不要开我玩笑，明明知道人家刚学。"张艾开始名副其实，期期艾艾了，陈希突然跑开，好像笑喷了。

本节提示

1. 贸易实务中，在近洋贸易等背景下，信用证结算可能产生货到单未到情况而影响进口商及时清关提货，产生滞港滞箱等额外费用，要求1/3 正本提单直接寄进口方是合理的要求。

2. 对开证行来说，同意为进口商开立包括 1/3 提单不交银行等不可控物权的信用证，是建立在对客户的支付能力进行综合评价的基础上的。除非交存全额开证保证金，否则对客户的信用等级、担保措施等，要求都高于开立可控物权的信用证。一定程度上来说，可以成功申请开立不可控物权信用证的进口商，其资信是值得信赖的。

3. 如果出于贸易实务需要，进口商需要把 1/3 正本提单在发货以后直接寄给进口方，对信用证的条款和指示要认真审核。如果条款简洁，指示明确，风险是可控的。如果有公司做不到的条款，必须联系修改。在信用证修改前，不要贸然发货以免被动。

4. 对不可控物权的信用证，尽管开证行与出口商同样面临货款两空的风险，开证行同意开立这种信用证，事实上也替出口商对进口商的支付能力进行了评价。但银行承担损失的能力通常与出口商不可同日而语，出口商是否接受这种信用证，还必须从贸易背景、进口方的资信、双方的合作关系、开证行资信和信用证的具体条款及条件是否容易把握等因素综合考虑。保持合理的谨慎，不必全盘拒绝，无论如何，银行信用还是值得依赖的。

第五章　发货、准备单据与交单

5.1　货代公司真节约，工厂倒是很认真

转眼已是 8 月下旬。

几个信用证的出货期集中在 9 月中上旬，近几天李经理和陈希愈加忙碌。李经理主要是在掌握工厂备货情况，陈希忙于和货代确认订舱、报关等事宜。经常出了门忙到下班以后，直接回家不再来公司。

最早发货的是发往巴基斯坦的 800 公斤扁桃酸（Mandelic acid），跟货代确认航班后，李经理根据货代公司指定的日期，直接让化工厂把货发往货代那里，他自己与陈希一起去查验接收并安排发运。

次日一早，陈希把上一天在货代那边记录的装运信息给了张艾，让张艾准备巴基斯坦那个 800 公斤扁桃酸信用证的发票和装箱单，并把自己原来在用的 EXCEL 格式单据模板用 U 盘拷贝给了张艾。

张艾根据陈希给的模板，修改了收货人名称、地址、货物名称、毛净重、单价、金额等相关信息后，自己仔细检查了好几遍，最后让陈希直接在电脑上看了一下。陈希看过说没问题，就各打印了 3 份出来，盖上公司条形章和签字章，张艾制单的处女作就算完成了。陈希接着叫了家快递公司，快递一套发票和装箱单给货代公司，空运需要发票和装箱单随货同行，信用证上也有这个要求。一套给张艾自己留着，陈希带着另外一套去出入境检验检疫局办中巴自由贸易区原产地证（CERTIFICATE OF ORIGIN CHINA-PAKISTAN FTA）。临走时关照张艾不要离开办公室，一是等快递公司来取件，二是货代会把空运单的草稿传真过来，要张艾核对，如果没有问题，向货代确认后再

出具正本空运单。

等了一上午，陈希交代的两件事一件没有完成。中午骄阳似火，张艾不想出门，叫了份外卖，吃完后靠在办公桌上小憩片刻。

到了上班时间，张艾起身看了看，空运单草稿传真还没来。回座位时顺手把放巴基斯坦那个信用证的文件夹从柜子里拿了出来，把做好的发票和装箱单放了进去。不知道是不是天太热的缘故，那个同学群也寂静一片，张艾无事可做，就盯着那个信用证发呆。

下午四点，快递公司取件的人来了，签收后刚离开，陈希就一脸疲惫开门进来了。

"回来了，产地证办好了？"张艾跟陈希打了个招呼。

陈希"嗯"了一下，重重地坐到椅子上，一口喝干了茶杯里的水，长舒一口气，"累死我了"。大热天搭一个小时没有空调的破中巴去他们的地级市出入境检验检疫局，是比较辛苦。

"产地证办好了？"陈希可能没有听清楚张艾说什么，张艾又问了一次。

"没有，今天就交了个申请，产地证要过几天才能拿。"陈希答道。

"货代还没有把空运单草稿传真过来，要不要催一下？"张艾问。

"真是的，货代公司看来又把这事忘了。"陈希边说边拿起了电话。

陈希放下电话不一会儿，传真机那边就响起了电话拨入的呼叫声，空运提单的草稿传真来了。

张艾拿起一看，根本不像个空运单的样子，看来货代为节约成本，没有打印在空白空运单上再传真，只在一张普通的白纸上列出了需要打印的要素，等发货人确认后再打印到正本的空运单上：

HAIBEI WONDERFUL TRADE CO. , LTD

NO. 132 ZHONGSHAN ROAD, HAIBEI CITY, CHINA

TEL/FAX：86 – 567 – 2345 – 2326/2336

HUSSAIN PHARMA CO. , LTD.

11/14，KHEM CHAND ST. , JODIA BZR. , KAR. TEL：2525673

SAME AS CONSIGNEE

SHANGHAI. CHINA

KARACHI AIRPORT   MU5678/26 AUG. , 2014

16CTNS   820KGS   820KGS   AS ARRANGED   800KGS（32 DRUMS）
MANCELIC ACID   1.50CBM

MARKS
ZPL KARACHI

AS ARRANGED

AS ARRANGED

AS ARRANGED   AUG. 26, 2014 SHANGHAI

张艾还没见过空运单长什么样，没头没脑一张白纸上稀稀拉拉几行字，尽管凭猜想大概知道这些内容会打印在空运单的什么栏位，但哪里敢大意。

"这样的草稿让我怎么核对？"张艾把那个传真递给陈希。

陈希看了一眼，没接过去，笑道："这个货代，越来越过分了。我拿份他们的空运单复印件给你。"边说边走到文件柜边，从原来的业务档案中找了一份空运单复印件给张艾。

对照着那个空运单副本，张艾拿了支铅笔，拿出信用证，开始一栏栏核对传真上的内容。

核对完后，总共发现有下列错误，张艾用铅笔写在了传真件上相关内容的旁边：

（1）第一栏发货人（SHIPPER'S NAME AND ADDRESS）：公司门牌号123误作132。

（2）收货人栏（CONSIGNEE'S NAME AND ADDRESS）：信用证规定为开证行，误作开证申请人。

（3）被通知人（NOTIFY PARTY）：需要同时通知开证行和开证申请人，不能仅打"SAME AS CONSIGNEE"。

（4）未按信用证要求显示运费已付（"FREIGHT PREPAID"）。

（5）未按信用证要求显示信用证号码（CREDIT NO）：0086581090311。

（6）未按信用证要求显示原产地 COUNTRY OF ORIGIN。

（7）无盖章和签字。

居然错了那么多，看来正如陈希所言，这是家不负责任的货代。看了一下信用证，开证行只有一个银行名称，作为被通知人是不是太简单了一点？在信用证最后面有一个比较详细的寄单地址，张艾就把这个地址抄了上去。然后把那张传真递给陈希，让陈希也看一下。陈希接过去，看了一会儿，感叹道："做 T/T 多好啊，空运单随便打，只要客户能提到货就行，哪像做信用证这样这么多要求。盖章和签字给我们正本时肯定不会忘的。"说完，拿出橡皮擦去了"无盖章和签字"，走到传真机旁把文件给货代传真了过去。传真结束后，陈希又给货代打了个电话，问他们怎么错了这么多地方。货代那边说，你们公司改做信用证了，信用证上对空运提单有什么要求又没告诉他们，所以还是按原来的要求打的，以后如果是做信用证的，把信用证也传真给他们。

陈希不同意，说信用证怎么能随便给你们，上面有公司的商业秘密。货代那边说那只能你们公司自己做空运提单的草稿，他们照打。陈希想想也是个办法，就答应了他们。

张艾突然想起来，还有两件事要货代做，一是出一个证明，证明运输的飞机不用以色列的旗帜或者通过以色列的飞机或机场转运。趁陈希没挂断电话，让陈希问一下货代有没有问题。货代答复没问题，去巴基斯坦、阿拉伯国家等伊斯兰地区的货，不能用以色列旗帜的船舶和航班，去以色列的货不能用伊斯兰国家旗帜的船舶和航班，不能停靠伊斯兰地区和国家的港口和机场，这种证明经常做。如果是其他船级或船龄证明，货代让陈希他们在订仓时提前说明，比如有时信用证要求船龄不能超过 15 年，如果订舱时没有说明，订了超过 15 年船龄的船，再让他们出这个证明就比较为难。这次这个航班旗帜没有问题，订的是中国航空公司的航班，让陈希把证明的内容给他们，做好后跟正本的空运单一起寄给精彩公司。二是要在包装箱外面用黑体字母标上 "CONSIGNMENT COVERED BY EXPRESS FACILITY LANE" 字样，货代公司也表示没有问题，打在白纸上粘到纸箱上去就行了。

张艾把信用证上那个要货代出证明的条款和需要在包装箱上黑体显示的内容打印出来，传真给货代公司时已经过了下班时间。

又是星期五了，夜里下过一场雷雨，早上凉爽了许多。张艾他们三个人都一早来到公司。李经理询问了 800 公斤扁桃酸这一单的有关情况后关照张艾，早点把单据准备好。因为毕竟是第一票，如果有问题，早些准备好单据让单老师他们看仔细些，有问题的话还有时间改。张艾又向经理说了 FORM 3、FORM 7 和分析证明的问题，李经理当即就给工厂打了个电话，要他们先把文件扫描发邮件给张艾审核一下。

FORM 3

［See rule 5 （1）］

FORM OF UNDERTAKING TO ACCOMPANY AN APPLICATION FOR LI-CENCE TO IMPORT DRUGS

Whereas Messrs Hussain Pharma Co. , Ltd. 11/14, Khem Chand St. , Jodia Bzr. , Kar. of importer intends to apply for a license under the Drugs （Import and Export） Rules，1976，for the import into Pakistan for the Drug （s） specified be-low，supplied by us，we：LONGSHENG FINE CHEMICALS CO. , LTD of manu-facturer Hereby give this undertaking that：

1. The said applicant has made a contract with us for Import of drugs mentioned in the undertaking.

2. We declare that we are bonafied licensed suppliers of the drug covered under this undertaking at the premises specified below，and we shall report any changes，if any，in the said premises.

3. We shall comply with the conditions imposed on a license in the rules under the Drugs Act. 1976 and such other requirements as may be laid down by the govern-ment of Pakistan in this behalf.

4. The drug mentioned below conforms to the provisions of the Drugs Act 1976. And rules made thereunder.

Name of Drug：Mandelic acid

Particulars of the Premises where Export is carried on：HAIBEI WONDERFUL TRADE CO. , LTD

Date：Aug 21st, 2014

Signature of the manufacturer：

龙盛精细化工有限公司
LONGSHENG FINE CHEMICALS CO.,LTD

FORM 7

［See rule 14 （d）（i）］

BATCH CERTIFICATE

Name & Registration No. of Drug：Mandelic acid 265 – 21 – 0098323

Batch number of drug：2014081217A

Name & Address of the manufacturer：LONGSHENG FINE CHEMICALS CO.，

LTD ADD：

NO. 18 ZHENXING RD.，HAIBEI ECONOMIC

DEVELOPMENT ZONE，HAIBEI，CHINA

Manufacturing Date：August 12th，2014

Expiry Date：August 11th，2017

It is hereby certified that the above mentioned drug has been manufactured and labeled in conformity with the provisions of the Drugs Act，1976 and the rules thereunder.

It is further certified that this drug has been manufactured under a valid permit/ license issued by the competent health or any other authority to manufacture this drug.

龙盛精细化工有限公司

LONGSHENG FINE CHEMICALS CO.,LTD

SIGNED：

Name，designation and official seal of the signatory：LONGSHENG FINE CHEMICALS CO.，LTD

Place and date：No. 18 Zhenxing Rd.，Haibei Economic Development Zone，Haibei，China Aug. 21st，2014

CERTIFICATE OF ANALYSIS

To：Hussain Pharma Co.，Ltd.

11/14，Khem Chand St.，Jodia Bzr.，Kar. Tel：2525673

LOT NO. No.：611 – 71 – 2

NAME OF GOODS：	MANDELIC ACID
QUANTITY：	800KGS（32DRUMS）
FORMULA：	C8H8O3
MOLECULAR WEIGHT：	152. 15
SPECIFICATION：	
APPEARANCE：	WHITE POWDER
PURITY：	99. 13%
MELT：	118. 0 – 121. 0℃
ALCOHOL TEST：	PASSED
SULFATE（%）	≤ 0. 002
FE（%）	≤ 0. 002
DATE OF MANUFACTURE	12 AUG.，2014
EXPIRY	11 AUG.，2017

龙盛精细化工有限公司
LONGSHENG FINE CHEMICALS CO.,LTD

不过5分钟时间，张艾的QQ就提示有人要添加联系人，张艾估计是化工厂的，接受后对方就开始发送文件。同意后接收下来，就是这几个文件的扫描件。张艾把它们保存到自己的工作目录中，打开看了看，挺简单的几份文件。文件是彩色扫描的，很清楚，工厂的工作效率比货代公司高，又很认真。

张艾把这几个文件相关部分内容，小心翼翼地核对完。在电脑屏幕上核对了几次还不放心，他便将文件打印出来后又核对了一遍，最后确认应该没什么问题了。这几个文件不用交单，即使有点问题影响也不大。单老师说过，不是信用证要求交单的单据，银行不会审核。但信用证要求寄的是正本，张艾让经理告诉工厂，文件没问题，请他们把正本寄过来。

做完之后没有其他事情，顺便把信用证要求的几个证明（CERTIFICATE）也做了，同学群里有人说受益人的证明照信用证的条款原文抄就是了，张艾看了一下，照抄显然是不合适的，英文的表述还是应该以受益人的语气做适当的修改。做好了受益人证明，就等收到空运单后把单据打印出来，签字盖章，该寄进口商的寄进口商，该寄开证行的寄开证行，该交自己银行的就交自己银行，然后等着收钱。

下午经理与陈希都不在，张艾心情也不错，该做的都做好了。陈希跟货代联系过空运单要下周一才能寄过来。另外也没事可做，张艾泡了半天QQ直到收工。周末了，同学群里除了几个在做业务的，工作一个月还找不到客户在抱怨压力大外，大家心情都还不错。

本节提示

1. 运输单据，需要官方出具的产地证、熏蒸证明，由独立第三方出具的检验、分析证明、证书等不是受益人自己出具的单据，或者是由受益人自己出具，但需要经过官方、使领馆或其他第三方认证的单据，在出具时，必须根据信用证要求认真核对，一旦正式出具或经认证，修改费钱费时费力，甚至影响到能否在交单期内及时交单。自己很难复核自己的工作，条件允许应换人核对。

2. 需要由承运人出具的证明，主要有禁止运输工具悬挂特定国家旗帜，停靠特定港口和船龄船级证明，应事先跟承运人沟通，确保能及时出具。

3. 建议受益人自己准备的单据，先于第三方出具的单据制作和核对，便于据此核对第三方出具的单据，并便于第三方出具的单据完成后及时交单议付。

4. 如果进口方出于监管、税务等方面原因需要提供特殊格式的文件，比如本例的 FORM 3 和 FORM 7，常见的还有加拿大海关发票等，进口国相关部门会提供固定格式的文本。

5. 受益人证明视信用证相关条款的表述，通常需要以出具人自己的语气对证明内容的英文表述做适当修改。

5.2 哪来两个给发货人的正本空运单

9月上旬出货的那几票服装，交货期已越来越近了，星期一上午李经理没来公司上班，估计是直接去供货厂家了。

张艾手头没什么事，准备把寄开证行和客户单据的快递面单先填好。寄客户的没什么问题，信用证的申请人栏位有地址。但52栏的开证行只有银行的名称没有地址，不知道怎么填。确定空运单的被通知方时，自作主张用了信用证最后面的开证行寄单地址，也不知道有没有问题。想了一会儿，决定打电话给中行的小赵。小赵告诉他，信用证最后一页上的那个寄单地址，应该就是这个银行的收件地址，按这个地址寄就行了，用为空运单的被通知人，也没有问题。

张艾确定那个地址没问题，填完不久，有一份快递的文件送到，拆开一看是货代寄过来的正本空运单和承运人的证明。

小张左看右看，只见到一份正本的空运单，连忙打电话给单老师，问公司这个信用证交单的空运单用复印件行不行。单老师告诉张艾，信用证上没说"ONE COPY OF AWB"就肯定需要提供正本，就是"AWB IN 1 COPY"这种表述，根据 ISBP745 Para A29 D 款的规定，也必须提供正本。

张艾挂断电话，心想，货代公司只给一个正本，交单要一个正本，还要寄一个正本给开证行，叫我如何是好？让陈希去要吧。

拨通了陈希的电话，陈希在电话中告诉张艾，空运单不是海洋提单，正本总共有三份，一份他们自己留底，一份随货同行，给发货人的只有正本的第三联，从来没拿到过两份空运单的正本。

听完陈希的电话，张艾就把这个情况打电话告诉了李波。李波听了比较气愤，这客户怎么开的信用证呢，让张艾问一下单老师，寄开证行的空运单，用副本或干脆不寄了行不行。

张艾又给单老师打电话。单老师一听原来是这么回事，对张艾说，其实他拿到信用证时已经注意过这个问题了，他平常看到交到银行的空运单，只有第三联给发货人一份（NO.3 ORIGINAL FOR SHIPPER），其他正本单老师也没见过。看到信用证这样开，以为发货人可以拿到其他正本。

至于寄个副本或干脆不寄，但受益人证明还是按规定出，说已经寄正本给开证行了，单老师意见是尽管议付银行既不会知道也不能从单据表面上看出来，但事关公司商业作风和与客户的后续合作，严重一点如果交易出现什么问题，开证行或进口商去当地法院告你个伪造单据进行贸易欺诈，向法院申请止付信用证，那问题就大了。

张艾听说后果这么严重，表示怀疑。单老师说，这不是夸大其词吓唬人的，中行就遇到过这种情况。信用证要求寄一套副本单据给进口商，提交一个受益人证明证实其事，并附上快递公司邮件收据（COURIER'S RECEIPT）。出口企业为节省快递费，自己填了个快递单子，实际上没有寄。中行自然不清楚客户有没有寄，按单证相符向德国的开证行寄单索汇。开证行收到单据后，进口商反映根本没有收到受益人证明中所说的信用证规定副本单据。随后进口商联系了快递公司，发现快递公司根本没有签收该份快件，就跟出口企业交涉，出口方还不愿意承认。进口商一怒之下，就以受益人伪造单据为由去法院申请止付了。后来费了很多精力去解释和处理此事。

单老师最后强烈建议精彩公司不要这样做，往大的方面来说，是维护中国出口企业在国际上的声誉，往小的方面说，也是防止因小失大。空运单，发货人只能拿到一个正本是事实，跟客户说一下，让他们去修改信用证，交单和寄开证行，肯定得有一边改成空运单的复印件。

听单老师这么说，张艾也不敢大意，把单老师的意思转给了李经理。李经理听后也觉得修改信用证最为稳妥，说他会尽快跟客户联系修改的。李经理又

问了其他单据的情况。张艾告诉经理，发票、装箱单和受益人证明等公司自己准备的单据，早就做好了。FORM 3、FORM 7 和分析证明已收到工厂扫描的文件并检查过了，没问题，已经通知化工厂把正本寄到公司。中巴自由贸易区原产地证明也去商检局申办了，收到后即可寄给开证行和客户。

　　下午李经理回到公司，一进门就向张艾要了巴基斯坦那个信用证和已做好的文件，看了半天。最后觉得直接把正本空运单寄巴基斯坦的开证行不妥，开证行肯定帮自己的客户，直接给客户提货不付钱怎么办？当然这只是李波的设想，开证行通常不会这么做，既然信用证要求空运单的收货人是他自己，申请人不付清货款很难拿到货物，否则又何必多此一举？收货人直接打上进口商不就完事了？李波基于自己的想法，给客户发邮件时明确要求，直接寄开证行的文件空运单用副本，交单用正本。

　　第二天一上班，李波又坐在自己办公桌前研究那份信用证，一会儿出来对张艾说，这份信用证其实可以去银行交单了，原产地证明，还有 FORM 3、FORM 7 和分析证明之类，全都不用交单的，要交单的单据已经可以全部做出来。巴基斯坦的客户已经回复了邮件，会马上去修改信用证，空运单只有一份正本的问题也已经解决。

　　张艾对这个信用证的条款已经很熟悉，想一想经理说得有道理，就对经理说马上把单据打印出来，盖好章就去安排交单。

　　打印那份确认把全套正本单据已寄开证行的证明时，张艾发现个问题，如果寄开证行的正本空运单改成副本了，还不知道开证行会把这个条款修改成什么模样，那个证明措辞上肯定要做相应的修改的。请示了李经理，李经理一听确实是个问题，又马上给客户发了封电子邮件，让客户尽早把修改的副本传真或用邮件发给精彩公司。

　　这次巴基斯坦的客户效率很高，星期三一上班，李波就把客户发来的信用证修改电文副本扫描的邮件转给了张艾。张艾把副本打印了出来，看到开证行并没有按李经理的要求改成正本交单，副本直接寄开证行，而是把单据条款中要求交单的正本空运单改成了交复印件："IN FIELD 46A 'AIRWAY BILL CONSIGNED TO... BEARING THIS CREDIT NUMBER' NOW READ AS 'PHOTOCOPY OF AIRWAY BILL CONSIGNED TO... BEARING THIS CREDIT NUMBER'"，看来开证行坚持要把正本空运单据直接寄过去。

根据张艾的看法，空运比海运快得多，从上海到卡拉奇就几个小时，客户显然是希望早日提货。这个信用证比较特别，议付行需要把单据寄花旗集团在马来西亚的金融服务公司，再由花旗集团金融服务公司寄开证行。因此单据流转时间肯定比通常的信用证长，而开证行显然希望早日收到全套正本单据而作如此规定。张艾不知道李经理有没有打开这个邮件看过修改电文，就把这个情况跟他说了一下。李经理显然是看过这个电文的，说知道了，让张艾把单据打印出来，他要先看一下。

　　既然信用证还是要求把正本空运单直接寄开证行，那个受益人证明的措辞也不用修改。张艾就把需要公司自己准备的单据各打一份，盖上公司的条形章和公司经理的签名章，连同空运单等文件一起给了李经理。

ISSUER: HAIBEI WONDERFUL TRADE CO., LTD ADD: NO. 123 ZHONGSHAN RD., HAIBEI CITY, CHINA	海北精彩贸易有限公司 HAIBEI WONDERFUL TRADE CO., LTD ADD: NO. 123 ZHONGSHAN RD., HAIBEI CITY, CHINA		
TO: HUSSAIN PHARMA COL., LTD 11/14, KHEM CHAND ST., JODIA BZR., KAR. TEL: 2525673	商业发票 COMMERCIAL INVOICE		
TRANSPORT DETAILS: FROM SHANGHAI AIRPORT, CHINA TO KARACHI AIRPORT BY AIR	INV. NO: HB14004　　DATE: AUG. 21, 2014 S/C NO. HBW090803 L/C NO. 0086581090311		
MARKS & NUMBER	NAME OF COMMODITY	QUANTITY	UNIT PRICE
ZPL KARACHI	MANDELIC ACID	800KGS	USD25.00 /KG

			AMOUNT
			USD20,00.00 CPT KARACHI

WE HEREBY CERTIFY MERCHANDISE TO BE OF CHINESE
ORIGIN HS. CODE 2941. 9090
SAY U. S. DOLLARS TWENTY THOUSAND ONLY

海北精彩贸易有限公司
HAIBEI WONDERFUL CO., LTD

Master Airwaybill No.	HOUSE AIRWAY BILL. NO.
MAWB.A080800345	HAWB.80800345

Shipper's Name and Address HAIBEI WONDERFUL TRADE CO., LTD NO.123 ZHONGSHAN RD.,HAIBEI CITY, CHINA TEL/FAX:86-567-2345-2326/2336	Not negotiable **Air Waybill**　　　FSi 远航国际物流有限公司 FAST SKY INTERNATIONAL LOGISTICS CO.,LTD,
Consignee's Name and Address MCB BANK LIMITED, TRADE SERVICE CENTER KHEM CHAND ST., JODIA BZR., KAR. PAK.	COPIES MARKED ORIGINAL 1,2 & 3 ARE ORIGINALS AND HAVE SAME VALIDITY THE SHIPPER("THE CUSTOMER") CERTIFIES THAT THE PARTICULARS ON THE FACE HEREOF ARE CORRECT AND AGREES TO THE CONDITIONS SET OUT ON THE REVERSE SIDE HEREOF WHICH SHALL BE DEEMED TO BE INCORPORATED HEREIN
	Accounting Information
Notify Party 1.MCB BANK LIMITED, TRADE SERVICE CENTER KHEM CHAND ST., JODIA BZR., KAR. PAK. 2.HUSSAIN PHARMA CO., LTD. 11/14, KHEM CHAND ST., JODIA BZR., KAR. TEL: 2525673	FREIGHT PREPAID

Airport of Departure(Addr.of first Carrier) and requested Routing
SHANGHAI AIRPORT,CHINA

to	By First Carrier / Routing and Destination	to	by	to	by	Currency	CHGS Code	WT/VAL PPD COLL	Other PPD COLL	Declared Value for Carriage	Declared Value for Customs

Airport of Destination	Flight/Date	For Carrier Use only / Flight/Date	Amount of Insurance	INSURANCE-If shipper requests insurance in accordance with conditions on reverse hereof,indicate amount to be insured in figures in box marked Amount of insurance.
KARACHI AIRPORT	MU5678/AUG 26,2014			

Handing Information

No of Pieces RCP	Gross Weight	Kg lb	Rate Class Commodity Item No.	Chargeable Weight	Rate Charge	Total	Nature and Quantity of Goods (incl. Dimensions or Volume)
16CTNS	820KGS			820KGS	AS ARRANGED		800KGS (32 DRUMS) MANDELIC ACID 1.50CBM COUNTRY OF ORIGIN: CHINA L/C NO.0086581090311
MARKS: ZPL KARACHI							

Prepaid	Weight Charge	Collect	Other Charges
AS ARRANGED			
	Valuation Charge		
	Tax		
	Total other Charges Due Agent		Shipper certifies that the particulars on the face hereof are correct and that insofar as any part of the consignment contains dangerous goods, such part is properly described by name and is in proper condition for carriage by air according to the International Air Transport Association's Dangerous Goods Regulation. Or the International Civil Aviation Organization's Technical Instructions For The Safe Transport of Dangerous Goods By Air, as applicable.
AS ARRANGED	Total other Charges Due Carrier		远 航 国 际 物 流 有 限 公 司 FAR SKY INT'L LOGISTICS CO., LTD ———————————————————— Signature of Shipper or its Agent　Allen
Total prepaid	Total collect		
Currency Conversion Rate	cc charges in Dest. Currency		AUG. 26, 2014　SHANGHAI
AS ARRANGED			Executed On (Date) At (Place) Signature of Issuing Carrier or its Agent
For Carrier's Use only at Destination	Charges at Destination		Total collect Charge

NO.3 ORIGINAL - FOR SHIPPER

海北精彩贸易有限公司

HAIBEI WONDERFUL TRADE CO. , LTD

ADD：NO. 123 ZHONGSHAN RD. , HAIBEI CITY , CHINA

COPY OF CERTIFICATE

L/C NO. 0086581090311   DATE：AUG. 26，2014

INV. NO. HB14004

OPEN POLICY NO. 12120812/09/2013

SHIPMENT DETAILS：

    NAME OF COMMODITY：MANDELIC ACID

    QUANTITY OF COMMODITY：800KGS (32 DURMS)

    VALUE OF COMMODITY：USD20 000. 00

    NUMBER OF PACKAGES：16 CTNS

    GROSS WEIGHT：820KGS

    FLIGHT NO. ：MU5678

    FLIGHT DATE：AUG 26. ，2014

WE HEREBY CERTIFY THAT THE ABOVE MENTIONED SHIPMENT DE-TAILS HAVE SENT BY FAX DIRECTLY TO THE APPLICANT AND GENERAL INSURANCE CO. , LTD KARACHI CENTRE BR. FAX：9221－4532124.

海北精彩贸易有限公司

HAIBEI WONDERFUL CO., LTD

CARRIER'S CERTIFICATE

TO：HUSSAIN PHARMA CO. ，LTD　DATE：AUG. 26，2014

L/C NO. 0086581090311

INV. NO. HB14004

WE HEREBY CERTIFY THAT THE CARRYING AIRCRAFT IS OPERATING UNDER A FLAG OTHER THAN OF ISRAEL AND THE GOOD WILL NOT BE TRANSCARRIAGED ON ANY AIRCRAFT OR AIRPORT OF THE AFORESAID COUNTRY.

远 航 国 际 物 流 有 限 公 司

FAR SKY INT'L LOGISTICS CO., LTD

Allen

海北精彩贸易有限公司

HAIBEI WONDERFUL TRADE CO. , LTD

ADD：NO. 123 ZHONGSHAN RD. , HAIBEI CITY，CHINA

BENEFICIARY'S CERTIFICATE

L/C NO. 0086581090311　　　　　DATE：AUG. 26，2014

INV. NO. HB14004

WE HEREBY CERTIFIFY THAT ONE SET OF INVOICE AND PACKING LIST HAVE BEEN ATTACHED TO THE GOODS OF PACKAGE.

海 北 精 彩 贸 易 有 限 公 司

HAIBEI WONDERFUL CO., LTD

海北精彩贸易有限公司

HAIBEI WONDERFUL TRADE CO. , LTD

ADD：NO. 123 ZHONGSHAN RD. , HAIBEI CITY, CHINA

BENEFICIARY'S CERTIFICATE

L/C NO. 0086581090311　　　　DATE：AUG. 26，2014

INV. NO. HB14004

WE HEREBY CERTIFY THAT：

1. WE HAVE SENT TO ISSUING BANK ONE COMPLETE SET OF DOCUMENTS（ORIGINAL）IN-CLUDING COMMERCIAL INVOICE, PACKING LIST, CERTIFICATE OF ANALYSIS, FORM 3, FORM 7, AWB AND RULES OF ORIGIN FTA CERTIFICATE FOR THE PAKISTAN – CHINA FREE TRADE AREA（FTA）AS NOTIFIED BY THE MINISTRY OF COMMERCE UNDER THE BILATER-AL EARLY HARVEST PROGRAM（EHP）WITHIN TEN DAYS FROM THE DATE OF SHIPMENT.

2. WE HAVE SENT TO APPLICANT ONE SET OF NON – NEGOTIABLE DOCUMENTS INCLUDING COMMERCIAL INVOICE, PACKING LIST, CERTIFICATE OF ANALYSIS, FORM 3, FORM 7, AWB AND RULES OF ORIGIN FTA CERTIFICATE FOR THE PAKSITAN – CHINA FREE TRADE（FTA）AS NOTIFIED BY THE MINISTRY OF COMMERCE UNDER THE BILATERAL EARLY HARVEST PROGRAM（EHP）AFTER SHIPMENT BY FAST COURIER SERVICE.

3. COPY OF INVOICE AND PACKING LIST HAVE BEEN DISPATCHED IN SEPARATE ENVELOP A-LONG WITH THE CONSIGNMENT.

4. PACKAGE AND AWB HAVE BORN MARKS AND NOS. AS 'ZPL KARACHI'.

5. 'CONSIGNMENT COVERED BY EXPRESS FACILITY LANE' HAS BEEN MENTIONED IN BOLD LETTER ON PACKAGES

6. CREDIT NO. AND DATE, COUNTRY OF ORIGIN HAVE BEEN CLEARLY MENTIONED ON IN-VOICE AND AWB.

海 北 精 彩 贸 易 有 限 公 司

HAIBEI WONDERFUL CO., LTD

李经理看完后，让张艾过去，对张艾说，信用证单据除了单证一致，还不是要求单单一致吗？现在信用证规定空运单是直接签发给开证行的，发票和其他单据理论上也应该签发给开证行，才能保证单据与单据间的一致。

张艾一听，感觉很有道理，陈希给的模板是做 T/T 的，和做信用证要求肯定不一样。还没等张艾说什么，经理就把单据还给张艾了，"发票要手签，正式交单的发票不要盖签名章，找总经理签一下，那个发票抬头，我也不确定，你先不要改，问一下单老师再说吧"。

张艾从李经理手中接过单据回到自己座位上，打电话给单老师，小赵听的电话，单老师不在。张艾就问小赵，发票是不是真要按李经理的说法，与空运提单保持一致，签发给开证银行。小赵告诉张艾，他也看了一个多月单据了，从来没见过发票是签发给银行的。但小赵也不是很肯定，因为他见过的单据，货运单据都不是直接签发给开证行的。

小张挂断电话，左思右想不能确定谁说得有道理，就在同学群中问了一下。大家发言很踊跃，结论还是莫衷一是。有人提议看一下 UCP600，是不是有明确的规定。一语提醒了张艾，马上在网上搜索 UCP600 文本。还没等张艾搜索到，就有人把 UCP600 有关发票签发部分的文字贴出来了：

"**第十八条　商业发票**

a. 商业发票：

i. 必须看似由受益人出具（第三十八条规定的情形除外）；

ii. 必须出具成以申请人为抬头（第三十八条 g 款规定的情形除外）。"

张艾一看，发票常规是签发成申请人为抬头的，但还有例外。自己在网上也已经搜索到 UCP600 的文本，打开看了一下原文的第三十八条 g 款。这个例外是关于转让信用证的发票，可出具成第一受益人为抬头。也就是发票的抬头是谁，不关货运单据如何签发的事，一律以信用证的开证申请人或转让信用证的第一受益人为抬头。

有了结论，张艾就告诉李经理，发票不用改，UCP600 明确规定，发票一律以申请人为抬头。与空运单的收货人可以不一致，不会影响银行对"单单一致"的认定。

这时小赵也打来电话，说单老师回来了，让他转告张艾，发票没有签发给开证行的，说商业发票的作用无非是：（1）商业发票是交易证明文件，是卖方向买方发送货物的凭证；（2）是买卖双方收付账款和财务作账务处理的原始凭证；（3）商业发票是买卖双方办理报关、清关、纳税的凭证；（4）作为卖方向买方要求付款的指令。另外就是作为中心单据，在缮制和审核其他单据时作为依据。

所以即使空运单是直接签发给开证行的，也仅仅是开证行控制物权、防范风险的手段，开证行并不会真正去清关提货，更不会用这个发票来作账务处理，开证行自身是不需要这个商业发票的。再说 UCP600 已经有明确的规定，让张艾自己去看一下。

张艾笑着告诉小赵，UCP600 相关条款已经看到了，不过还是谢谢单老师和小赵。同时问小赵，客户还在申请修改信用证，是不是可以先交单。小赵说当然可以，张艾所在的部门还是第一次做信用证，单据可以先拿过去看，等修改到了再寄单。

本节提示

1. 收到信用证时尽管通知行和受益人自己已经对信用证进行过初步审核，但真正发货取得货运单据、保险单据、官方出具的原产地证、第三方出具的检验证书等时，还可能发现信用证上有受益人无法办到的规定或条件，必须向申请人说明情况，及时修改。

2. 受益人证明所证实之事项，必须在事实上已经履行。虚构快递收据、传真报告等证实性文件，议付行和开证行审核单据时，表面上确实无法得知其真伪。一旦开证行与申请人进行沟通，并通过第三方渠道证实受益人虚构事实，后果难以预测。

3. 单据在正式提交银行前，受益人自己也应该进行复核。尽管国内银行对出口单据审核较严，但因为单据表面上的错误而造成退单修改，容易耽误议付时间，加大单证工作量。

4. 不论货运单据如何签发，发票均签发给信用证申请人或转让信用证的第一受益人，与货运单据收货人之间不一致也不构成"单单不一致"。

5.3 交单也麻烦

张艾看了看时间，到银行跑一趟刚好下班吃饭，就把单据按信用证要求的份数打出来，拿了发票去找公司总经理签字。总经理办公室在他们公司租的这层楼的尽头，跑过去的结果让张艾大失所望，总经理出差去了广州，要到下星期一才上班。

回办公室向李经理一汇报，李经理轻描淡写地说，这件事情很简单，让陈希照样子画。既然经理有指示，张艾把经理的意思跟陈希说了一下，就把发票给了陈希，让陈希代总经理签字。陈希接过发票，拿出总经理的签名章，找张废纸盖一个样，看着那个签名章的样子，比画了一下，就流畅地签了起来。张艾看着陈希把字签完，居然形神兼备，看来模仿老总签名，已经不是一回两回了。

张艾拿起签好字的文件，复印了一份空运单，带上信用证，就去了中行。

到了中行，单老师接过张艾的单据，让小赵从柜子中拿出一本空白汇票，一本空白"出口信用证交单委托书"（以下简称"交单委托书"）交给张艾。然后对张艾说道："这个汇票和交单委托书你来了几次都忘了给你。你先填一个"交单委托书"，按规定是要盖你们公司公章的。"

"这个没问题，我带回去盖一个，这个汇票呢，盖什么章？"张艾问。

"汇票盖你们做单据的条形章和签名章就行了。"单老师回答道，"你的正本信用证呢？"单老师在翻看张艾交给他的文件。

张艾一看，走的时候忙中出错，带了份信用证的副本。"弄错了，我一直在看着这个副本做单据，出来时就拿了这份。正本没带来，你们银行一定要正本吗？"张艾问道。

"那当然，交单一定要提交信用证正本的。信用证都要求议付行把信用证支用的金额签注在正本信用证的背面，你交单时不提交，我们银行怎么签注？"单老师道，"单据我们可以先看，你把"交单委托书"填好，回公司盖章后，把正本信用证和汇票再一起送过来。"

张艾答了声好的，撕下一式三联的"交单委托书"准备填写。单老师怕张艾有些地方不会填，看着张艾填完了这份文件。

其中，收汇后是结成人民币还是入美元账户，包括公司账号，张艾不清楚。单老师说账户可以不用填，但单据种类和份数，还有寄单指示不能空着，明确一下双方的责任，免得有什么事扯皮。比如提单、保单等单据，是可流通转让的权利单据，万一弄丢了，你说交我们中行的是全套三份，我说你交单时只交了两份，没有交接手续，说不清楚。现在填写了这份"交单委托书"，单据根据此委托书上的份数当面交接清楚，再有什么问题，大家就有个依据来明确到底是哪个环节出了问题。还有那个寄单指示，银行看过有不符点，征求公司意见，公司说寄单好了。结果被拒付了，耽误事情了，再来责怪银行为什么有不符点还要寄单，银行无凭无据怎么办？所以交单时也要在"交单委托书"上明确。

张艾以为交单只要把单据拿去给银行就行了，想不到还要这么"隆重"，又是填申请书，又是盖公章的。

填完那份"交单委托书"，时间已近中午下班时间，单老师让张艾把"交单委托书"拿回去盖上公司公章，汇票盖上公司条形章和签名章，下午再跑一趟，顺便把正本信用证带过来。单据让小赵先看，有什么问题下午张艾去中行时再说。

张艾拿了中国银行的"交单委托书"和空白汇票，离开中行，直接回家吃饭午休。

下午回公司上班时，没见到李经理。银行要求"交单委托书"上要盖公司公章，那就去盖吧。张艾从包中拿出填好的中国银行"交单委托书"，还多了个心眼，拿了几份空白的，去财务部盖公章，接下去需要交单的单据很多，准备几份空白的可以少跑几趟管公章的财务部。

中国银行 BANK OF CHINA　　出口信用证交单委托书

致：中国银行 海北支行

　　兹随附下列银行正本信用证及所属出口单据，请贵行根据国际商会跟单信用证统一惯例予以审核并办理寄单索汇：

开证行： MCB BANK LIMITED	信用证号：0086581090311
	通知编号：31400AB1401324
发票号码：HB14004	发票金额：USD20 000.00

单据名称	汇票	发票	提单	空运单	保险单	装箱单	重量单	产地证	FORMA	检验证	受益人证明	船证明	装船通知		
份数	2/2	3		1C							1×2	1	1		

付款指示：

请将收汇款以原币（√）/人民币（　　）划入我司下列账户：

开户行：＿＿＿＿＿＿＿　　**账号：**＿＿＿＿＿＿＿＿＿

特别指示：

1. 邮寄方式：☑ **快邮** □ **普邮** □ **指定快邮**＿＿＿＿＿

2. 本次提交的正本信用证含　1　份正本修改书。

3. 单据中有下列不符点：

　　a.＿＿＿＿＿＿　　b.＿＿＿＿＿＿　　c.＿＿＿＿＿＿

　　☑ 请向开证行寄单，我公司承担一切责任，不符点请以

　　（　）**表提（√）内确**方式处理

　　□ 请电询开证行同意后寄单

4. 本次提交单据申请叙做：□ **即期押汇** □ **远期押汇** □

　　福费廷 □ ＿＿＿＿＿＿

5. 其他：＿＿＿＿＿＿＿＿＿＿＿＿＿＿＿＿＿＿＿＿＿＿＿＿

公司联系人姓名：　张艾　　　**公司签章**

电话：23452326　　　　**传真：**23452336　　2014 年 8 月 27 日

银行签收人：	签收时间：
改单/退单记录：	

　　注：本委托书一式三份，一份于交单时银行签收后退公司，一份于结汇时作回单退公司，一份交由银行留底。

　　财务部管公司公章的阿姨戴着老花镜看了老半天，对张艾说其他几个业务部也在做信用证，不是在中国银行交单的，好像没有这种表格来盖过公司的公章。张艾告诉阿姨，中国银行很明确要盖公司公章的。阿姨说盖公司公章可以，先填个"用印申请表"，让你们经理签个字再来盖。张艾说他们经理下午不在，阿姨说经理不在找总经理签也行。张艾知道总经理也不在，但没办法，刚工作不久，她不好意思开口让阿姨通融一下，便闷闷不乐地回到了自己办公室，向陈希抱怨盖个公司公章都这么难。陈希显然也深有同感，跟张艾一起声讨公司的政策和管公章的阿姨。

　　抱怨归抱怨，但事情还是要做的。张艾给单老师打了个电话，告诉单老师那个"交单委托书"公章盖不到，要等李经理回公司签字后才能盖到。问单老师能不能盖其他章，比如做单据的条形章，并对单老师说，他们财务上的阿姨说在其他银行交单不用盖公章。

　　单老师告诉张艾说："按中国银行国际结算的相关规定，这份"交单委托书"肯定是需要盖公司公章的。前些年要求没这么严格，但现在上级行在业务检查中，对业务操作的规范性要求越来越严，不按规定办事，对经办行和经办人员是有相应处罚的。我也知道，管理规范的公司，对用公司公章有各种各样的规定，但还是请你配合一下。其他银行，这个"交单委托书"肯定是要提交的，至于盖什么章，我对其他银行的规定也不清楚，不像中国银行那样严格要求盖公章也是可能的。"

　　张艾听说如果不按规定办事，会害单老师他们受处罚，就不再对"交单委托书"盖公章问题跟单老师讨价还价，改变话题问了下单据怎么样了。单老师说小赵已经看过了，已经看出一些问题。单老师自己还在看，让张艾过半个小时过去，单据肯定要修改。

　　张艾觉得做单据时已经很小心了，还让小赵看出了问题？本来因为盖章的事就心情不好，这下更受打击。原来希望经理早些回来，把那个盖章的审批单签掉，现在希望经理迟些回来，改单据的事最好别让经理知道。

　　放下电话，张艾情绪低落。看到陈希在电脑上忙着什么，就不再开口，仰面靠在椅子上，闭着眼睛假寐。

　　等待半个小时也很漫长，张艾眼睛尽管闭着，但大脑一直在高速运转，会有哪些问题呢？自己感觉很完美了啊，发票陈希也看过了，没说有什么问题。空运单和承运人证明，是货代公司打的，他们天天做这个，应该很专业，不会有什么问题，另外几个就是受益人证明和装运通知，也是严格按信用证要求做的，英文表述不应该有问题，这点自信还是有的。张艾开始后悔除了发票，自己没有留一套单据，现在手上就是一个准备直接寄给开证行的正本空运单和发票，拿出来看一下，也找不出什么问题。

5.4 好多的"不符点"啊！

好不容易熬过了半个小时，张艾带上一直在文件夹中夹着的正本信用证，就急匆匆地去了中国银行。

来到中国银行国际业务部时，单老师显然已经看完精彩公司的单据。见张艾来了，就放下手中的事情，翻开放张艾他们这份信用证的档案夹，最上面是张艾原先送过去的信用证副本，信用证下面是一份"审单记录"，用回形针将其跟单据夹在一起。

单老师把正本信用证放进结息档案夹，副本还给张艾后，拿出"审单记录"给张艾，张艾接过一看，不符点栏（DISCREPANCY）上面写着：

（1）发票货物描述不完整；

（2）正本空运单未提交；

（3）所有单据未按信用证要求显示开证行名称和开证日期；

（4）装运通知货物数量 DRUM 拼写错误；

（5）空运单签发人身份不明确。

其中，最后一行字迹与前面几行明显不同，显然前面四点是小赵看出来的，最后一点是单老师提的。

张艾看了看审单记录，心想其中第二点应该是不成立的，信用证在修改，不是已经跟单老师说过嘛。没等张艾开口，单老师先发话了。

"这样，我一点一点给你解释。"单老师对张艾说，"你拿张椅子坐下慢慢谈吧。"

张艾拖了把椅子在单老师旁边坐下来，把那份审单记录放在自己跟前。

"先看一下发票上货物描述问题，根据 UCP600 第 14 条 e 款的规定：'In documents other than the commercial invoice, the description of the goods, services or performance, if stated, may be in general terms not conflicting with the description in the credit.'（除商业发票外，其他单据中的货物、服务或行为描述若须规定，可使用统称，但不得与信用证规定的描述相矛盾。）言外之意就是，发票上的货物描述，必须与信用证 45A 的规定一致，ISBP745 Para C3 对这一点进行了进一步说明：The description of the goods, services or performance shown on the invoice is to correspond with the description shown in the credit. There is no requirement for a mirror image. For example, details of the goods may be stated in a number of areas within the invoice which, when read together, represent a description of the goods corresponding to that in the credit. 发票显示的货物、服务或履约行为的描述应当与信用证中的描述一致，但不要求如镜像一致。例如，货物细节可以在发票的多处显示，当一并解读时，其显示的货物描述与信用证中的描述一致即可。所以我们审单时其实是这样掌握的，发票的货物描述，不必照抄 45A，但 45A 部分的全部内容，必须能在发票上找得到。"

"按这个标准，你现在提交的发票上，与信用证 45A 的内容相比，那个'SPECIFICATION'内容就没在上面反映出来，'（32 DRUMS）'也没打印上去。所以就是'货物描述'不完整。"

"我的个人意见是，ISBP 的'并不要求如镜像一致'，做单证时其实很难把握，一不小心就会出纰漏，老老实实按信用证 45A 栏一字不漏地照抄，这样就是最挑剔的银行最挑剔的审单人员，也没有办法说你货物描述错误或不完整，是最安全的做法。"

"是这样？"张艾舒了口气。

"一些工作时间很长的单证人员，对自己有信心，并不愿意照抄信用证的45A，通常也没什么问题，我在看单子的经历中，老单证员经常出纰漏的是，漏掉贸易术语的出处。比如信用证在45A货物描述栏规定的贸易术语是'CIF HONGKONG, INCOTERMS 2010'，很多单证员往往只打上'CIF HONGKONG'，以为已经符合信用证的要求。其实我们银行原先也不把这个当成问题。后来就因这个问题产生拒付了，同时ISBP也发布实施，对这个问题进行了明确，'IN-COTERMS 2010'是不能省略的。现在如果向我们提交的单据有这个问题，我们肯定会让客户进行修改了。"

张艾觉得对发票的货物描述怎么做已经心里有底，大不了按单老师的说法，照信用证抄就是了。于是指着审单记录上那条"正本空运单未提交"说："这一条不成立了吧？客户已经把信用证修改的副本发给我们了，已经修改成提交副本了。"

"修改呢？我们没收到只能按没修改来审单。"单老师答。

"也就是修改要到达你们中国银行才算生效？"张艾问。

"那倒不是，理论上信用证或其修改，一经开证行发出就生效。但现在你的客户给了你一份修改副本，并不代表开证行已经把报文通过SWIFT发送出来。"单老师说，"这种教训我们在实务中也不是没碰到过，客户答应得好好的，按出口方的要求修改信用证，而且副本也拿到了，在进口商要求下，银行在收到修改电文前向开证行寄单。结果，问题来了，我们这边到中国香港、日本、韩国等地，快递次日就到，开证行签收单据时，修改还没发出呢，怎么办？它修改电文也不发了，改发拒付电。开证行修改电文还没发呢，你议付行按什么标准审的单？"

"那就是说只能等你们修改电文收到后才能交单了？"

"交单你交好了，为安全起见，单据我们放一放，等收到修改电文后再向开证行寄单。当然，有些特殊情况我们也会通融一下的，比如有时交单期比较紧了，特别是在境外到期的信用证，而且信用证也不是我们中行通知的，如果能看到通知行接收的电文副本等文件，能确认开证行已经把电文发送出来了，我们也会寄单。"单老师补充道。"这样做其实也是为你们

好啊，万一发生我刚才说的情况，让进口方抓住了把柄，甚至有时还可能是进口商有意为之，不退单退运，压你降价已经是比较好的结果了。"

"那倒是。"张艾应道。都说国际贸易风险很大，自己也没经历过，但最好不要经历，张艾自己想。

"接下来那个，可能就是与东南亚、南亚国家开立信用证时措辞不严谨有关。这份信用证，一个地方规定了'CREDIT NO. AND DATE. ，COUNTRY OF ORIGIN MUST BE CLEARLY MENTIONED ON INVOICE AND AWB'，另一个地方又说'DRAFT AND ALL DOCUMENTS MUST INDICATE THE CREDIT NUMBER, DATE OF ISURANCE AND NAME OF THE ISSUING BANK'，46A 单据条款中有关对发票和空运单要求中，也有需要声明原产地是中国和显示信用证号码的要求。同一件事在信用证中反复说，而且内容还不一致，很容易在做单据时出纰漏。你做单据时肯定只注意到了前面那个规定了。"

"有可能。其他单据问题不大，是我们自己出的，那个货代公司出的空运单和证明就麻烦了，又要寄回去让货代公司他们改。我怎么这么粗心呢?"张艾开始自责。

"第一次做，又是很啰唆的信用证，很正常的。不瞒你说，中行里我带教的单证人员，没半年时间我根本不放心让他们独立审单出单，除非出差之类不在行里没办法。"老师的话让张艾心里好受些。

"这个'DURM'呢，纯粹就是笔误，打成大写自己可能一眼也看不出来。按 ISBP 的说法，我认为是个典型的拼写错误，不构成不符点。"单老师说。

"ISBP745 Para A3 的规定，如果拼写及/或打印错误并不影响单词或其所在句子的含义，则不构成单据不符。例如，在货物描述中用'machine'表示'machine'（机器），用'fountan pen'表示'fountain pen'（钢笔），或用'modle'表示'model'（型号）都不会导致不符。英语中也没'DURM'这个词，放在上下文中只能理解成'DRUM'，不会有歧义。但不管是我们国内其他银行的案例也好，还是我亲身经历的争议也好，对'拼写错误'，议付行和开证行把握的尺度差距实在太大，为防止产生不必要的争议，我们现在对出口单据把握很严，能修改的'拼写错误'都在修改后出单。"

"单老师你知道有哪些案例，说给我们听听。"小赵可能忙完了自己手头上的事，过来插话道。

"一个案例就是张家港港口名称纠纷。江苏一家银行收到香港开立的以江苏某进出口公司为受益人的信用证，出口一批家具到西班牙。信用证的起运港为张家港（ZHANGJIAGANG），信用证误拼成 ZHANJIAGANG。通知行在审核来证时注意到了这个问题，但这显然是开证行的失误，中国包括江苏没有一个叫 ZHANJIAGANG 的港口，银行和受益人都认为是拼写错误，不影响理解。根据确立信用证'严格相符原则'里程碑式判例——纽约公平信托公司诉道森合伙公司一案的判决结果，其判决理由显然不是基于对信用证的机械对照，严格相符并不意味着'必须奴隶性地遵从信用证条款，法院判决严格相符并不要求不合理的完美主义'。事实上目前大多数银行的审单人员，也倾向于认为'严格相符'并不是生硬的一字一句一模一样地对照。就是出于这方面的考虑，受益人也没有要求申请人向开证行提出修改。"

"交单时，提单显示的装运港为'ZHANGJIAGANG'，船公司也不同意将它打成'ZHANJIAGANG'，中国没有这个港口。交单行确认这只是一个拼写错误，在面函下表示'交单符合信用证规定'后向开证行寄单。几天后收到了香港开证行的拒付，拒付理由为，装运港不是信用证规定的港口（PORT OF LOADING NOT AS PER L/C），对开证行无意理会自己开证时的失误，并据此拒付，寄单行始料未及，立即回电抗辩。抗辩电文称，我方不接受你方拒付，理由为（1）'ZHANGJIAGANG'是中国一个地名和港口的正确拼写，中国没有一个叫'ZHANGJIAGANG'的港口，是你们开证行的失误才拼写成'ZHANJIAGANG'；（2）根据 ISBP745 的规定，打字或拼写错误不影响单词或所在句子的含义，不构成不符点，提单显示的起运港'ZHANGJIAGANG'，就是信用证规定的起运港'ZHANJIAGANG'。并要求开证行适时付款，并保留向开证行追索迟付利息的权利。开证行随后发电不接受交单行抗辩，坚持拒付，辩称'根据 UCP600 第 14 条的规定，开证行必须基于单据本身确定单据表面上是否符合信用证规定，提单起运港必须符合信用证的规定'。"

"交单行提醒受益人主动与申请人联系，了解申请人对本笔交易的态度，催促申请人及时付款赎单。根据反馈过来的信息，申请人态度暧昧。寄单行汇报了上级行并通过上级行直接跟开证行交涉，无果。此后交易几方都保持沉默。直到货到西班牙，应该是西班牙最终用户付款后才顺利收回货款。"

"当时交单行分析，这笔业务香港中间商做的可能是背对背（BACK TO BACK）信用证。单到开证行后，申请人可能临时性资金短缺无力赎单，但必须按时向西班牙的来证交单，所以拒付并不是开证行或申请人的最终目的。开证行为维护自己客户的利益，故意误用'严格相符'原则，目的就是为了拖延付款，只要西班牙最终用户开立给香港中间商的来证得到了偿付，开证行就能向国内的寄单行付款。但无论如何，开证行一旦拒付，受益人就处于非常不利的地位。尽管把开证行告上法庭胜算颇大，但国内不管是银行还是出口商，进行涉外诉讼总有些胆怯。我们这里的一家银行跟韩国银行的信用证官司，历时5年才最终胜诉，耗费的时间和精力确实是很难承受的。"

"开证行在申请人没有付款赎单时，就擅自把提单交到西班牙的'母证'开证行去了，万一寄单行要求它退单，怎么办？"小赵问。

"小赵进步很快啊，如果我们的推理属实，这样做开证行确实有风险。但如果真的指示它退单，开证行也好解决，反正它已经向最终用户的开证行寄单索汇，如果能做到相符出单，它很方便地就可以给申请人叙做一笔融资，然后表示在收到我们的指示前，申请人已经同意接受不符点并按时付款。主要问题在于，中国内地的出口商往往处于弱势地位，谁也不敢指示开证行退单啊。香港的开证行就是掌握了我们这个弱点才会这样操作的。再说，香港的中间商是不是做背对背信用证也是寄单行单方面的猜测。"

"我们以后做单据时，就按信用证规定一个字母不差地去做，信用证上就是错一个标点，也让客户去修改。"张艾深有感触。

"原则正确，但也不用极端到一个标点不错，"单老师笑道，"如何判断不符点是不是成立，申请人也好，受益人也好，开证行也好，议付行也好，就是国际商会的专家也好，说的都不算，谁说了算呢？法官！"单老师自问自答。

"不符点成立不成立，ICC的专家说了都不算？"小赵感到奇怪。

"当然，UCP600也行，ISBP745也好，国际商会制定的那些规则，都不能凌驾于交易所在国家的法律之上。法官判决时，会遵照国际惯例和国际商会制定的规则，当然法官不可能人人都是信用证方面的专家，他们判决信用证诉讼时，会参考ICC专家的意见，但也仅仅是参考而已。"单老师回答。

"单老师自己也经历过拼写错误的争议？"小赵问。

"是的，那是我们行开立的一笔进口信用证业务。一家皮革制造公司从意大利进口一批制革设备，向我行申请开证。我们在审核开证申请书时发现，一台设备的名称，叫'THOUHG FEED IRONING MACHINE'，'THOUHG'这个词我们不认识。跟企业提供的合同副本核对，合同上也是这样拼写的。询问了企业的经办人员，也说不知道，合同上就是这样写的。我们就当成它是个制革设备的专用术语，按企业提供的申请书对外开立了信用证。开出之后，通知行和受益人也没提出异议。"

"我们收到议付行单据时，经过审核，发现所有单据上，'THOUHG'拼写成了'THOUGH'，我们既然把这个词当成专业术语和设备的规格或型号来对待，这个错误就不能认为是拼写错误，就像 ISBP 所规定的那样，'MODEL'可以误拼成'MODLE'，但'MODEL 123'不能写成'MODEL 132'，企业也怕清关时有问题，于是决定拒付。"

"拒付电发送之后，就收到了交单行的抗辩，他们坚持认为是拼写错误，并称已经咨询过英文方面的专家，他们自己也不是英文国家嘛。说英文中没有'THOUHG'这个词，单据上的'THOUGH'就是拼写错误，不影响信用证的交易，要求我们按时付款。"

"我们请示了省行，省行意见，坚持不符点成立，理由是银行不对专业术语负责。于是拒绝交单行的抗辩。交单行继续引经据典与我们交涉，一来二往，我们的进口企业就这个问题咨询过他们的物流代理后，结论是不影响清关提货，遂同意付款，争议结束。"

"我们这个拒付比上面说的香港银行的拒付应该有道理些。"小赵当然觉得他们中国银行做得没错，但张艾看不出有什么本质区别，不解地看了看小赵。

"尽管我说的这两个有关拼写错误的争议，交易本身最后都顺利达成，"单老师并不附和小赵的意见，自己继续往下说，"一旦发生这种争议，使用信用证结算的意义已经失去，对出口方来说，白白承担了高昂的结算费用。"

"所以我们出口企业做单据时，要尽量避免产生这种争议。"张艾也插了句话。

"对啦，除了 ICC 的专家需要这些争议，银行和出口企业都不需要这些争议。"单老师也很幽默。他显然是指国际商会的专家需要有银行不断把争议交到他们那里才能显现出他们的价值。

"那最后有没有搞清楚这个'THOUHG'到底是什么意思？"小赵问，其实张艾也想问。

"那是一年之后的事情了，另一个企业也来我行开立同类设备的信用证。合同是中英对照的，那个词其实漏了个'R'，'H''G'也换了个位置，正确的拼写是'THROUGH FEED IRONING MACHINE'，中文叫'通过式喂料烫平机'。"单老师不说，不是做制革或制革机械行业的小赵、张艾，是很难猜到这个词的准确拼写是什么。

"说完这个'拼写错误'，我们再来看这个空运单。"单老师的话题回到了张艾的单据上。

"空运单签发人身份不明确？"张艾拿起空运单看了看，"是不是那个签字的ALLEN要表明是货代公司的经理还是其他什么经过授权的签字人？"

"不是，我们来看看UCP600关于空运单签发的规定。"单老师已经翻开单行本的UCP600。

"第二十三条　空运单据

a. 空运单据，无论名称如何，必须看似：

i. 表明承运人名称，并由以下人员签署；

＊承运人，或

＊承运人的具名代理人。

承运人或其代理人的任何签字必须标明其承运人或代理人的身份。

代理人签字必须表明其系代表承运人签字。"

张艾仔细地把这段文字读了一遍，马上发现他们货代公司出的空运单的问题所在了。"我知道了，这个空运单的盖章和签字，没有表明它是承运人还是承运人的代理人。"

"这是国内货代公司经常犯的错误，早先海运提单这个错误也很常见，现在船公司或货代签发海运提单这方面的错误比以前少多了。但空运单还很常见，有可能信用证做空运的比较少，很少有人向货代公司提这个问题。"

"那这个空运单要怎么改？"张艾问单老师。

"除了按信用证的规定，加上开证日期和开证行名称以外，你回去问一下你们的货代，他们是实际承运人，直接在签章处打上'AS CARRIER'就行了，如果是代理人，要打上'AS AGENT FOR THE CARRIER:'，冒号后边加上实际承运人的公司名称。我们经常看到的海运提单也好，空运单也好，是代理人签发的单据，打上'AS AGENT FOR THE CARRIER'，后面没了，到日本的拒付不多，到中国香港地区的、欧美的，笔笔被拒付，不符点就是'运输单据未表明实际承运人'。"

"海运提单和空运单不是有公司的抬头吗，这个空运单上的'远航国际物流有限公司'不是实际承运人吗?"小赵还是不太理解，张艾也有同样的疑惑。

"当然不是，除非在这个公司名称旁边清楚地用文字表明了它就是承运人。就好像你给同学写封信，用的是有我们中国银行抬头的信笺，就能代表这信是我们中国银行写的? 不同运输公司之间抬头不同的空白单据，是可以互借互通的。"

"是这样!"小赵和张艾都恍然大悟。

"我们国内的物流公司，签发货运单据时还有一个常见的错误，就是同一公司名称，既表明自己是承运人，又是承运人的代理人。比如提单的签章处，印就了'ABC LOGISTICS CO., LTD AS CARRIER'，盖的章又有'ABC LOGISTICS CO., LTD AS AGENT FOR THE CARRIER'，是另一种货运单据的签发人身份不明，基本上交一笔拒付一笔。"单老师说了另一种常见的货运单据签发问题。

"那单老师我先回去，这个空运单和承运人证明还要寄回去让货代公司改。"张艾还想着在经理回公司之前把改单据的事办好，看看问题讲得差不多了，急着回去。

"好的。那个修改到了小赵会通知你的。"

本节提示

　　1. 发票必须完整反映信用证45A栏货物和/或服务描述（DESCRIPTION OF GOODS AND/OR SERVICES）的全部内容。具体地说就是，信用证45A中的内容必须在发票上找得到。保险的做法是，发票的货物名称栏，照抄信用证45A内容。

　　2. 单据内容，必须严格按信用证规定填列。例如本例要求，所有单据必须显示信用证号、开证日期和开证行名称，发票和空运单必须标注原产地为中国，单据中遗漏任意一项都构成实质性的不符点。

3. 谨慎对待"拼写错误"，根据银行实务来看，关于"拼写错误"争议颇多，所以对信用证中有关申请人、受益人名称地址，起运港、目的地地名，货物名称规定等内容出现的"拼写错误"，以提请修改为妥。

4. 空运单签发问题比较常见。空运单的签发与海运提单的签发要求是一样的，即一是必须标明签字人是承运人还是承运人的代理人，二是必须标明实际承运人的名称。同一公司名称，或者是承运人，或者是承运人的代理人，两者必居其一，不能同时出现。

5.5　"交单"大功告成

张艾一回公司，看到李经理没回来，松了口气，立刻让陈希跟货代公司联络修改单据的事。货代公司很好说话，让精彩公司把单据寄回去，按精彩公司的要求改。还说如果怕寄回去耽误时间，让陈希他们自己加上去也行。陈希跟张艾讨论了一下，两人都觉得自己修改货代公司的空运单和证明不妥，不敢下手。于是打电话叫了家常用的快递公司，张艾怕电话中讲得不清楚，把需要修改的内容打印出来，一起寄了过去。

快递公司的人来取件后，看看离下班还有一段时间，张艾把自己公司出具的发票和证明等文件，加上了信用证规定需要显示，原来落下了的开证行名称和开证日期等内容。发票的货物描述，按单老师的要求，照信用证的45A抄了上去。

改完单据后，张艾拿出单老师给的那本空白汇票，从陈希那要了公司的条形章和总经理的签名章，把整本空白汇票都盖好了。汇票是一式两联的压感纸，陈希也不知道怎么打。张艾用圆珠笔以自己最大努力用正楷手写了一份，还有几个空格不知道怎么填，左看右看对自己写的英文不满意。知道单老师他们临下班是复核寄单最忙的时候，也不好意思打电话过去问。还是等拿到修改好的空运单和货代公司的证明后，送单子过去了再问吧。

星期四，陈希一早出门办事去了。张艾填了份用印审批表，让李波经理签字，李波顺便问了交单的情况。张艾含含糊糊告诉经理，单子中国银行单老师审过了，有些地方要修改，主要是修改中国银行还没收到，凭客户给精彩公司的副本中国银行还不能寄单。李波也没多问，张艾又告诉经理，交单时必须提供信用证正本，现在汇丰那份信用证和修改只收到通知行的传真，通知费没付，汇丰上海还没把信用证和修改正本寄给精彩公司。李经理让张艾找出汇丰有汇款指示的传真，填了份单子，让张艾去财务部盖章时，连同那份传真一起给出纳阿姨，让她安排支付通知费。

张艾去财务部，把支付通知费的资料给了出纳阿姨，在中国银行的"交单委托书"上盖好了公章回到办公室，李波又要出去了。张艾一个人留在办公室，把修改过的单据打了出来。然后又没事可做了，便泡在网上跟同学们乱扯。临近中午下班时，中国银行的小赵打来电话，说那份修改他们省行已经寄来了。张艾想，之所以要修改，本身就是开证行开信用证时失误造成的，没理由不给修改。货运公司给发货人的正本空运单本来只有一份，你要两份，我们怎么拿得出来？边想着边跟小赵说，现在公司就我一个人，出不去。小赵对张艾说，反正你们就要交单了，单据也准备交中国银行，那份修改不去拿也可以，交单的时候还要拿去给中国银行。内容跟进口商早先给精彩公司的副本是一样的，不影响张艾做单据。张艾乐得少跑一趟，就按小赵说的办了。

下午张艾上班时，李经理和陈希居然都在办公室，李经理把化工厂做的FORM 3、FORM 7和分析证书带来了，陈希显然是去了出入境检验检疫局，中巴自由贸易区原产地证已经办好。张艾就让陈希问一下空运单和承运人证明什么时候改好，陈希打过电话，货代公司答复今天可以寄出，第二天应该可以到。现在万事俱备，只等货代公司的文件了。

第二天上午十点不到，快递公司就把货代公司的文件送了过来，张艾仔细检查了一遍，应该没什么问题。空运单签字的下方，加上了"AS CARRIER"字样，明确了签发人的身份。包括承运人的证明，需要补充的内容也补充上去了。张艾把工厂提供的 FORM 3、FORM 7、分析证书（CERTIFICATE OF ANALYSIS）、中巴自由贸易区原产地证书、空运单等文件，各复印了两份副本，然后根据信用证规定，整理好交银行的议付单据、直接寄开证行的正本单据和寄客户的副本单据，找出早就填好的快递单，装好快递信封，打电

话给快递公司取件。随后把给保险公司和进口商的传真传了。做完这些事，也就到中午下班时间了。

下午一上班，张艾整理好全部单据，发票继续让陈希画上总经理的签字，带上自己填过的汇票和两份空白汇票，连同那份盖了公章的"交单委托书"去了中行。

到了中国银行，小赵让张艾把单据交给他。接过单据翻看了一遍，然后在"交单委托书"上签下自己名字和日期，把第二联还给了张艾。看到张艾手写填一部分的汇票，笑着对张艾说："汇票手写也太丑了点吧?"张艾知道自己的字不好看，不以为然，倒是单老师听不过去，让小赵帮忙打一下。

小赵拿起一份盖好章的空白汇票，坐到放在一个不起眼的角落的一台英文打字机前，一阵非常清脆的"啪啪"声响了起来，张艾觉得非常好听，连忙跑过去看。单老师让小赵教张艾自己打，张艾正有此意，不好意思开口而已。

NO.   <u>HB14004</u>

Bill Of Exchange

FOR <u>   </u>   <u>   </u>, <u>   </u>

AT <u>   </u> SIGHT OF THIS FIRST OF EXCHANGE (SECOND SAME TENOR AND DATE BEING UNPAID) TO BANK OF CHINA CORPORATION OR ORDER THE SUM OF <u>   </u>

<u>   </u>

<u>   </u>

VALUE RECEIVED AND CHARGE THE SAME TO ACCOUNT OF <u>   </u>

<u>   </u>

DRAWN UNDER <u>   </u>

L/C NO. <u>   </u> DATED <u>   </u>

TO : <u>   </u>

<u>   </u>

海 北 精 彩 贸 易 有 限 公 司
HAIBEI WONDERFUL CO., LTD

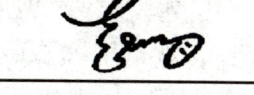

小赵已经把编号打上去了，打的是精彩公司的发票号码。张艾问了一下，是不是汇票编号一定要打发票编号，小赵说无所谓，可以随便编，一般就打发票号码。如果同时提交多份发票，空格够时把所有发票号都打上去，不够就随便打一个号码就行了。接着张艾就按小赵的提示一栏栏打下去。

　　"FOR"后面是小写金额，看信用证的42C栏，少数信用证会在46A或47A，看看规定汇票金额是发票金额的多少百分比。规定是发票金额的100%就按发票金额，不是100%就按该百分比乘发票金额。接下来两空格填出票地点和日期，地点通常就是交单地点，日期一般就打交单当天的日期，"AT"后面是汇票期限，即期打上"＊＊＊＊＊＊＊"，接下来那一栏为大写金额，注意与小写金额一致。"VALUE RECEIVED..."后面内容是选填项，信用证没有特别规定就空着。有些银行的汇票格式还可能没有这一栏。"DRAWN UNDER"后面跟开证行。信用证有52栏，按52栏提供的信息打。52A是开证行的SWIFT代码，有些银行提交的汇票就直接打上这个SWIFT代码，通常开证行也接受，光打一个开证行名称，开证行也不能拒付。但中国银行还是习惯性地打上银行名称和地址。有可能在信用证表面上找不到这家银行的信息。银行有SWIFT字典和《银行年鉴》可以查。上SWIFT的官方网站WWW. SWIFT. COM查询最方便。如果内容太多，我们至少要打到分支行名称和所在城市及国家。如果是52D，那肯定提供了开证银行的名称和地址，就按信用证的内容打，一个字母都不要错，这个信用证是52D，只有开证行名称，打一个开证行名称就可以了。如果没有52栏，就看信用证的发报行，就是信用证正文上面那个报头中"SENT BY"后面的内容。

　　接下来两栏一目了然，就是信用证号码和开证日期。很简单，找信用证上对应的栏目打上就是。小赵说到这里，单老师插了句话，说少量信用证没有开证日期31C栏，开证日期只能参照报头的发报日期，罕见地也有信用证号码不是信用证21栏的编号，在信用证的附加条款特别说明信用证号是什么，要求有任何联络引用后面的号码，相应地，还有汇票，如果其他单据上要求显示信用证号码的话，也相应地显示后面的号码。

　　"TO"后面是汇票的付款人，也就是DRAWEE，这一栏外贸单证员打错的很多，常见的错误就是不看信用证规定打成跟开证行一样。事实上汇票付款人与开证行不一致的很常见。要看信用证的42A或42D栏，42A是汇票付

款人的 SWIFT 代码，有些银行提交的汇票就直接打上这个 SWIFT 代码，开证行都认可，但中国银行还是跟打开证行名称一样，打上银行名称和地址的。如果是 42D，提供了汇票付款银行的名称和地址，就照打，42D 给出指示是"ISSUING BANK"，汇票上不能打"ISSUING BANK"，要打上付款行的实际名称和地址。这份信用证最后面有开证行的寄单地址，就按这个打。

　　不一会儿，汇票就打好了，张艾从打字机上取下一看，确实比手写整洁漂亮多了。"交单委托书"、信用证正本、汇票（如果需要），加上信用证要求的全套单据，构成了"交单"的全部文件。

NO.　<u>HB14004</u>

Bill Of Exchange

FOR　<u>USD20 000. 00</u>　　　　<u>HAIBEI</u>　,　<u>AUG. 29, 2014</u>

　　AT　<u>* * * * * *</u> SIGHT OF THIS FIRST OF EXCHANGE (SECOND SAME TENOR AND DATE BEING UNPAID) TO BANK OF CHINA CORPORATION OR ORDER THE SUM OF U. S. DOLLARS TWENTY THOUSAND ONLY _____

_____

VALUE RECEIVED AND CHARGE THE SAME TO ACCOUNT OF _____

_____

DRAWN UNDER　　<u>MCB BANK LIMITED</u>

L/C　NO.　<u>0086581090311</u>　　　DATED　<u>AUG. 14, 2014</u>

TO：　MCB BANK LIMITED, TRADE SERVICE CENTER

　　　KHEM CHAND ST. , JODIA BZR. , KAR. PAK

海 北 精 彩 贸 易 有 限 公 司
HAIBEI WONDERFUL CO., LTD

中国银行 BANK OF CHINA   出口信用证交单委托书

致：中国银行 海北支行

　　兹随附下列银行正本信用证及所属出口单据，请贵行根据国际商会跟单信用证统一惯例予以审核并办理寄单索汇：

开证行： MCB BANK LIMITED	信用证号：0086581090311
	通知编号：31400AB1401324
发票号码：HB14004	发票金额：USD20 000.00

单据名称	汇票	发票	提单	空运单	保险单	装箱单	重量单	产地证	FORM A	检验证	受益人证明	船证明	装船通知			
份数	2/2	3		1C							1×2	1	1			

付款指示：

请将收汇款以原币（√）/人民币（　　）划入我司下列账户：

开户行：_____　账号：_____

特别指示：

1. 邮寄方式：☑ 快邮　□ 普邮　□ 指定快邮_____

2. 本次提交的正本信用证含　1　份正本修改书。

3. 单据中有下列不符点：

　　a. _____　　b. _____　　c. _____

　　☑ 请向开证行寄单，我公司承担一切责任，不符点请以

　　（　）表提（√）内确方式处理

　　□ 请电询开证行同意后寄单

4. 本次提交单据申请叙做：□ 即期押汇 □ 远期押汇 □

　　福费廷 □ _____

5. 其他：_____

公司联系人姓名：　张艾　　公司签章

电话：23452326　　　传真：23452336　2014 年 8 月 27 日

银行签收人：赵	签收时间：2014－08－29
改单/退单记录：	

注：本委托书一式三份，一份于交单时银行签收后退公司，一份于结汇时作回单退公司，一份交由银行留底。

ISSUER: HAIBEI WONDERFUL TRADE CO., LTD ADD: NO. 123 ZHONGSHAN RD., HAIBEI CITY, CHINA	海北精彩贸易有限公司 HAIBEI WONDERFUL TRADE CO., LTD ADD: NO. 123 ZHONGSHAN RD., HAIBEI CITY, CHINA

商业发票

COMMERCIAL INVOICE

| TO: HUSSAIN PHARMA COL., LTD 11/14, KHEM CHAND ST., JODIA BZR., KAR. TEL: 2525673 | |

TRANSPORT DETAILS: FROM SHANGHAI AIRPORT, CHINA TO KARACHI AIRPORT BY AIR	INV. NO: HB14004　DATE: AUG. 21, 2014 S/C NO. HBW090803 L/C NO. 0086581090311

MARKS & NUMBER	NAME OF COMMODITY	QUANTITY	UNIT PRICE	AMOUNT
ZPL KARACHI	800KGS (32 DRUMS) OF MANDELIC ACID SPECIFICATION: APPEARANCE:　WHITE POWDER PURITY: NOT LESS THAN 99PCT PACKAGE: 25KGS/DRUM PRICE TERM:　CPT KARACHI COUNTRY OF ORIGIN:　CHINA	800KGS	USD25.00 /kg	USD 2 000.00 CPT KARACHI

SAY U. S. DOLLARS TWENTY THOUSAND ONLY

CREDIT ISSUANCE DATE: AUG. 14, 2014
NAME OF ISSUING BANK: MCB BANK LIMITED
WE HEREBY CERTIFY THAT MERCHANDISE TO
BE OF CHINESE ORIGIN
HS. CODE 2941. 9090

海北精彩贸易有限公司
HAIBEI WONDERFUL CO., LTD

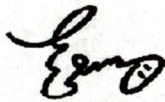

Master Airwaybill No.	HOUSE AIRWAY BILL NO.
MAWB.A080800345	HAWB.80800345

Shipper's Name and Address HAIBEI WONDERFUL TRADE CO., LTD NO.123 ZHONGSHAN RD.,HAIBEI CITY, CHINA TEL/FAX:86-567-2345-2326/2336	Not negotiable **Air Waybill**　　　　FSi 远 航 国 际 物 流 有 限 公 司 FAST SKY INTERNATIONAL LOGISTICS CO.,LTD.

Consignee's Name and Address MCB BANK LIMITED, TRADE SERVICE CENTER KHEM CHAND ST., JODIA BZR., KAR. PAK.	COPIES MARKED ORIGINAL 1,2 & 3 ARE ORIGINALS AND HAVE SAME VALIDITY THE SHIPPER("THE CUSTOMER") CERTIFIES THAT THE PARTICULARS ON THE FACE HEREOF ARE CORRECT AND AGREES TO THE CONDITIONS SET OUT ON THE REVERSE SIDE HEREOF WHICH SHALL BE DEEMED TO BE INCORPORATED HEREIN
	Accounting Information

Notify Party 1.MCB BANK LIMITED, TRADE SERVICE CENTER KHEM CHAND ST., JODIA BZR., KAR. PAK. 2.HUSSAIN PHARMA CO., LTD. 11/14, KHEM CHAND ST., JODIA BZR., KAR. TEL: 2525673	FREIGHT PREPAID

Airport of Departure(Addr.of first Carrier) and requested Routing
SHANGHAI AIRPORT,CHINA

to	By First Carrier	Routing and Destination	to	by	to	by	Currency	CHGS Code	WT/VAL PPD COLL	Other PPD COLL	Declared Value for Carriage	Declared Value for Customs

Airport of Destination	Flight/Date	For Carrier Use only	Flight/Date	Amount of Insurance	INSURANCE:If shipper requests insurance in accordance with conditions on reverse hereof,indicate amount to be insured in figures in box marked Amount of Insurance.
KARACHI AIRPORT	MU5678/AUG 26,2014				

Handling Information

No of Pieces RCP	Gross Weight	Kg lb	Rate Class Commodity Item No.	Chargeable Weight	Rate Charges	Total	Nature and Quantity of Goods (incl. Dimensions or Volume)
16CTNS	820KGS			820KGS	AS ARRANGED		800KGS (32 DRUMS) MANDELIC ACID 1.50CBM COUNTRY OF ORIGIN: CHINA MARKS: ZPL KARACHI L/C NO.0086581090311 ISSUANCE DATE:AUG 14,2014 ISSUING BANK:MCB BANK LIMITED

Prepaid	Weight Charge	Collect	Other Charges
AS ARRANGED			
	Valuation Charge		
	Tax		
	Total other Charges Due Agent		Shipper certifies that the particulars on the face hereof are correct and that insofar as any part of the consignment contains dangerous goods, such part is properly described by name and is in proper condition for carriage by air according to the International Air Transport Association's Dangerous Goods Regulation. Or the International Civil Aviation Organization's Technical Instructions For The Safe Transport of Dangerous Goods By Air, as applicable.
	Total other Charges Due Carrier		远 航 国 际 物 流 有 限 公 司 FAR SKY INT'L LOGISTICS CO., LTD
AS ARRANGED			Signature of Shipper or its Agent　　Allen
			AS CARRIER
Total prepaid	Total collect		
Currency Conversion Rate	cc charges in Dest. Currency		AUG. 26, 2014　SHANGHAI
AS ARRANGED			Executed On　(Date)　At　(Place)　Signature of Issuing Carrier or its Agent
For Carrier's Use only at Destination	Charges at Destination	Total collect Charges	

NO.3 ORIGINAL - FOR SHIPPER

海北精彩贸易有限公司

HAIBEI WONDERFUL TRADE CO. , LTD

ADD：NO. 123 ZHONGSHAN RD. , HAIBEI CITY, CHINA

COPY OF CERTIFICATE

L/C NO. 0086581090311　　　　　DATE：AUG. 26，2014

ISSUANCE DATE：AUG. 14，2014

ISSUING BANK：MCB BANK LIMITED

INV. NO. HB14004

OPEN POLICY NO. 12120812/09/2013

SHIPMENT DETAILS：

　　NAME OF COMMODITY：MANDELIC ACID

　　QUANTITY OF COMMODITY：800KGS（32 DRUMS）

　　VALUE OF COMMODITY：USD20 000. 00

　　NUMBER OF PACKAGES ：16 CTNS

　　GROSS WEIGHT：820KGS

　　FLIGHT NO. MU5678

　　FLIGHT DATE：AUG 26. ，2014

WE HEREBY CERTIFY THAT THE ABOVE MENTIONED SHIPMENT DE-TAILS HAVE SENT BY FAX DIRECTLY TO THE APPLICANT AND GENERAL INSURANCE CO. , LTD KARACHI CENTRE BR, FAX：9221－4532124.

　　　　　　　　　　　　　　　海 北 精 彩 贸 易 有 限 公 司
　　　　　　　　　　　　　　　HAIBEI WONDERFUL CO., LTD

CARRIER'S CERTIFICATE

TO：HUSSAIN PHARMA CO. , LTD   DATE：AUG. 26 , 2014

L/C NO. 0086581090311

ISSUANCE DATE：AUG. 14 , 2014

ISSUING BANK：MCB BANK LIMITED

INV. NO. HB14004

WE HEREBY CERTIFY THAT THE CARRYING AIRCRAFT IS OPERATING UNDER A FLAG OTHER THAN OF ISRAEL AND THE GOOD WILL NOT BE TRANSCARRIAGED ON ANY AIRCRAFT OR AIRPORT OF THE AFORESAID COUNTRY.

远 航 国 际 物 流 有 限 公 司

FAR SKY INT'L LOGISTICS CO., LTD

海北精彩贸易有限公司

HAIBEI WONDERFUL TRADE CO. , LTD

ADD：NO. 123 ZHONGSHAN RD. , HAIBEI CITY, CHINA

BENEFICIARY'S CERTIFICATE

L/C NO. 0086581090311　　　　　　　DATE：AUG. 26, 2014

ISSUANCE DATE：AUG. 14, 2014

ISSUING BANK：MCB BANK LIMITED

INV. NO. HB14004

WE HEREBY CERTIFICATE THAT ONE SET OF INVOICE AND PACKING
LIST HAS BEEN ATTACHED TO THE GOODS OF PACKAGE.

海北精彩贸易有限公司
HAIBEI WONDERFUL CO., LTD

海北精彩贸易有限公司

HAIBEI WONDERFUL TRADE CO. , LTD

ADD：NO. 123 ZHONGSHAN RD. , HAIBEI CITY, CHINA

BENEFICIARY'S CERTIFICATE

L/C NO. 0086581090311   DATE：AUG. 26，2014

ISSUANCE DATE：AUG. 14，2014

ISSUING BANK：MCB BANK LIMITED

INV. NO. HB14004

WE HEREBY CERTIFY THAT：

1. WE HAVE SENT TO ISSUING BANK ONE COMPLETE SET OF DOCUMENTS（ORIGINAL）IN-CLUDING COMMERCIAL INVOICE, PACKING LIST, CERTIFICATE OF ANALYSIS, FORM 3, FORM 7, AWB AND RULES OF ORIGIN FTA CERTIFICATE FOR THE PAKISTAN – CHINA FREE TRADE AREA（FTA）AS NOTIFIED BY THE MINISTRY OF COMMERCE UNDER THE BILATER-AL EARLY HARVEST PROGRAM（EHP）WITHIN TEN DAYS FROM THE DATE OF SHIPMENT.

2. WE HAVE SENT TO APPLICANT ONE SET OF NON – NEGOTIABLE DOCUMENTS INCLUDING COMMERCIAL INVOICE, PACKING LIST, CERTIFICATE OF ANALYSIS, FORM 3, FORM 7, AWB AND RULES OF ORIGIN FTA CERTIFICATE FOR THE PAKISTAN – CHINA FREE TRADE（FTA）AS NOTIFIED BY THE MINISTRY OF COMMERCE UNDER THE BILATERAL EARLY HARVEST PROGRAM（EHP）AFTER SHIPMENT BY FAST COURIER SERVICE.

3. COPY OF INVOICE AND PACKING LIST HAVE BEEN DISPATCHED IN SEPARATE ENVELOP A-LONG WITH THE CONSIGNMENT.

4. PACKAGE AND AWB HAVE BORN MARKS AND NOS. AS 'ZPL KARACHI'.

5. 'CONSIGNMENT COVERED BY EXPRESS FACILITY LANE' HAS BEEN MENTIONED IN BOLD LETTER ON PACKAGES.

6. CREDIT NO. AND DATE, COUNTRY OF ORIGIN HAVE BEEN CLEARLY MENTIONED ON IN-VOICE AND AWB.

海 北 精 彩 贸 易 有 限 公 司

HAIBEI WONDERFUL CO., LTD

打好汇票后，小赵先把汇票内容跟发票和信用证核对了一遍，然后在汇票的背面授权签字人［Authorized Signature（s）］栏上面签了个"Zhao"，汇票就算完工。然后拿出前一天的审单记录，把单据上需要修改的地方重新审核了一遍，告诉张艾可以先回去，应该没问题了。张艾看到汇票的背书只有小赵自己签了一下，有点诧异。小赵注意到张艾看他背书汇票时的表情，解释说银行之间对信用证汇票的背书，银行自己内部并没有特殊的授权安排，银行相互之间也没有交换签字样本，反正不管谁签上去，大家都认可签字人就是经授权的有权签字人。张艾一听大受启发："也就是说，我们公司老总的签字，你们银行，还有我们客户等相关方，也没有签字样本，也是可以随便签的？"

"那当然，你看看 UCP 和 ISBP 的规定，对单据签字的要求是很宽松的。如果信用证没有明确要求，发票甚至不用签字。而且根据对 UCP 和 ISBP 有关规定的解读，汇票、发票、装箱单等由受益人出具的单据，签字人并不要求为同一个人。"小赵看起来在研读与信用证有关的专业书籍。

"这样啊，早知道我们这个发票不用麻烦找总经理签字了，签上我张艾就行了。"张艾没说总经理的签字是陈希搴的。

"你不要听小赵的。"这时单老师插话了，"像你们这份信用证，明确规定发票必须手签（MANUALLY SIGNED），即使把这两个词拿掉，在这份信用证项下缮制的发票还是必须签字的，因为信用证上要求你们证明货物原产地是中国。根据 ISBP 的规定，带有证明性质的单据，必须签字。盖个签名章又不难，犯不着去判断哪些单据要签字，哪些不要签，一律签上就是了。还有受益人出具的单据，可以由不同的人签字，UCP 和 ISBP 并没有明确的表述，并不见得所有的银行都认可这种解读，所以容易引起争议，单据上的签字还是由同一人签好，保险。当然，由谁签银行方面确实无所谓，但并不代表你们公司无所谓。所有向中国银行提交的单据，无论是销售上百亿元的大公司，还是两三人的小公司，上面盖的签名章无一例外都刻的是公司法人代表。所以单据上签谁的名字，还是请示一下你们领导的好。"

单老师的理解和看法确实老到，不是工作一两年的新人可以做到的。

张艾看看没什么事了，告辞回公司，临走时小赵说，如果有问题，会打电话找张艾，没问题就直接出单不再联络了。张艾回公司后，到了下班时间不敢走，告诉经理要留一下，怕小赵他们又看出什么问题来，忐忑不安地等到了五点半，电话始终没有响起，终于可以安心地过一个双休日了。

本节提示

1. （1）交单申请/委托书；（2）正本信用证，如果有的话，正本修改；（3）信用证要求的话，汇票；（4）信用证要求的全套单据组成"交单"的全部文件。

2. 尽管根据 ISBP745 的说法，除非信用证明确规定，发票、装箱单无须签字和标注日期。但单据载有证明、声明或类似文句，则必须签字和标注日期，例如本例信用证需要在发票上声明货物原产地。对什么是证明性文句，依赖于银行审单人员的判断，容易引起争议，所以为谨慎起见，包括发票在内的所有单据，加上签字并标注日期。

3. 交单申请/委托书、汇票各家银行都有印就套写和套打的固定格式，也有电子文档，可向交单银行索取。内容大同小异。根据信用证规定和交单行的填制说明缮制。

4. 单据的签字人可以是受益人公司的任何人，受益人出具的不同单据，也可由不同人员签字。为杜绝争议，除非信用证特别指示类似检验证明、设备的试运转证明等由特定的人员签署外，不建议由不同的人员签署。但目前国家绝大多数出口企业的签名章（STAMP）用的是企业法人代表。

第六章　常见单据的进阶问题

星期一，天气晴朗。如果还在上学的话，是回学校报到的日子了。张艾一早就去了公司，清晰地意识到自己已远离校园，不免几分惆怅。登录了QQ，同学群里有人说了句"同学们，开学了"，接着就你一言我一语怀念了一通大学时光，诉说工作中的酸甜苦辣。张艾说自己的第一票单证已经交上去了，大家祝愿张艾单据不要被拒付，早日收汇。

经理难得一次姗姗来迟，可能是送孩子到学校报到吧。一进办公室就问张艾上个星期交的第一套单据的情况。张艾汇报说那天离开中行后单老师他们没打电话过来，单据应该没问题了。李经理要张艾问一下银行是用什么快递寄的，快递单编号多少，说可以上网追踪单据何时到开证行，可以联系客户及时去开证行付款赎单。还有可以了解中国银行是不是确实当天就出单了，防止银行单证量大时，不能及时处理，影响公司收款时间。张艾觉得李经理的目的主要是后面那个，要查中国银行是不是及时寄单，有点觉得是经理让她做"小人"，但上司的指示不得不做。

小赵告诉了张艾他们寄单的 DHL 号，张艾上网追踪了一下，显示 DHL 公司确实在精彩公司交单的当天签收了单据，提示单据已到马来西亚，尚未派送。向经理汇报了结果，李经理让张艾以后自己有数就行了，不必向他汇报。一会儿，经理和陈希就出去了，那份韩国的信用证今天要装一批货。

6.1　这个货描怎么抄啊？

经理和陈希走后，张艾拿出韩国友利银行的信用证，开始准备单据，数量金额等内容不知道，先空着。跟那份巴基斯坦的信用证比起来，韩国的信用证太简练了，张艾尽管不哈韩，但看到这份信用证，平添了几分对韩国银行的好感。

下午李经理他们回来了。陈希把装箱资料给了张艾，让张艾做发票和装箱单。李经理看了一下信用证，客户对产地证没特别的要求，让陈希到贸促会办个普通的 CO（Certificate of Origin）。

张艾拿到装箱数据，往发票上填数据时不由得暗暗叫苦。按单老师的说法，货物描述部分已经按信用证 45A 的内容照抄了，可是这次实际发货时，只装运了一个颜色，数量还不到信用证规定的 20 000 平方英尺（S/F—Square Feet），只装了 16 546. 50S/F。

没办法，只有再打电话向单老师请教。

"单老师，我是张艾，在做韩国服装革的那份信用证的发票。信用证规定有两个颜色，各 20 000 平方英尺，可是我们这次只出一个颜色，数量也不到 20 000 平方英尺。你让我货描部分全部照抄信用证的 45A，那这个没有出货的颜色和数量怎么办啊？"张艾打通了单老师的电话。

单老师听了电话后嘿嘿地笑。笑完之后告诉张艾，如果信用证规定有超过一种的商品名称或规格，发票有两种做法，一种就是常规的，通常国内的单证员也是这么做的，就是在发票货描部分打上本次实际装运的商品名称、规格和数量等信息，不照抄信用证 45A。另一种是发票货描部分全部照抄信用证 45A，再在另一栏说明本次实际装运的商品名称、规格和数量。如果只有一种商品，信用证允许分批装运，发票货描部分也可以先照抄信用证货描部分的名称和数量，再打上本次实际装运的数量。

"那您不是说过发票上必须找得到信用证 45A 货描部分的全部内容吗？如果按您说的第一种方法做，我这个发票上就找不到这次没有发货的那个颜色了。"张艾觉得权威是不是有时也会搞错？单老师的说法明显前后矛盾啊。

单老师又在笑，笑过后对张艾说："我这个说法是有根据的，你自己上网找一个 ISBP745 的文本看一下，应该是……"单老师停了一下，可能是在找书本，"Para C4 的规定"。

"这样啊，那我做发票时全部抄信用证 45A 货描栏的内容，再打上本次实际装运的情况，用哪个词，'THIS SHIPMENT'？"张艾觉得还是后一种方案保险。

"可以啊。" 单老师回答。

挂断电话，张艾一而再，再而三地听单老师他们说起 ISBP，这到底是什么？决定到网上找一个看看。百度了一下 "ISBP745"，网上相关条目极多。随便点开一个，原来 ISBP 全称 "International Standard Banking Practice for the Examination of Documents under Documentary Credits subject to UCP600"，中文应该叫 "UCP600 跟单信用证审单国际标准银行实务"。原来是银行的审单标准，怪不得国际结算教程中似乎没提到过这个出版物。张艾一一打开了很多链接，才从一个外贸论坛上下载到一个中英文对照的文本，找到了 Para C4 规定：

The description of goods, services or performance on an invoice is to reflect what has actually been shipped, delivered or provided. For example, when the goods description in the credit indicates a requirement for shipment of "10 trucks and 5 tractors", and only 4 trucks have been shipped, an invoice may indicate shipment of only 4 trucks provided that the credit did not prohibit partial shipment. An invoice indicating what has actually been shipped (4 trucks) may also contain the description of goods stated in the credit, i.e., 10 trucks and 5 tractors.

发票上的货物、服务或履约行为的描述应当反映实际装运或交付的货物、提供的服务或履约行为。例如，当信用证的货物描述要求装运 "10 辆卡车和 5 辆拖拉机"，且只装运了 4 辆卡车时，只要信用证不禁止部分装运，发票可以显示只装运了 4 辆卡车。发票注明实际装运货物（4 辆卡车）的同时，还可以包含信用证规定的货物描述，即 10 辆卡车和 5 辆拖拉机。

张艾把这条规定的中文英文都认真看了一遍，举的那个例子几乎与自己做的韩国信用证一样，发票该怎么办已经有了主意。

看了一下陈希给的装箱资料，一共有 24 个纸箱，各箱装的尺数和毛重、净重都不一样，一箱箱列明太麻烦了，看了看陈希原来做的装箱单，做得很简单。问陈希装箱单这样简单行不行，陈希说如果客户没有要求做明细装箱单，T/T 结算寄给客户的装箱单一向做得很简单，列一下箱数、产品的总数量、净重、毛重和体积就可以了。张艾做上一份巴基斯坦信用证时，其实已经看到过陈希做的装箱单，是非常简单的。装箱单的作用是给进口商或海关清点核对货物的，太简单了会不会起不了作用？还有那份巴基斯坦信用证，向银行交单时并不要求提供装箱单，只是随货附上一份。这次要交银行，会不会也太简单了些？还是先看一下 ISBP 吧。

ISBP 中没有关于装箱单方面单独的规定，只是在联合单据部分有提到，也只是笼统地说："…For example, a requirement for a 'Packing List' will be satisfied by a document containing packing details whether it is titled 'Packing List', 'Packing Note', 'Packing and Weight List', etc., or bear no title… 例如，信用证要求'装箱单'，提交的单据含有包装细节即满足要求，无论其名称为'装箱单'、'装箱记录'、'装箱和重量单'，或者没有名称。"

做到什么程度才算"包含了装箱细节"呢？张艾心里还是没底，为保险起见还是问问银行吧。

小赵告诉张艾，根据他见到过的各式各样的装箱单，凡是信用证明确要求提交 DETAILED PACKING LIST 的，一般要求做到每一个包装单位的相关细节，其他有明确要求显示每一包装单位或集装箱的数量、毛重和净重的（INDICATING QUANTITY, GORSS AND NET WEIGHT OF EACH PACKAGE/CONTAINER），也必须老老实实按信用证要求做，还有在装箱单条款中有 CARTON WISE, CONTAINER WISE 等表述的，也要求做到每个纸箱或集装箱的细节。如果就是一个笼统的 PACKING LIST，没什么明确的要求，标明了包装数（NUMBER OF PACKAGES）、发运商品总的数量、毛重、净重和体积，也算"满足单据的功能"了。原则是这样，信用证规定了要明细装箱单的，未按要求做会被拒付，不符点为"装箱单未按信用证要求包含包装细节"（PACKING LISTS NOT INDICATING PACKING DETAILS AS PER L/C），信用证未说装箱单要显示装箱明细的，显示了，肯定没问题。但小赵建议，如果不是信用证明确规定，就像张艾他们这份韩国信用证那样的装箱单条款，做简单一点就行了，不容易错，银行审单也方便。

如果把每一箱的数量、毛重、净重等信息统统显示上去，银行审单时还得一栏栏加总，核对总量与明细是否一致。尽管 ISBP 并不要求银行对单据中的数学计算细节进行审核，而只负责将总量与信用证及/或其他要求的单据相核对，但在实务中，几乎每一家开证行都会对这些数学计算细节进行认真的复核。一旦有问题，就作为单据表面上的不一致进行拒付，交单行并不能进行有效的抗辩。小赵说到最极端的有一笔信用证，是出口到日本的裘皮制品，品种、规格和颜色繁多。为节省包装空间，同一品种、规格和颜色的产品分

散在不同的纸箱中，信用证要求提交明细装箱单，受益人提交符合信用证要求的装箱单有五六页，逐一核对工作量实在太大，就核对一个总量发出去了。结果开证行拒付，不符点就是装箱单中一个品种某一个颜色的明细数加总与合计数不同。他们拿出留存的副本一经核对，果真如此，就直接让受益人联系客户接受不符点，付款赎单，抗辩基本上是徒劳的。

挂断小赵的电话，张艾基本确认，信用证没有明确规定装箱单怎么做，可以简单一点，做得太详细纯粹是自寻烦恼。韩国客户对装箱单没有明确要求，就按简单的方式做。不到10分钟时间，张艾就把发票和装箱单做好了，各打一份给陈希在网上申请产地证。

本节提示

1. 发票必须显示实际发运的货物名称和数量。如果信用证货物描述部分规定了货物的数量和金额或不止一种的商品，信用证不禁止分批装运，发票可以仅显示实际的装运数量、金额和商品名称，也可以列明信用证全部的货物描述，再另行显示本次实际装运的货物名称、数量和金额。

2. 如果信用证对装箱单没有明确要求，仅显示包装件数，装运商品的总量，总毛重、净重和体积等内容，可视作满足了"单据功能要求"，愿意提供明细装箱单也可以，但不建议。

3. 信用证明确要求明细装箱单（DETAILS PACKING LIST）或对装箱单内容有明确规定，必须按信用证要求制作装箱单，列细每个包装单位（箱、桶、卷、捆等）的数量、体积、毛重、净重和其他信用证规定的内容，不能简化。

4. UCP和ISBP都不要求银行对单据的计算细节进行审核，仅核对总量即可。但实务中，几乎所有的开证行均会仔细审核细节计算，如有错误，即作为不符点拒付，交单人无法有效抗辩。

6.2　不是可有可无的"ORDER"

陈希申请完产地证后，货代业务员打电话要公司提供提单的签发信息。陈希有了上次做空运单的经验，知道做信用证运输单据的签发不能跟 T/T 一样，根据以往客户的要求就行，还得看信用证的规定。他起身在文件柜里翻出个留底的副本提单，让张艾拿出信用证，一起研究提单应该怎么做。张艾新建了个 WORD 文档，把提单要求的全部信息打上，准备发传真或邮件给货代公司。

SHIPPER：HAIBEI WONDERFUL TRADE CO．，LTD

NO. 123 ZHONGSHAN ROAD, HAIBEI CITY, CHINA

TEL/FAX：86－567－2345－2326/2336

CONSIGNEE：WOORI BANK SEOUL

NOTIFY PARTY：LUNGWOL S. P CO．，LTD

12F DAEWOO B/D 122-5 KANGAN-DONG RO

NGDAELU-GU SEOUL, KOREA

DESCIPTION OF GOODS：LAMB SKIN FOR GARMENT

COLOR．NAVY GREY

其他如需要标记"运费已付"（FREIGHT PREPAID），已装船批注（SHIPPED ON BOARD）等信息，船公司想必不会遗漏，两人一致认为不必提醒货代公司。打完后，货代公司要求传真给他们，最迟第二天上午会把提单草稿发给精彩公司，等精彩公司确认后再出正本提单。

忙完这些事，刚好下班。

第二天一上班，陈希就收到了货代公司通过邮件发过来的提单草稿扫描文件，打印出来让张艾校对确认，自己就去贸促会了。

　　张艾看了一下草稿，比原来那份空运货代发过让公司核对确认的草稿强多了，就是份正本的提单，无非就是标上了"PROFORMA"字样。看了一下，也没多少内容，信用证上要求的信息应该都全了。鉴于那份空运单的教训，张艾决定让单老师帮忙看一下。电话中单老师一口答应，张艾就把那个打印出来的文件传真给了单老师。

　　不到5分钟，单老师打电话过来了，说那份提单有几个问题，正式签发时要船公司修改。张艾就拿了笔在打印出来的提单草稿上记录。

　　单老师告诉张艾，首先是提单抬头（CONSIGNEE）栏不对，信用证的提单条款很明确，"CONSIGN TO THE ORDER OF WOORI BANK SOUEL"，所以这一栏必须打成"TO THE ORDER OF WOORI BANK SEOUL."

　　"'TO THE ORDER OF'也要？那上次那份空运单不是就打了个开证行名称吗？"张艾不理解。

　　"这个差别就大了，"单老师说，"空运单并不代表物权，不是权利单据，不能通过背书等手续转让，所以空运单一般就签发成记名形式，一般就直接打上收货人名称。你们公司上次做的巴基斯坦信用证，开证行为控制货权，开证时规定空运单的收货人为开证行自己。但海运提单与空运单不一样，海运提单是物权单据，如果签发成指示性抬头，也就签发成'TO ORDER OF ×××'，就可以背书转让，这样，一些中间商就可以不用自己清关提货，直接把提单背书转让给下家就可以完成交易。在实务中指示性提单有四种，常见的有不记名指示，即提单的 CONSIGNEE 栏仅打上'TO（THE）ORDER'，凭发货人指示，在 CONSIGNEE 栏打'TO（THE）ORDER OF SHIPPER'。这两种形式在贸易实务中并无实质性的区别，通常发货人必须背书，否则收货人可能无法正常提货。另外较常见的就是凭银行提示，信用证结算通常就是开证行，托收方式为代收行。你们这次这份信用证就是凭开证行指示。这种方式应该最安全，进口商如果不付款赎单，银行是不可能把提单背书给申请人办理提货手续的，即使全套正本提单遗失，没有银行的背书，货物被恶意提走的可能性也很小。比较少见的是凭收货人指示，比如信用证规定提单签发成'TO THE ORDER OF APPLICANT'或'TO THE ORDER OF ××× CO.，LTD'，这种方式一般出口商不太愿意接受，尽管全套提单交开证行，没有船公司的恶意串通，进口商不支付货款也很难提到货物。但如果发生退单退运，

中远集装箱运输有限公司
COSCO CONTAINER LINES

ORIGINAL PROFORMA

FAX:86-21-5657 2233

PORT TO PORT OR COMBINED TRANSPORT BILL OF LADING

1. Shipper Insert Name Address and Phone/Fax	Booking No.	Bill of Lading No.
HAIBEI WONDERFUL TRADE CO., LTD NO. 123 ZHONGSHAN ROAD, HAIBEI CITY, CHINA TEL/FAX: 86-567-2345-2326/2336	600242456	6011103800
	Export References	

2. Consignee Insert Name Address and Phone/Fax	Forwarding Agent and References.
WOORI BANK SEOUL	
	Point and Country of Origin

3. Notify Party Insert Name Address and Phone/Fax It is agreed that no responsibility shall attach to the Carrier or his agents for failure to notify	Also Notify Party-routing & Instructions
LUNGWOL S.P CO., LTD 12F DAEWOO B/D 122-5 KANGAN-DONG RO NGDAELU-GU SEOUL, KOREA	

4. Combined Transport* Pre-Carriage by	5. Combined Transport* Place of Receipt		
6. Ocean Vessel Voy. No. CHANG JIANG BRIDGE/00223-E	7. Port of Loading SHANGHAI, CHINA	Service Contract No.	Commodity Code
8. Port of Discharge INCHON, KOREA	9. Combined Transport* Place of Delivery	Type of Movement LCL/LCL	

Marks & Nos. Container / Seal No.	No. of Container or Packages	Description of Goods (If Dangerous Goods, See Clause 20)	Gross Weight	Measurement
LUNGWOL LAMB SKIN CTN #	24CARTONS	LAMB SKIN FOR GARMENT COLOR. NAVY GREY SHIPPED ON BOARD FREIGHT PREPAID	792KGS	3.288CBM

Declared Cargo Value US$	Description of Contents for Shipper's Use Only (Not part of This B/L Contract)
10. Total Number of Containers and/or Packages (in words) Subject to Clause 7 Limitation	SAY TWENTY FOUR CARTONS ONLY

11. Freight & Charges	Revenue Tons	Rate	Per	Amount	Prepaid	Collect	Freight & Charges Payable at / by:

Received in external apparent good order and condition except as otherwise noted. The total number of the packages or units stuffed in the container, the description of the goods and the weights shown in this Bill of Lading are furnished by the merchants, and which the carrier has no reasonable means of checking and is not a part of this Bills of Lading contract. The carrier has issued ____ original Bills of Lading, all of this tenor and date, one of the original Bills of Lading must be surrendered and endorsed or signed against the delivery of the shipment and whereupon any other original Bills of Lading shall be void. The merchants agree to be bound by the terms and conditions of this Bill of Lading as if each had personally signed this Bill of Lading.
* Applicable Only When Document Used as a Combined Transport Bill of Lading.

Date Laden on Board SEP. 5, 2014
Signed by:

9805 Date of Issue   Place of Issue.

Signed for the Carrier, COSCO CONTAINER LINES

CNS07 2394687

手续可能很复杂。"单老师介绍得很详细，"现在提单收货人栏没有'TO OR-DER OF'字样，直接打上开证行名称，就变成了记名提单，不能通过背书变

成可流通单据。美国等国家的法律规定，记名提单与空运单等非物权单据一样，可以不凭正本提单提货。两者区别很大。"

"也就是说，'TO THE ORDER OF'这几个词是不能少的？"张艾终于明白，"TO THE ORDER OF"这几个词不是可有可无更不是多余的。

"对！"单老师回答，"还有，这个提单草稿上没有正本份数。"

"提单不就是三份正本吗？"张艾工作后见到过几次船公司寄过来给公司，做 T/T 直接寄给客户的提单，都是三个正本。

"这一点，UCP600 是有规定的，其中第 20 条关于提单的签发中明确规定 'be the sole original bill of lading or, if issued in more than one original, be the full set as indicated on the bill of lading.'（系仅有的一份正本提单，或者，如果出具了多份正本，应是提单中显示的全套正本份数。）ISBP745 Para E11 非常明确：'提单必须注明所出具的正本的份数。'也就是说，第一，提单不一定是三份正本；第二，提单必须标明正本份数。"单老师引经据典，说得非常让人信服。

"我明白了，还有什么问题吗？"张艾问。

"另外还有个到现在还没争论出结果的问题，就是你传真的草稿上，没有签发地点和签发日期。引起争议的就是那个签发日期，UCP600 和 ISBP745 没有明确的规定。其中 UCP600 只规定提单必须有装船日期和如何确定装船日期，没有提到提单是不是必须有签发日期。ISBP745 A11 的表述是 'original transport documents, subject to examination under UCP600 Articles 19－25, are to indicate a date of issuance, a dated on board notation, a date of shipment, a date of receipt for shipment, a date of dispatch or carriage, a date of taking in charge or a date of pick up or receipt, as applicable. 按照 UCP600 第 19 至第 25 条审核的正本运输单据，也应当相应地显示出具日期、注明日期的装船批注、装运日期、收妥待运日期、发送或运送日期、接管日期、取件日期或收件日期。'然而 ISBP745 用于规定港对港提单签发要求的 E 段，只是说明了如何确定装运日期，并没有提到提单必须载有签发日期。国际商会专家委员会的意见也欲说还休，答复银行咨询时表示提单格式是船公司决定的，如果提单上没有签发日期这一栏，提单可以没有签发日期。但如果提单有签发日期这一栏，空着不显示签发日期行不行，没有个明确的结论。国内信用证方面的专家各执一词，有的专家认为提单必须标明签发日期，也有一些专家极端地认为所有运输单据都无须标明签发日期。但现实中，开证行对提单没有注明签发日期的拒付偶有所闻，所以为安全起见，还是让船公司打上。我也倾向于提单必须有签发日期，因为在实务中，还有不少的信用证，规定的交单期不是从装运日（SHIPMENT DATE）或笼统地说提单日（B/L DATE）开始算，而是明确从运输单据的签发日（ISSUANCE DATE）开始算，如果提交了没有签发日期的提单，银行如何确定交单期？"

"好的，这个问题，我会提醒货代的。单老师还有其他问题吗？"张艾问。

"其他问题现在还没看出来，我们国内的船公司出提单，装船批注和签发不规范很常见，主要是装船批注没有注明装船日期，代理人签发的提单没有标明实际承运人。从你传真的草稿上来看，这两个问题应该不会产生了。"单老师答。

"那好，谢谢单老师，我还是第一次核对海洋提单，一点概念也没有。"张艾确实很感激单老师。

"不用急，慢慢来。提单是最容易出问题的单据，但常见的问题也就那么几个，见得多了就好了。没有把握可随时打电话找我，我们可以讨论。"单老师很客气。

挂断电话，张艾把单老师说的三个问题，写在打印出来的草稿提单上，传真给了船公司，并随即打电话向船公司确认是否收到传真，按要求改是否有问题。船公司的答复都是肯定的，并说最迟这个星期五就可以出正本提单并用快递寄给精彩公司。

张艾看离中午下班还有一段时间，重新检查了一下信用证。提单货代公司确认周五可以寄出，陈希去贸促会应该就是办产地证，交单就差那个检验证明没有落实。让经理找金先生催一下。这个文件可以不提交正本，让金先生传真后复印一份就行，应该是很快的。经理不知何时已经出去办事了，不在办公室。张艾决定如果到下午下班前还见不到他，就打电话向他汇报。

下午上班后，经理和陈希也都到了办公室。收到一个 EMS，以为是提单，一看是上海汇丰寄出来的，原来是汇丰通知的正本信用证和信用证修改。产地证已办好，张艾就把检验证的事向经理汇报了一下。李波告诉张艾说，他正在烦这个事。发货那天，那个金先生也在场，都是他自己看过才装的箱，说好回办事处就把检验证书做好传真到厂里。上午问了一下厂里，说还没收到检验证书。打金先生的国内手机，结果一再提示不在服务区，打给他办事处的电话没人接，无奈只有用传真、电子邮件等多种方式联系他。原来谈合同讨论信用证条款时，最担心的就是这个问题。

张艾知道经理已经在为这件事着急了，怎么联系金先生不是自己的事。如果金先生真的玩失踪，存心不出这个检验证明，怎么交单，只有听经理指示了。

张艾在自己的同学群中讨论那个检验证书的事。激进一点的同学认为，那个韩国人是存心的，这样一来，主动权就全掌握在他们手中，严重一点的，就是存心骗出口方的货，好一点的，等银行拒付后，趁机压价。另外一部分同学认为没那么严重，说韩国人做生意还是比较地道的，再说提单是签发成凭开证行指示，没有开证行的背书，提不到货，要骗取货物，没那么容易，最多也就是趁机压价而已。张艾也认为，最差的结果就是后一种——压价。首先，全套提单交银行，并且需要开证行背书才能提货，除非船公司无单放货，否则骗取货物很难，其次，进口方不要进口货物了，退单退运。这种可能性也不大，金先生飞来飞去，谈合同、验货是需要费用的，没人会无缘无故做这种损人不利己的事情。

李经理可能没有心情办其他事，下午没有出去。结果烦人的事接踵而至。西班牙那票货，9 月 15 日船期的 1 400 件男衫，工厂进口的面料色差严重，虽然出口方同意更换，但要工厂把有质量问题的货物先退回去，没有十天半个月办不好。货期是无论如何也来不及了，最乐观的估计最早得在 9 月底才能交货。李经理只有通过电子邮件跟西班牙客户说明情况，协商推迟货期，修改信用证。

接下来几天，还是联系不上金先生，李经理一天比一天焦躁，甚至准备让工厂停止第二批货的生产。这件事张艾、陈希都无能为力，只有担心的份，并尽量不在李经理面前提起。西班牙的客户倒是好说话，回复的邮件中同意第一批货推迟发货，第二批继续按计划发货。等李经理这边能确定最迟的发货期了，他们再去申请修改信用证。这多少让李波心情好一点。

星期五下午，正本提单按时寄到，货代公司还比较靠谱。张艾忽然想起巴基斯坦那票单据肯定已到花旗银行了，不知命运如何，会不会被拒付？中国银行没什么消息，犹豫了几次，到底没敢打银行的电话，怕有坏消息。张艾在 QQ 群里说了一下，有几个同学已经做过几单了，说单据寄出后，没有开证行的消息就是好消息。如果有拒付，交单行通常会在第一时间通知公司。银行一直没消息，就是表示开证行没有拒付。只要开证行签收单据后 5 个工作日不拒付，就不能再拒付了。张艾想想确有道理。经理正为金先生那个检验证烦恼，没有问起巴基斯坦那一单的情况，张艾决定不再打电话给中行询问了。

双休日过得挺沉闷。

星期一上班时，李经理已经在办公室了，表情轻松，那个金先生是不是已经找到了？

张艾猜得不错。原来那个金先生那天回到办事处，接到韩国家里来的电话，有急事需要处理，就没顾上做那个检验证明，心急火燎地赶回了韩国。星期天回到中国的办事处，看到了传真和邮件后，已经跟厂里联系过，检验证明会尽快做好，分别传真给工厂和精彩公司。

李经理让张艾准备好单据，一收到金先生的传真，马上安排交单。张艾有了第一次的经验，让经理签了个"用印审批单"，先把已有的单据准备好，填好了中国银行的"交单委托书"，盖好公章，就等着金先生那个检验证。

闲着也是闲着，张艾决定先把汇票打好，用 EXCEL 做一个文件，各栏的内容位置调一下，让它恰好打到中行的空白汇票上去。

试了几次，浪费了两份中行的空白汇票，各栏位置就大体对准了。激光打印机打出来的很漂亮。

NO. HB14006

Bill Of Exchange

FOR ___USD44675. 55___   ___HAIBEI___ , ___SEP. 8, 2014___

AT ___150 DAYS FROM___ SIGHT OF THIS FIRST OF EXCHANGE (SECOND SAME TEN-OR AND DATE BEING UNPAID) TO BANK OF CHINA CORPORATION OR ORDER THE SUM

OF ___U. S. DOLLARS FORTY FOUR THOUSAND SIX HUNDRED SEVENTY FIVE AND CENTS

FIFTY FIVE ONLY___

VALUE RECEIVED AND CHARGE THE SAME TO ACCOUNT OF _____

DRAWN UNDER ___WOORI BANK SEOUL, SEOUL___

L/C NO. ___MW1ST808NE00056___ DATED ___AUG 13TH, 2014___

TO ___WOORI BANK SEOUL, SEOUL___

海北精彩贸易有限公司
HAIBEI WONDERFUL CO., LTD

金先生没有食言，张艾做完汇票不久，检验证书也传真过来了。张艾复印了一份，一套单据算是齐了。

本节提示

1. 海运提单收货人栏抬头，常见有两种形式，即记名抬头（直接显示收货人名称）、指示性抬头（显示 **TO ORDER/OF ××××**）。前者不能转让，美国等国家记名提单允许收货人不凭正本提单提货，后者可以背书转让，是可流通单据。两者必须严格区分。

2. 提单必须显示正本份数。如果提单有签发日期一栏——通常都有，不要空着以免引起无谓的争议。

3. 不是所有的信用证软条款都会最终损害受益人利益，但即使是虚惊一场也不代表可以接受这些条款。谈判中尽量争取信用证中不要出现软条款。

6.3 信用证不简单，单据也不简单

张艾根据信用证上 46A 单据条款，把单据整理了一下，发现产地证信用证要一式三份（IN TRIPLICATE），但贸促会的产地证只有一份正本（ORIGINAL）和一份副本（COPY）。连忙打电话问小赵怎么办。小赵说很简单，拿那份副本（COPY）到复印机上复印一份，不就有三份了吗？张艾不放心，追问了一句，"这样真的可以吗"？小赵告诉张艾，这样做没问题的，UCP600 第 17 条第 E 款规定，"If a credit requires presentation of multiple documents by using terms such as 'in duplicate', 'in two fold' or 'in two copies', this will be satisfied by the presentation of at least one original and the remaining number in copies, except when the document itself indicates otherwise". ［如果信用证使用诸如 "一式两份"（in duplicate）、"两张"（in two fold）、"两份"（in two copies）等用语要求提交多份单据，则提交至少一份正本，其余使用副本即可满足要求，除非单据本身另有说明］。银行在寄单时，如果发现客户少提交了单据，比如信用证要求提交 5 份发票，客户交单时只提交了 4 份，在复印机上复印一个凑满 5 份就寄单了，从来没有因此而发生过拒付。

张艾突然想起已经交单的那套到巴基斯坦 MCB 银行的单据，传真给保险公司的装运明细，信用证要求的是一份 "经认证的副本"（CERTIFIED COPY），但公司向银行交单的是个正本，小赵和单老师都没说什么，是不是信用证要求的是副本可以提交正本代替？经常打电话也不好意思，张艾决定自己找答案，不就是 UCP 和 ISBP 吗？

张艾已经从网上找一份中英文对照的 UCP600，查了一下第 17 条，确如小赵说。看来小赵已经初得单老师真传，给张艾解释时开始引用 UCP 的内容来增强说服力。

在第 17 条的后面，就有正本单据可以代替副本单据的规定，原文是："If a credit requires presentation of copies of documents, presentation of either originals or copies is permitted."（如果信用证要求提交副本单据，则提交正本单据或副本单据均可。）

准备好单据后，上午时间已经不多，收工吃中午饭。

下午一上班，张艾就带了全套文件去中行交单。希望不要像上次交巴基斯坦信用证的单据那样，全是不符点，来回修改。

　　到中行时，小赵刚好手上没有其他单据要看，让张艾等一下，他马上审核，如果有问题可以马上与张艾沟通。

　　还没等张艾找椅子坐定，小赵已经在说："哎呀，汇票错了。"

　　张艾赶忙走到小赵身边。"汇票的付款人 DRAWEE 肯定错了，'HVBKGB2L'不是首尔的友利银行，"小赵等张艾走到他身边，指着信用证上面的 42A 的 DRAWEE 栏说，"还有这个汇票的到期日不是见票后 150 天，而是提单日后 150 天，你打成见票后 150 天了。"

　　"你怎么知道这个 DRAWEE 肯定不是 WOORI BANK SEOUL？"张艾打汇票的时候根本没注意，信用证的第一付款人不是开证行吗，汇票的付款人理所当然就是开证行啊。

　　"你没看到 DRAWEE 的 SWIFT 代码与开证行的不一样吗？"

　　张艾注意看了一下，除了前 4 位，后面确实不一样。

　　"完整的 SWIFT 代码共有 11 位，前 4 位是银行名称，比如 BKCH 就是中国银行，HSBC 是汇丰银行，这个 HVBK 就是友利银行。接下来 2 位是国家代码，中国—CN，韩国—KR，GB 是英国—Great British，所以这份信用证的汇票付款行是友利银行在英国的分行。接下来 2 位，是该银行的国家总部所在的城市。比如中国银行，总行在北京，SWIFT 代码就是 BKCH CN BJ，交通银行总部在上海，他们总行的 SWIFT 代码就是 COMM CN SH。这个信用证的 2L，代表的是伦敦。后 3 位是分支行代码，没有分支行了，有时就用×××填满。"小赵一口气把银行 SWIFT 的编码规定说清楚了。

　　"那这个到期日你们的空白汇票上已经印上了'SIGHT'，我怎么也打不成提单日（B/L DATE）啊？"张艾在这一问题上，倒确实情有可原。

　　"把'SIGHT'叉掉，在上面打上'B/L DATE'。"小赵说了他们银行的解决方法。

　　"这样也行？"张艾有疑虑。

ISSUER： HAIBEI WONDERFUL TRADE CO. , LTD ADD：NO. 123 ZHONGSHAN RD. , HAIBEI CITY, CHINA TO：LUNGWOL S. P CO. , LTD 12F DAEWOO B/D 122 – 5 KANGAN-DONG RO NGDAELU-GU SEOUL KOREA	海北精彩贸易有限公司 HAIBEI WONDERFUL TRADE CO. , LTD ADD：NO. 123 ZHONGSHAN RD. , HAIBEI CITY, CHINA 商业发票 **COMMERCIAL INVOICE**

TRANSPORT DETAILS FROM SHANGHAI PORT CHINA TO IN-CHON PORT, BY SEA	INV. NO：HB14006　　DATE：SEP. 2, 2014 S/C NO. HBSP0905 L/C NO. MW1ST808NE00056

MARKS & NUMBER	NAME OF COMMODITY	QUANTITY	UNIT PRICE	AMOUNT
LUNG WOL LAMB SKIN CTN #	LAMB SKIN FOR GAR-MENT COLOR NAVY GREY 20000/S/F USD2. 07 USD54 000. 00 COLOR D/BROWN 20 000 S/F USD2. 70 USD54 000. 00 TOTAL 40 000 S/F USD100 800. 00 ORIGIN CHINA CFR BY SEA			
THIS SHIP – MENT	LAMB SKIN FOR GARMENT COLOR NAVY GREY	16 546. 50 S/F	USD2. 70	USD44 675. 55

SAY U. S. DOLLARS FORTY FOUR THOUSAND SIX HUNDRED SEVENTY FIVE AND CENTS FIFTY FIVE ONLY

海 北 精 彩 贸 易 有 限 公 司
HAIBEI WONDERFUL CO., LTD

ISSUER: HAIBEI WONDERFUL TRADE CO., LTD ADD: NO. 123 ZHONGSHAN RD., HAIBEI CITY, CHINA			海北精彩贸易有限公司 HAIBEI WONDERFUL TRADE CO., LTD ADD: NO. 123 ZHONGSHAN RD., HAIBEI CITY, CHINA				
TO: LUNGWOL S. P CO., LTD 12F DAEWOO B/D 122 – 5 KANGAN- DONG RO NGDAELU-GU SEOUL KOREA			装箱单 **PACKING LIST**				
TRANSPORT DETAILS FROM SHANGHAI PORT CHINA TO IN- CHON PORT, BY SEA			INV. NO: HB14006		DATE: SEP. 2, 2014		
			S/C NO. HBSP0905				
			L/C NO. MW1ST808NE00056				
NAME OF COMMODITY	CTN. NO.	PACKAGES	QTY (S/F)	G. W. (kg)	N. W (kg)	VOL (CBM)	
LAMB SKIN FOR GARMENT COLOR NAVY GREY SHIPPING MARK: LUNG WOL LAMB SKIN CTN #	1 – 24	24CTNS	16 546. 50	792	744	3. 288	

GROSS WEIGHT: 792KGS

VOLUME: 3.288CBM

QUANTITY: 16 546.50S/F

TOTAL PACKED IN TWENTY FOUR (24) CARTONS

海 北 精 彩 贸 易 有 限 公 司
HAIBEI WONDERFUL CO., LTD

中远集装箱运输有限公司	ORIGINAL
COSCO CONTAINER LINES	FAX:86-21-5657 2233

PORT TO PORT OR COMBINED TRANSPORT BILL OF LADING

1. Shipper Insert Name Address and Phone/Fax	Booking No. 600242455	Bill of Lading No. 6011103600
HAIBEI WONDERFUL TRADE CO., LTD	Export References	
NO. 123 ZHONGSHAN ROAD, HAIBEI CITY, CHINA		
TEL/FAX: 86-567-2345-2326/2336		

2. Consignee Insert Name Address and Phone/Fax	Forwarding Agent and References
TO THE ORDER OF WOORI BANK, SEOUL	
	Point and Country of Origin

3. Notify Party Insert Name, Address and Phone/Fax (It is agreed that no responsibility shall attach to the Carrier or his agents for failure to notify)	Also Notify Party-routing & Instructions
LUNGWOL S.P CO., LTD	
12F DAEWOO B/D 122-5 KANGAN-DONG RO	
NGDAELU-GU SEOUL, KOREA	

4. Combined Transport* Pre-Carriage by	5 Combined Transport* Place of Receipt		
6. Ocean Vessel Voy. No. CHANG JIANG BRIDGE/00223-E	7 Port of Loading SHANGHAI, CHINA	Service Contract No.	Commodity Code
8. Port of Discharge INCHON, KOREA	9. Combined Transport* Place of Delivery	Type of Movement LCL-LCL	

Marks & Nos. Container / Seal No	No. of Container or Packages	Description of Goods (It Dangerous Goods, See Clause 20)	Gross Weight	Measurement
LUNGWOL LAMB SKIN CTN #	24CARTONS	LAMB SKIN FOR GARMENT COLOR NAVY GREY SHIPPED ON BOARD FREIGHT PREPAID CFS-CFS	792KGS	3.288CBM

Declared Cargo Value US$	Description of Contents for Shipper's Use Only (Not part of This B/L Contract)
10. Total Number of Containers and/or Packages (in words) Subject to Clause 7 Limitation	SAY TWENTY FOUR CARTONS ONLY

11. Freight & Charges	Revenue Tons	Rate	Per	Amount	Prepaid/Collect	Freight & Charges Payable at / by
AS ARRANGED						

Received. In external apparent good order and condition except as otherwise noted. The total number of the packages or units stuffed in the container, the description of the goods and the weights shown in this Bill of Lading are furnished by the merchants, and which the carrier has no reasonable means of checking and is not a part of this Bills of Lading contract. The carrier has issued __3__ original Bills of Lading, all of this tenor and date, one of the original Bills of Lading must be surrendered and endorsed or signed against the delivery of the shipment and whereupon any other original Bills of Lading shall be void. The merchants agree to be bound by the terms and conditions of this Bill of Lading as if each had had personally signed this Bill of Lading.
* Applicable Only When Document Used as a Combined Transport Bill of Lading.

Date Laden on Board SEP 5, 2014

9805 Date of Issue SEP 5,2014   Place of Issue SHANGHAI, CHINA

Signed for the Carrier, COSCO CONTAINER LINES

CNS07   2394687

ORIGINAL

1. Exporter: HAIBEI WONDERFUL TRADE CO., LTD ADD: NO.123 ZHONGSHAN RD., HAIBEI CITY, CHINA	Certificate No. **CCPIT** 082982507
	CERTIFICATE OF ORIGIN OF THE PEOPLE' S REPUBLIC OF CHINA

| 2. Consignee LUNGWOL S.P CO., LTD 12F DAEWOO B/D 122-5 KANGAN-DONG RO NGDAELU-GU SEOUL KOREA | |

| 3. Means of transport and route FROM SHANGHAI, CHINA TO INCHON, KOREA BY SEA | 5. For certifying authority use only |

| 4. Country / region of destination KOREA | |

6. Marks and numbers	7. Number and kind of packages; description of goods	8. H.S.Code	9. Quantity	10. Number and date of invoices
LUNGWOL LAMB SKIN CTN #	TWENTY FOUR (24) CARTONS OF LAMB SKIN FOR GARMENT COLOR NAVY GREY ******************************	41.02	16546.50S/F	HB14006 SEP., 2, 2014

| 11. Declaration by the exporter: The undersigned hereby declares that the above details and statements are correct, that all the goods were produced in China and that they comply with the Rules of Origin of the People's Republic of China.

海北精彩贸易有限公司 HAIBEI WONDERFUL TRADE CO., LTD

HAIBEI, CHINA, 2 SEP, 2014 Place and date, signature and stamp of authorized signatory | 12. Certification It is hereby certified that the declaration by the exporter is correct.

中国国际贸易促进委员会 中签证明专用章 (海北) CHINA COUNCIL FOR THE PROMOTION OF INTERNATIONAL TRADE (HAIBEI)

HAIBEI CHINA, SEP, 2, 2014 Place and date, signature and stamp of certifying authority |

LUNGWOL S. P CO. , LTD

12F DAEWOO B/D 122 – 5 KANGAN-DONG RO, NGDAELU-GU

SEOUL, KOREA

INSPECTION CERTIFICATE

TO：

HAIBEI WONDERFUL TRADE CO. , LTD

ADD：NO. 123 ZHONGSHAN RD. , HAIBEI CITY, CHINA

INV. NO. : HB14006   DATE：SEP 2, 2014

L/C NO. : MW1ST808NE00056

NAME OF GOODS：LAMB SKIN FOR GARMENT COLOR NAVY GREY

QUANTITY：16 546. 50S/F PACKED IN 24 CARTONS

PORT OF LOADING：SHANGHAI, CHINA

PORT OF DISCHARGE：INCHON, KOREA

THE ABOVE CAPTIONED GOODS ARE INSPECTED RANDOMLY. WE HEREBY CERTIFY THAT THE QUALITY IS IN COMPLIANCE WITH THE CONTRACT, THE GOODS ARE ALL IN GOOD ORDER FOR SHIPMENT.

For and on behalf of
LUNGWOL S.P CO., LTD

King Chungseong

Authorized Signature(s)

这时单老师说话了："按规定，汇票与提单等单据一样，修改必须经出具人证实。但我们银行一直这样操作，也从未见到过有开证行因此而拒付。搞不清到底是因为叉掉汇票上固定的不适用的文字不构成修改还是因为汇票上的'不符点'本身就不构成 UCP 意义上的拒付，反正你照办就是了。有时候，一些国家的《票据法》禁止汇票上有修改，在信用证上有禁止对汇票进行修改的条款，谨慎起见我们不用这种方法缮制汇票，让客户自己用 WORD 做个电子文档，打在白纸上，盖上章签上字也就成了。"

"还能这样啊，早知道不用辛辛苦苦对打印的位置了，直接用 WORD 做一个。"张艾笑道。

"你反正已经做好能套打的文件了，以后还是套打在我们中行的空白汇票上吧。"小赵起身拿了份空白汇票让张艾用打字机打汇票，先解决眼前的问题。

一会儿，英文打字机的"啪啪"声就传了出来。

"张艾，汇票期限是提单日后 150 天，汇票上要么打上确切的到期日，要么打上提单日，需要从汇票表面上的内容就能确定汇票的到期日。"单老师提醒张艾。

"打上提单日期吧，免得我掰手指算到期日，打哪里?"张艾边打边问。

"单独打在汇票下边的空白处也可以，或者在上面'FROM B/L'后面打上 I. E. 加提单日期也可以。"单老师回答。

"单老师你刚才说必须从汇票表面就确定到期日是什么地方规定的? 我怎么没见到过?"小赵插话。

"让你认真看一下 ISBP745，你看完没有?"单老师问。

"没看完呢。"小赵不好意思地笑了一下。

"ISBP745 PARA B2 B 款，自己看一下。"

小赵拿出 ISBP 的单行本，看一下，果然是："When a credit requires a draft to be drawn at a tenor other than sight or a certain period after sight, it must be possible to establish the maturity date from the data in the draft itself. 当信用证要求汇票的付款期限不是即期或见票后定期付款时，应当能够从汇票自身数据确定付款到期日。"

"提单上有两个日期，一个是提单签发日，一个是装运日期，这两个不一样，打哪个，应该是提单签发日吧?"张艾又碰到问题了，头也没回地问道。

"小赵你继续看 ISBP PARA B2 条 C 款的内容。"单老师没有直接回答。

"当汇票的付款期限提及，例如提单日期之后 60 天时，装船日期将视为提单日期，即便装船日期早于或晚于提单出具日期。"小赵迅速找到了相关规定，大声喊了出来算是回答张艾的问题。

NO.　HB14006

Bill Of Exchange

FOR　USD44 675.55　　　　　　HAIBEI　，　SEP. 9，2014

　　AT　150 DAYS FROM　B/L DATE THIS FIRST OF EXCHANGE（SECOND SAME TENOR AND DATE BEING UNPAID）TO BANK OF CHINA CORPORATION OR ORDER THE SUM OF U. S. DOLLARS FORTY FOUR THOUSAND SIX HUNDRED SEVENTY FIVE AND CENTS FIFTY FIVE ONLY

VALUE RECEIVED AND CHARGE THE SAME TO ACCOUNT OF _____

DRAWN UNDER　WOORI BANK SEOUL, SEOUL

L/C NO. MW1ST808NE00056　DATED AUG. 13TH, 2014

TO：　WOORI BANK, LONDON

B/L DATE：5 SEP. , 2014

　　张艾打完后从打字机上取下来，给单老师看了一下。单老师让张艾带回公司盖上单据章，再带几份盖好章的空白汇票，以免交单时间比较晚，汇票如果再有问题，公司联系不到人而无法出单。

　　"期限是见票后多少天，为什么不需要凭汇票内容就可以确定到期日？"张艾心里有个疑问，临走时终于问了出来。

　　"这个'见票'不是我们议付银行见到你们公司的汇票，而是开证行见到你们的汇票，也就是需要从开证行签收单据后才开始算。谁也不知道单据会在途中几天，所以现在不能确定汇票的到期日。"小赵抢在单老师前面回答，因为他一开始做寄单面函时，"AFTER SIGHT"的期限从自己签收单据的日期算，被单老师教育过。

本节提示

　　1. 如果信用证用"IN TRIPLICATE"、"IN FOUR COPIES"、"IN FIVE FOLDS"等措辞要求提供多份单据，可以全部提交正本文件，也可以只提交一份正本文件，其他用副本代替。

　　2. 除非信用证有特别说明，要求提供副本，既可以提供副本，也允许提交正本代替副本。

　　3. 如果不是见票后定日付款的远期汇票，必须能从汇票自身的内容确定汇票的到期日。如果是提单日后××天，提单签发日期（ISSUANCE DATE）与装船日期（ON BOARD DATE）不一致，以后者为准。

　　4. 见票后定日付款的远期信用证，到期日以信用证指定的收单银行（开证行、保兑行、信用证指定的承兑/付款银行或代理开证行处理单据和偿付的银行）签收单据日为基准日计算到期日，寄单时不能确定付款到期日。

　　5. 汇票的付款人（DRAWEE）有可能不是开证行，必须看信用证42栏。

6.4　给贸促会的钱白花了

　　张艾回到公司，在缮制好的汇票上盖章，带了几份空白盖章的汇票回到中行交给小赵。小赵很不好意思地笑着问张艾，有没有带公司的条形章。张艾说没有啊，是不是单据还有问题？

　　"这个信用证啊，要求所有的单据显示商品名称、起运港和卸货港，你那个发票和装箱单，商品名称有了，TRANSPORT DETAILS 显示了 FROM SHANGHAI CHINA TO INCHON PORT，也并没有明确表明 SHANGHAI 和 INCHON 就是装运港和卸货港，极有可能引起争议，需要另行显示装运港和卸货港。提单是没问题的，这些信息肯定有。那个韩国人签发的检验证书，倒是很完整，关键是产地证，得重做。"单老师告诉张艾。

"这不是很麻烦吗？还要去贸促会，今天肯定来不及交单了。"张艾一听要重做产地证，有点急，再让陈希跑贸促会，还不被骂死？

"其实这份产地证根本不用跑贸促会去做，你们公司自己做一份就好了。"单老师一句话让张艾心情好一些，无非是再回一次公司跑一趟银行。

"产地证还能公司自己出，也就是贸促会那份不做也可以？"

"那当然。"单老师回答得很干脆。"产地证的作用，无非是证明商品原产地，即货物的生产或制造地，进口国用于对货物确定税率待遇，进行贸易统计，或在实行数量限制（如配额、许可证等）和控制从特定国家进口（如反倾销税、反补贴税）时作为依据。如果涉及税率优惠待遇，通常需要根据国家之间的关税协议，由官方出具特定格式的原产地证。比如上次你们公司出口到巴基斯坦那一票化工产品，涉及中巴自由贸易区的税收优惠，就要求出具中巴 FTA 原产地证。韩国是'亚太贸易协定'成员国，但并不是所有产品都有关税优惠，海关有相关的税目税率清单。你们出口的羊皮服装革，也许不在关税优惠的税目清单中，也许你们的客户不知道，反正进口商没要求提供'亚太贸易协定'APTA（Asia – Pacific Trade Agreement）原产地证。信用证又没指定产地证由谁签发，根据国际银行标准实务，也就是 ISBP 的规定，产地证可以由任何人，包括受益人签发的都可接受。等中韩自贸协议签署，关税优惠范围扩大，也可能需要你提交 FTA 产地证了。"

"我原以为产地证都必须由官方或商会签发，原来由出口商自己签发也可以，这次给贸促会的钱是白花了。"张艾好像是对自己说。

"其实在实务中，有些信用证没有明确原产地证明的种类和签发人，但实际上，在合同或其他口头的协议中有约定，那么即使信用证没有规定，也需要提供按合同或其他方式约定所需要的原产地证。比如到欧盟，通常需要提供普惠制产地证 FORM A，如果信用证没有明确要求提供 FORM A，甚至合同或口头方式都没有提到产地证的种类，我个人意见，还是要跟出口方沟通一下，尽管提供一个普通的产地证并不影响交单收汇，但出于维护进出口双方良好的合作关系，出口商有必要提醒进口方是不是需要提供 FORM A 以享有进口关税方面的优惠。"单老师表达了一些自己的想法。

"这样不会产生不符点吧？"张艾问。

"不会，如果信用证规定产地证由受益人、生产商出具，那么由商会或官方出具的产地证也是可以接受的，只要产地证上注明相应的受益人或生产商名称。如果信用证没有规定产地证由谁出具，那就更没关系。"单老师对相关方面的规定还是很熟悉的。

"我理解，也就是如果信用证规定产地证由商会或官方出具，必须由信用证规定的签发人出具，如果信用证规定产地证由受益人签发，那么由商会或官方出具是可以的，如果信用证没有规定产地证由谁出具，包括受益人在内的任何机构出具都可以。所以像我们这个信用证，本来就没有必要向贸促会申请产地证。我现在就回公司做产地证，单老师你这里有没有产地证的格式？还是按贸促会的产地证格式做？"张艾很少一口气说那么多，看来是要急着回公司把产地证做好。

"没必要按贸促会的产地证格式做，我看就按你们那个韩国客户提供的检验证明的格式做就行了，把内容改成'WE CERTITY THAT THE A/M GOODS ARE OF CHINA ORIGIN'，发票和装箱单你自己另外做个 WORD 文件，把这几份文件重新放在打印机里，在空白处打上'PORT OF LOADING：SHANG-HAI, CHINA'和'PORT OF DISCHARGE：INCHON, KOREA'，字体字号与原来的最好一致，不一致也无所谓，根据 ISBP 的说法，一份单据内使用不同的字号、字体甚至手写，并不意味着修改或变更。如果在原来的'TRANSPORT DETAILS'上面加注'PORT OF LOADING'和'PORT OF DISCHARGE'重新打印，又要浪费纸张。"单老师给出了具体的建议，"汇票上让小赵帮你补上。"

"汇票上也要打上？"小赵对单老师的说法显然不太认同，"汇票应该不是商业单据啊？"

"汇票包括在'所有单据'（ALL DOCUMENTS）之中，这一点在国际商会最新的出版物中已经明确。至于汇票上的错误开证行能不能拒付，我前几年参加上级行组织的培训时曾讨论过一个案例，很有意思。让你们看看，结论你们自己判断。"单老师从文件柜中翻出了一份培训材料。材料中说的案例是：

原告青岛华天车辆有限公司收到韩国中小企业银行（INDUSTRIAL BANK OF KOREA）2004 年 3 月开立的以华天公司为受益人的信用证，信用证金额为23 900美元，见票后 90 天远期，指定开证行的天津分行为偿付行。规定的交单单据有：3 份商业发票、全套清洁已装船海运提单、3 份装箱单、3 份原产地证书。华天公司按期发货后，通过当地农行提交了上述信用证规定的全套单据。

韩国中小企业银行对华天公司提交的单据进行了拒付，理由为该行于2004 年 4 月 19 日收到的华天公司第一次提交的单据中，汇票付款日期表明见票即付，而信用证要求为见票后 90 天付款，因此单证不符。2004 年 5 月 13日韩国中小企业银行收到了寄单行寄来的修改后的汇票，但该单据的提交日期已经超过了信用证规定的最迟交单日期，被告同样有权拒绝承兑和付款。韩国中小企业银行称本案纠纷应优先适用国际商会《跟单信用证统一惯例》（当时实行 UCP500）。根据 UCP500 第 2 条规定，开证行的责任是在受益人提交的信用证项下全套单据严格符合信用证条件的情况下，才承担对受益人的承兑和付款责任，汇票是信用证要求的单据之一，其内容也必须与其他单据一样严格符合信用证的要求。受益人华天公司两次提交的汇票都不能满足信用证的要求。所以韩国中小企业银行拒付符合 UCP500 的规定，该行为并无不当，请求法院驳回华天公司对其的诉讼请求。

青岛市中级人民法院审理查明，韩国中小企业银行 2004 年 3 月 5 日开出了以华天公司为受益人的自由议付不可撤销跟单信用证。信用证金额为23 900美元，规定最迟装运日期为 2004 年 4 月 30 日，有效期为 2004 年 5 月 10 日，到期地点中国，交单期限为运输单据签发日起 10 天内但不得超过信用证有效期，装运港为青岛，目的港为韩国釜山。信用证汇票付款期限为见票后 90天，要求的单据有：商业发票一式三份；全套清洁已装船海运提单，收货人为凭韩国中小企业银行指示，注明运费已付和通知申请人；装箱单一式三份；三份原产地证书。偿付行为韩国中小企业银行天津分行。寄单行为中国农业银行胶南支行（以下简称农行胶南支行），于 2004 年 4 月 14 日向开证行韩国中小企业银行提交金额为 23 900 美元的即期汇票和信用证要求的全套单据。韩国中小企业银行于 2004 年 4 月 27 日发电拒付，拒付电文载明的不符点为：汇票上的期限为见票即付，而不是信用证规定的见票后 90 天。交单行收到拒付电后，联系华天公司重新出具了见票后 90 天的汇票并于 2004 年 5 月 10 日向开证行寄交。开证行 2004 年 5 月 19 日再次发电拒付，理由为已过交单期。此后交单行于2004 年 6 月至 7 月期间多次以 SWIFT 方式发函给韩国中小企业银行，要求其承

兑付款，但开证行均未接受。直至 2004 年 11 月 5 日，开证行回函称，"尽管存在足以引起拒付的不符点，但申请人愿支付一半的款项（11 950 美元）。如果你方同意，请通过 SWIFT 方式告知我方"。华天公司未与进口方达成降价协议。

青岛市中级人民法院认为，受益人所在地及开证行所在地均为信用证合同的履行地，即本案中华天公司所在地系涉案信用证合同的履行地之一。因此原审法院以该合同履行地在本院辖区内为由享有对本案的管辖权。在诉讼中，当事人对法律适用问题达成了一致，同意根据《跟单信用证统一惯例》1993 年修订本（国际商会第 500 号出版物，简称 UCP500）作为处理本案争议的依据。UCP500 没有规定的适用中华人民共和国实体法律作为准据法，法院对此予以确认。

本案争议的焦点之一是开证行在涉案信用证业务中拒付理由是否成立。作为开证行的韩国中小企业银行先后两次拒付，其第一次拒付的理由是华天公司通过寄单行提交的汇票期限与信用证不符，是见票即付而非信用证规定的见票后 90 天付款。对此原告华天公司主张汇票不属于信用证要求的商业单据，而是仅为付款指示金融单据。汇票上的错误不影响贸易的进行，开证行无权对其提出不符点。但开证行韩国中小企业银行主张汇票亦为信用证要求的单据之一，在其与信用证规定不符时，开证行有权拒付。法院审查后认为，信用证是开证行有条件的付款承诺，只要受益人提交的单据符合信用证的要求，银行即应承兑或付款。其中受益人提交与信用证要求一致的单据是开证行付款的条件，而信用证规定的汇票则是关于付款方式和期限的约定，因此汇票和信用证要求与之相符的单据是有所区别的。UCP500 "单据"一章对信用证业务中的单据作了具体的规定，其中不包括汇票。因此除非信用证条款中特别声明，将汇票列入其要求的单据之中，否则汇票不应属于信用证意义上的单据之列。

法院同时认为，在本案信用证中，虽然未将汇票列入其要求单据的专项条款中，却另外设定了有关汇票的专门条款。信用证作为开证行与受益人之间的合同，双方均受该合同条款的约束。在 UCP500 没有作出相应规定的情况下，双方的权利义务受《中华人民共和国合同法》的调整。按照信用证条款的规定，华天公司应当向开证行韩国中小企业银行提交见票后 90 天付款的汇票，华天公司却提交了见票即付的即期汇票，致使开证行无法按照约定的付款方式承兑付款，当然有权拒绝接受与合同不符的汇票。

所以华天公司第一次提交的汇票虽然不构成 UCP500 意义上的"不符点"，但形成了受益人单方对合同的变更，韩国中小企业银行有权不予接受。因此，韩国中小企业银行以汇票与信用证不符为由拒付款项理由成立。

华天公司提交了见票后 90 天付款的汇票后，韩国中小企业银行再次拒付的理由是已过交单期限。对此法院认为，规定交单期的本意是防止货物发运后，出口商交单时间太长引起货到单未到而产生额外的港口费用，信用证第 48 域规定的"交单期限为运输单据签发日起十日内"约束的是 46A 域中列举的用于提货清关的商业单据。汇票在本案中不属于信用证要求与之相符的单据，在信用证未作特别约定的情况下，汇票不应受到上述交单期限的限制，其迟交单并不会引起产生额外的费用或影响贸易的顺利进行。在信用证有效期内，应允许华天公司第二次提交与约定相符的汇票。且在本案中，华天公司第二次提交汇票的行为，并不会给开证行或进口商造成任何额外损失或增加风险，而只在客观上推迟了其履行付款义务的期限。因此，韩国中小企业银行第二次拒绝承兑付款的理由不成立。华天公司提出韩国中小企业银行偿还信用证项下款项 23 900 美元及利息的诉讼请求，法院予以支持。

青岛市中级人民法院依照 UCP500 和《中华人民共和国合同法》之规定，判决韩国中小企业银行给付华天公司信用证款项 23 900 美元及相应的迟付利息。

开证行不服一审判决，向山东省高级人民法院提起上诉，请求二审法院依法撤销原判，改判驳回华天公司的诉讼请求。理由如下：（1）汇票是本案信用证要求的单据之一，在汇票的内容和提交期限与信用证的规定不符时，韩国中小企业银行作为开证行有权拒付。汇票尽管没有列入 UCP500 之 D 章，但仅凭该事实不能得出汇票不属于信用证意义上的单据这一结论。特别是在开立远期承兑信用证时，汇票是信用证要求的必备单据之一。开证行在一审时提交的专家意见和判例都支持在跟单信用证下，汇票属于信用证所要求的单据，应按信用证要求向开证行提示。（2）原审判决认为"汇票不属于信用

证要求与之相符的单据……不应受到上述交单期限的限制"的同时，又认为"在信用证有效期内，应允许华天公司第二次提交与约定相符的汇票"自相矛盾。（3）华天公司第二次提交汇票是否给开证行造成额外损失或增加风险不应成为裁量韩国中小企业银行是否应承担责任的依据。在信用证业务下，开证行的义务是凭符合信用证要求的单据付款，并有权根据单据本身是否包含不符点来决定是接受单据还是作出拒付。

华天公司辩称：（1）原审判决认定汇票仅为提示付款所用，不是涉案信用证规定的信用证意义上的独立单据，事实和法律依据充分。信用证单据要求项46A栏仅规定交单时要求提交的单据为三份商业发票、全套海运提单、三份装箱单和三份原产地证书，未将汇票规定为交单时必须提交的独立单据。华天公司在信用证有效期内，修改汇票并提交正确的付款提示，不影响开证行承兑付款。（2）开证行通过电传同意支付信用证项下50%款项，这实质上是否定了自己以前拒付意思表示，表明开证行自己也认为其拒绝承兑付款的理由牵强附会。（3）华天公司提交汇票的行为未给韩国中小企业银行造成任何额外损失或增加风险，是事实。（4）开证行所列专家意见仅为一种学说，所举判例与本案情形不同，两者都不能作为定案依据。所以原审判决认定事实清楚，适用法律正确，请求二审法院驳回韩国中小企业银行的上诉请求。

山东省高级人民法院经审理，确认了一审查明的事实。本案中，华天公司对韩国中小企业银行第一次以汇票不是见票后90天付款为由拒付，没有异议。韩国中小企业银行和华天公司争议的焦点问题是，汇票是否是信用证项下的单据，汇票的交付是否应符合交单日期的约定，开证行韩国中小企业银行第二次以汇票提交超过交单期为由拒付是否成立。

该案信用证46A交单条款要求的单据为商业发票、海运提单、装箱单及原产地证书，不包括汇票。UCP500D"单据"章所列明单据均为与货物相关的商业单据，也不包括汇票。山东省高级人民法院认为，依据本案信用证的约定和UCP500的规定，汇票不是信用证项下所要求的单据，汇票为受益人向银行提示付款的单据，是受益人向付款行收取信用证款项的结算凭证。因此，本案信用证约定的交单日期不约束汇票的提交，华天公司在第一次提交汇票不符合约定的情况下，修改并在信用证有效期内提交符合信用证要求汇票的行为，应是合法有效的行为。开证行第二次拒付的理由不成立，应向原告承担支付信用证项下款项的责任。开证行关于信用证单据包括商业单据和金融单据汇票，所有单据的提交均应遵守信用证交单期限的约定，第二次提交的汇票超出交单期限，银行拒付成立的上诉理由，没有事实和法律依据，山东省高级人民法院不予支持，认为原审法院认定事实清楚，适用法律正确，应予维持。根据《中华人民共和国民事诉讼法》第一百五十三条第一款第（一）项的规定，判决驳回上诉，维持原判。

看完单老师培训资料上的案例，张艾和小赵对判决结论和依据都感到意外。显然，法院在这个判例中，认定汇票不是信用证所要求的"单据"，但提示的汇票不符合信用证的规定，仍是拒付的充分理由，因为受益人单方面改变了信用证这个合同的约定。判决作为出口商的原告胜诉，理由为汇票不是信用证所要求的"单据"，而是汇票不作为信用证所要求的单据，其提示期限不受信用证交单期的约束。从规定交单期的本意来看，这样判决确实也合乎情理。

"按这个判决，认定汇票不是信用证所要求的信用证单据，我们这个汇票不显示商品名称、装运港和卸货港也没关系。"张艾得出这个结论。

"中国银行收到因汇票错误而产生的拒付，每年都有，你不想像华天公司那样，与开证行打信用证官司吧？"单老师提醒张艾。

"那当然不希望，我们还是在汇票上打上那些信息吧。"张艾迅速妥协，"小赵你帮我加一下，我回公司修改发票和装箱单，做产地证了。"

离中行下班还有一刻钟时，张艾心急火燎地赶回了中行国业部。一到就对小赵说："你们还没下班吧，今天寄单来得及吗？"小赵告诉张艾不用着急，国际业务部加班是经常的，精彩公司的单据如果没有问题需要修改了，肯定会当天寄走。

寄单面函小赵早就在银行的国际结算业务系统中做好。单老师拿过面函和信用证，先复核了小赵的工作。

其中寄给偿付行——韩国友利银行伦敦分行的面函，单老师让小赵加上商品名称、起运港和卸货港，因为信用证上明确表示："REIMBURSEMENT MUST BE CLAIMED STATING COMMODITY, PORT OF LOADING AND PORT

OF DISCHARGE。"

张艾怕再有什么问题，留在中行，小赵让张艾去复印银行留档和给开证行的副本单据。复印好后，小赵把正本单据连同副本一起交给单老师复核。

单老师看完后，让小赵再在发票金额下面加一个"CFR INCHON，KOREA"，张艾不解，说在发票货描栏不是打了"CFR BY SEA"吗？单老师说，贸易术语后面一定要跟具体的港口或交货地，现在发票上就一个CFR，没说运费付至什么地点，肯定是不符点。张艾不再争辩，小赵知道自己没看出这个问题，不好意思地笑着接过单据，在自己的电脑上建了个WORD文档，在打印机中放了张废纸试了一下位置后，把张艾做的发票放进去，加上了"CFR INCHON，KOREA"字样，让张艾重新去复印了中行自己留存和给开证行的副本。然后把全套单据和开证行要的副本装订在给开证行——友利银行（首尔）的面函下，汇票装订在给偿付行——友利银行（伦敦）的面函下，拿出一个"ORIGINAL"章在精彩公司出具的单据上逐一盖上后装进快递信封。接着在信用证正本第一页的反面盖了个印戳，并写上有关内容：

 中国银行
BANK OF CHINA   HAIBEI BRANCH

COVERING SCHEDULE

BANK OF CHINA CORP.   DATE：9 SEP.，2014

HAIBEI BRANCH, INT'L DIV.

NO. 120 ZHENXING RD.，

HAIBEI CITY，CHINA

PLS ALWAYS QUOTE OUR REF. NO.：33050BP14003001

CREDIT NO. MW1ST808NE00056

TO：WOORI BANK, SEOUL, SEOUL

APPLICANT：LUNGWOL S. P CO.，LTD,

　　　　　　12F DAEWOO B/D 122 – 5 KANGAN – DONG RO，

　　　　　　NGDAELU-GU SEOUL, KOREA

BENEFICIARY：HAIBEI WONDERFUL TRADE CO.，LTD

　　　　　　　NO. 123 ZHONGSHAN ROAD, HAIBEI CITY，CHINA

　　　　　　　TEL/FAX：86 – 567 – 2345 – 2326/2336

DRAWING AMOUNT：USD44 675. 55

DEDUCTED：USD0. 00

TOTAL AMOUNT：USD44 675. 55

DEAR SIRS, PLS FIND HEREWITH THE FOLLOWING DOCUMENTS FOR YOUR PAYMENT：

COMMERCIAL INVOICE：   3

PACKING LIST：   3

BILL OF LADING   3/3

CERTIFICATE OF ORIGIN   3

INSPECTION CERTIFICATE   1c

COPY DOCUMENTS   1SET

INSTRUCTION TO THE ISSUING BANK/CONFIRM BANK：

　+ WE CERTIFY THAT THE DOCUMENTS CONSTITUTE A COMPLYING PRESENTION.

　+ WE HAVE ENDORSED THE DRAWING AMOUNT ON THE REVERSE OF THE ORIGINAL L/C.

　+ IF DOCUMENTS NOT ACCEPTABLE PLS ADVISE US BY TESTED SWIFT AND STATE THE REA-
SON.

　+ WE HAVE CLAIMED ON WOORI BANK, LONDON AS PER L/C INSTRUCTION.

THIS IS THE COMPUTERIZED DOCUMENT, NO SIGNATURE REQUIRED

 HAIBEI BRANCH

COVERING SCHEDULE

BANK OF CHINA CORP.   DATE：9 SEP. , 2014

HAIBEI BRANCH, INT'L DIV.

NO. 120 ZHENXING RD. ,

HAIBEI CITY, CHINA

PLS ALWAYS QUOTE OUR REF. NO. : 33050BP14003001

CREDIT NO. MW1ST808NE00056

TO：WOORI BANK, LONDON

APPLICANT：LUNGWOL S. P CO. , LTD,

　　　　　12F DAEWOO B/D 122 – 5 KANGAN – DONG RO,

　　　　　NGDAELU – GU SEOUL, KOREA

BENEFICIARY：HAIBEI WONDERFUL TRADE CO. , LTD

NO. 123 ZHONGSHAN ROAD, HAIBEI CITY, CHINA

TEL/FAX：86 – 567 – 2345 – 2326/2336

DRAWING AMOUNT：USD44 675. 55

DEDUCTED：USD0. 00

TOTAL AMOUNT：USD44 675. 55

DEAR SIRS, PLS FIND HEREWITH THE FOLLOWING DRAFTS FOR YOUR REIM. :

DRAFT：　　　　　　　2/2

INSTRUCTION TO THE REIMBURSEMENT BANK

　+ USANCE DRAFTS PAYABLE AT SIGHT BASIS, DISCOUNT CHG AND ACCEPTANCE COMM ARE FOR THE APPLICANT.

　+ WE CERTIFY THAT DOCUMENTS CONSTITUTE A COMPLYING PRESENTATION AND HAVE BEEN SENT TO ISSUING BANK TODAY

PAYMENT INSTRUCTION

　+ PLEASE REMIT PROCEEDS BY TELETRANSMISSION QUOTING OUR REF. NO. ABOVE UNDER ADVICE TO US FOR CREDIT ACCOUNT OF BANK OF CHINA CORP. H. O. （SWIFT：BKCH CN BJ） WITH BANK OF CHINA, NEW YORK, NY （SWIFT：BKCHUS33） A/C. NO. 0100001

　+ PLEASE DO NOT COMBINE PAYMENTS

NAME OF COMMODITY：LAMB SKIN FOR GARMENT

PORT OF LOADING：SHANGHAI, CHINA

PORT OF DISCHARGE：INCHON, KOREA

THIS IS THE COMPUTERIZED DOCUMENT, NO SIGNATURE REQUIRED

NO. __HB14006__

Bill Of Exchange

FOR __USD44 675. 55__ __HAIBEI__ , __SEP. 9 , 2014__

AT __150 DAYS FROM__ B2 DATE OF THIS FIRST OF EXCHANGE（SECOND SAME TENOR AND DATE BEING UNPAID）TO BANK OF CHINA CORPORATION OR ORDER THE SUM OF __U. S. DOLLARS__ FORTY FOUR THOUSAND SIX HUNDRED SEVENTY FIVE AND CENTS FIFTY FIVE ONLY

VALUE RECEIVED AND CHARGE THE SAME TO ACCOUNT OF

DRAWN UNDER __WOORI BANK SEOUL, SEOUL__

L/C NO. __MW1ST808NE00056__ DATED __AUG 13TH, 2014__

TO __WOORI BANK, LONDON__

B/L DATE: 5 SEP. , 2014

NAME OF COMMODITY: LAMB SKIN FOR GARMENT

PORT OF LOADING: SHANGHAI, CHINA

PORT OF DISCHARGE: INCHON, KOREA

海北精彩贸易有限公司

HAIBEI WONDERFUL CO., LTD

Pay to the order of

ANY BANK, BANKER OR TRUST COMPANY

For and on behalf of

BANK OF CHINA CORPORATION

Authorized Signature （s）

ISSUER： HAIBEI WONDERFUL TRADE CO. , LTD ADD：NO. 123 ZHONGSHAN RD. , HAIBEI CITY , CHINA	海北精彩贸易有限公司 HAIBEI WONDERFUL TRADE CO. , LTD ADD：NO. 123 ZHONGSHAN RD. , HAIBEI CITY , CHINA			
TO：LUNGWOL S. P CO. , LTD 12F DAEWOO B/D 122－5 KANGAN-DONG RO, NGDAELU-GU SEOUL, KOREA	装箱单 **PACKING LIST**			
TRANSPORT DETAILS FROM SHANGHAI PORT CHINA TO INCHON PORT, BY SEA	INV. NO：HB14006　　DATE：SEP. 2, 2014 S/C NO. HBSP0905 L/C NO. MW1ST808NE00056			
MARKS & NUMBER	NAME OF COMMODITY	QUANTITY	UNIT PRICE	AMOUNT
LUNG WOL LAMB SKIN CTN #	LAMB SKIN FOR GARMENT COLOR NAVY GREY 20000/S/FUSD2. 07 USD54 000. 00 COLOR D/BROWN 20 000 S/F USD2. 70 USD54 000. 00 TOTAL 40 000 S/F USD 100 800. 00 ORIGIN CHINA CFR BY SEA	**ORIGINAL**		
THIS SHIP－ MENT	LAMB SKIN FOR GARMENT COLOR NAVY GREY	16 546. 50 S/F	USD2. 70	USD44 675. 55 CFR INCHON, KOREA
SAY U. S. DOLLARS FORTY FOUR THOUSAND SIX HUNDRED SEVENTY FIVE AND CENTS FIFTY FIVE ONLY				

NAME OF COMMODITY：LAMB SKIN FOR GARMENT
PORT OF LOADING：SHANGHAI, CHINA
PORT OF DISCHARGE：INCHON, KOREA

海北精彩贸易有限公司
HAIBEI WONDERFUL CO., LTD

ISSUER： HAIBEI WONDERFUL TRADE CO．，LTD ADD：NO. 123 ZHONGSHAN RD．， HAIBEI CITY，CHINA	海北精彩贸易有限公司 HAIBEI WONDERFUL TRADE CO．，LTD ADD：NO. 123 ZHONGSHAN RD．，HAIBEI CITY，CHI-NA
TO：LUNGWOL S．P CO．，LTD 12F DAEWOO B/D 122 – 5 KANGAN-DONG RO NGDAELU-GU SEOUL KOREA	装箱单 **PACKING LIST**

TRANSPORT DETAILS FROM SHANGHAI PORT CHINA TO INCHON PORT，BY SEA	INV. NO：HB14006	DATE：SEP. 2, 2014
	S/C NO. HBSP0905	
	L/C NO. MW1ST808NE00056	

NAME OF COMMODITY	C/T NO.	PACKAGES	QTY (S/F)	G. W. (kg)	N. W (kg)	VOL (CBM)
LAMB SKIN FOR GARMENT COLOR NAVY GREY SHIP – PING MARK：LUNG WOL LAMB SKIN CIN #	1 – 24	24CTNS	16546. 50	792	744	3. 288

ORIGINAL

GROSS WEIGHT：792KGS
VOLUME：3.288CBM
QUANTITY：16 546. 50S/F
TOTAL PACKED IN TWENTY FOUR（24）CARTONS

NAME OF COMMODITY：LAMB SKIN FOR GARMENT
PORT OF LOADING：SHANGHAI，CHINA
PORT OF DISCHARGE：INCHON，KOREA

海北精彩贸易有限公司
HAIBEI WONDERFUL CO., LTD

中远集装箱运输有限公司
COSCO CONTAINER LINES

ORIGINAL

FAX:86-21-5657 2233

PORT TO PORT OR COMBINED TRANSPORT BILL OF LADING

1. Shipper Insert Name Address and Phone/Fax	Booking No. 600242455	Bill of Lading No. 5011103800
HAIBEI WONDERFUL TRADE CO., LTD NO. 123 ZHONGSHAN ROAD, HAIBEI CITY, CHINA TEL/FAX: 86-567-2345-2326/2336	Export References	

2. Consignee Insert Name Address and Phone/Fax	Forwarding Agent and References
TO THE ORDER OF WOORI BANK, SEOUL	
	Point and Country of Origin

3. Notify Party Insert Name Address and Phone/Fax (It is agreed that no responsibility shall attach to the Carrier or his agents for failure to notify)	Also Notify Party-routing & Instructions
LUNGWOL S.P CO., LTD 12F DAEWOO B/D 122-5 KANGAN-DONG RO NGDAELU-GU SEOUL, KOREA	

4. Combined Transport* Pre-Carriage by	5. Combined Transport* Place of Receipt

6. Ocean Vessel Voy. No. CHANG JIANG BRIDGE/00223-E	7. Port of Loading SHANGHAI, CHINA	Service Contract No.	Commodity Code
8. Port of Discharge INCHON, KOREA	9. Combined Transport* Place of Delivery	Type of Movement LCL-LCL	

Marks & Nos. Container / Seal No	No. of Container or Packages	Description of Goods (If Dangerous Goods, See Clause 20)	Gross Weight	Measurement
LUNGWOL LAMB SKIN CTN #	24CARTONS	LAMB SKIN FOR GARMENT COLOR NAVY GREY SHIPPED ON BOARD FREIGHT PREPAID CFS-CFS	792KGS	3.288CBM

Declared Cargo Value US$	Description of Contents for Shipper's Use Only (Not part of This B/L Contract)

10. Total Number of Containers and/or Packages (in words)
Subject to Clause 7 Limitation

SAY TWENTY FOUR CARTONS ONLY

11. Freight & Charges	Revenue Tons	Rate	Per	Amount	Prepaid Collect	Freight & Charges Payable at / by
AS ARRANGED						

Received in external apparent good order and condition except as otherwise noted. The total number of the packages or units stuffed in the container, the description of the goods and the weights shown in this Bill of Lading are furnished by the merchants, and which the carrier has no reasonable means of checking and is not a part of this Bills of Lading contract. The carrier has issued 3 original Bills of Lading, all of this tenor and date, one of the original Bills of Lading must be surrendered and endorsed or signed against the delivery of the shipment and whereupon any other original Bills of Lading shall be void. The merchants agree to be bound by the terms and conditions of this Bill of Lading as if each had personally signed this Bill of Lading.
* Applicable Only When Document Used as a Combined Transport Bill of Lading.

Date Laden on Board   SEP 5, 2014

9805 Date of Issue SEP 5, 2014   Place of Issue SHANGHAI, CHINA   Signed for the Carrier, COSCO CONTAINER LINES

CNS07   2394687

HAIBEI WONDERFUL TRADE CO. , LTD

ADD：NO. 123 ZHONGSHAN RD. , HAIBEI CITY, CHINA

CERTIFICATE OF ORIGIN

TO：

LUNGWOL S. P CO. , LTD

12F DAEWOO B/D 122－5 KANGAN-DONG RO，NGDAELU-GU

SEOUL, KOREA

ORIGINAL

INV. NO.：HB14006   DATE：SEP. 2，2014

L/C NO.：MW1ST808NE00056

NAME OF GOODS：LAMB SKIN FOR GARMENT COLOR NAVY GREY

QUANTITY：16 546. 50S/F PACKED IN 24 CARTONS

PORT OF LOADING：SHANGHAI, CHINA

PROT OF DISCHARGE：INCHON, KOREA

IT IS HEREBY CERTIFIED THAT THE ABOVE CAPTIONED GOODS ARE
OF CHINA ORIGIN.

海 北 精 彩 贸 易 有 限 公 司

HAIBEI WONDERFUL CO., LTD

LUNGWOL S. P CO. , LTD

12F DAEWOO B/D 122 – 5 KANGAN-DONG RO , NGDAELU-GU

SEOUL, KOREA

INSPECTION CERTIFICATE

TO：

HAIBEI WONDERFUL TRADE CO. , LTD

ADD：NO. 123 ZHONGSHAN RD. , HAIBEI CITY, CHINA

INV. NO. ：HB14006   DATE：SEP. 2 , 2014

L/C NO. ：MW1ST808NE00056

NAME OF GOODS：LAMB SKIN FOR GARMENT COLOR NAVY GREY

QUANTITY：16546. 50S/F PACKED IN 24 CARTONS

PORT OF LOADING：SHANGHAI, CHINA

PROT OF DISCHARGE：INCHON, KOREA

THE ABOVE CAPTIONED GOODS ARE INSPECTED RANDOMLY. WE HEREBY CERTIFY THAT THE QUANTITY IS IN COMPLIANCE WITH THE CONTRACT, THE GOODS ARE ALL IN GOOD ORDER FOR SHIPMENT.

For and on behalf of

LUNGWOL S.P CO., LTD

King Chungseong

Authorized Signature(s)

BANK OF CHINA CORP.，HAIBEI BRANCH

DATE		OUR REF.
SEP. 8 2014		33050BP14003001
BILL AMOUNT	BALANCE	INITIAL
USD44 675. 55	USD68 724. 45	赵

等小赵填写完后，张艾拿起信用证看了一下，问道："这就是'每次交单的金额必须背批在信用证的反面'？"（信用证上指示：THE AMOUNT OF EACH DRAFT MUST BE ENDORSED ON THE REVERSE OF THIS CREDIT）

单老师见小赵还在登记相关的登记簿，便替小赵答道："是的，你看我们面函上声明了'WE HAVE ENDORSED THE DRAWING AMOUNT ON THE RE-VERSE OF THE ORIGINAL L/C'，并不是随便说说的，而确实是不折不扣照做的。不使用印戳，就在信用证背面写一下这些内容也可以。但绝不能不做，现在上级行业务主管部门和稽核部门对基层行业务操作规范性检查是非常认真的。这样一批，这份正本信用证你再拿到其他行去交单，其他银行就知道你公司已经在中行交过单，可以杜绝更换议付行引起信用证超支。"

张艾直到小赵他们把单据装进快递信封，抄下了快递编号才离开中行。这份韩国的信用证，很简单的单据条款，也一波三折，单证这个工作，原以为简单，其实也不太好干。

本节提示

1. 汇票上的错误，业界通常认为不构成 UCP 意义上的不符点，但也是开证行拒付的理由，为避免开证行借题发挥，汇票也必须视作信用证项下的单据认真对待，信用证要求在"所有单据"上显示的内容，汇票上也必须显示。

2. 如果信用证没有规定原产地证明由谁签发，由厂商或官方机构、商会签发的产地证都可接受。如果信用证规定由受益人或其他厂商出具，由官方机构或商会出具并显示了受益人或其他厂商名称的产地证也可接受。如果信用证指定了产地证由官方机构或商会出具，则必须由指定的官方机构或商会出具。

3. 与关税优惠有关的原产地证明种类繁多，常见的有普惠制原产地证明（GSP FORM A）、中国—东盟自贸区性原产地证书（FORM E）、中国—巴基斯坦自由贸易区原产地证明（FORM P）、亚太贸易协定原产地证明书（FORM B）等，信用证如需要提交，及时向有关机构申办。

4. 贸易术语必须明确具体交货港口或地址，不能什么也不跟或只有地理范围，即使信用证上没有规定。在信用证单据上以"CFR BY SEA"、"FOB CHINA"、"CPT PAKISTAN"等表示贸易术语是错误的，应根据具体情况显示成"CFR INCHON, KOREA"、"FOB SHANGHAI, CHINA"、"CPT KARACHI, PAKISTAN"等形式。

5. 信用证指示议付行必须在正本信用证反面签注已支用金额、索汇时必须显示商品名称、起运港口、目的港等指示，管理规范的议付行除按信用证规定在面函上声明外，实务中也切实照办。

6.5　单据上的"唛头"，内容可以比信用证规定的多？

在张艾忙着准备假远期信用证的单据这几天，汇丰那份信用证项下出口中国香港的服装，已装箱出货，可以准备单据了。签发提单所需的资料，陈希已经提供给货代，等货代出提单草稿给精彩公司确认。

李波关照张艾，发票和装箱单要根据客户提供的格式做，并给了张艾一个客户提供的格式。张艾接过来一看，发票反正大同小异，装箱单是一个明细格式的，要求列明每一箱的包装的规格和款号。

根据陈希提供的装箱资料，共发运了5 018件，比信用证规定的5 000件多了18件。但信用证规定有5%的溢短装，张艾按了下计算器，上限有5 250件可装，5 018件肯定是允许的。

很快就做好了客户规定格式的发票和装箱单，张艾自己感觉做份发票和装箱单已经轻车熟路。做完事有得闲，看了看同学群，有人在抱怨香港汇丰审单太挑剔，让张艾想起当初收到信用证向单老师请教相关问题时，单老师也说起过汇丰很会维护自己的利益，审单挑剔也在情理之中。再加上前两笔单据反复修改的教训，张艾不敢拖延，先打个电话给单老师，问一问这份汇丰的信用证，做单据时要注意些什么。

单老师告诉张艾，这份信用证单据条款没什么特别之处，但也有几个地方需要注意。一是保险单的出具日期，不能迟于装船日。二是保险险种信用证规定的是"协会条款"（INSTITUTE CLAUSES），国内的保险公司，一些出具保单的软件或网上投保系统，把保险条款固定化了，一不小心就做成"PICC"条款。三是产地证指定由当地商会出具，中国没有商会，贸促会代行商会职能。在贸促会申办产地证后，别忘了让贸促会盖上商会章。四是传真装船通知时，别忘了把传真机设置成打印传真报告，免得自己用 WORD 编造，左看右看都不怎么像。

张艾把单老师说的要点写了下来，交给陈希，让陈希申办产地证、投保时注意。陈希根据张艾做的发票，在网上申请了产地证。船公司还没有把提单副本给公司，船名、航班号等信息还不知道，保险暂时还无法办理。和货代联系了一下，下午可以把提单草稿传真给精彩公司。办完这些事，陈希与李经理又出门了。

张艾和做单证的同学们比起来，见过的信用证类型比较多，而且对那些信用证，单老师给张艾讲解得很详细。在同学群中讨论的问题，张艾的发言显得很专业，大家都认可张艾为群里信用证单证的专家。张艾很谦虚，说都是问银行老师的。就有同学抱怨自己的银行，有什么问题问银行的审单人员，人家往往爱答不理——其实这也难怪人家，分行一级的单据中心审单人员，一天看上几十套出口单据，哪有心情和时间去耐心地回答客户的问题？于是有的同学有问题也不再找自己银行的国际结算人员，干脆找张艾，张艾不懂，让张艾问银行。张艾虽然有些忙了，但自己有心多学些信用证单证方面的知识和技巧，所以也乐意担当这个角色。

经理不在，张艾泡在 QQ 上的时间就相对多些。这天张艾做完手头上的事，看到同学群已屏蔽了几十条信息，打开一看，在讨论提单问题。一个同学的公司，收到一份信用证，提单签发条款是"ISSUED OR ENDORSED TO THE ORDER OF ISSUING BANK"，大家正在讨论，有说把这句话全文照打到提单上就行了，有说照打肯定不行，提单的"CONSIGNEE"应该打上"TO

THE ORDER OF ISSUING BANK"，有人反对，说不是要背书给开证行吗（ENDORSED TO THE ORDER OF ISSUING BANK），"CONSIGNEE"肯定不能打开证行，否则就不用背书了，比较一致的意见是，措辞用了或者（OR），两者选一就行了。张艾尽管做过两套单据了，但其中一套是空运单，一套海运提单也没提到背书问题，"背书"一词虽然多次翻译到，但从未实际做过，也不知道具体怎么做。张艾觉得深受大家信任，不敢轻易表态。拿出刚交单的韩国信用证对照了一下提单签发的相关表述，"MADE OUT TO THE ORDER OF WOORI BANK SEOUL"，如果把"MADE OUT"改成"ISSUED"，把上面一句的"OR ENDORSED"抽掉，"ISSUING BANK"就相当于"WOORI BANK SEOUL"，两句话的表述其实是一致的。可以肯定的是，如果不知道"ENDORSED TO"怎么做，提单就签发成"TO THE ORDER OF ' ISSUING BANK'"就可以。至于"ISSUING BANK"是原文照打，还是打上开证行的实际名称，张艾倾向于打上实际的开证行名称。但既没有实际操作过，又没得到银行老师的确认，这样理解是否正确张艾没有十分的把握。

　　闲着也是闲着，张艾决定打电话向单老师请教一下。单老师肯定了张艾的看法，如果信用证规定提单"ISSUED OR ENDORSED TO THE ORDER OF ISSUING BANK"，提单签发成"凭开证行指示"（TO THE ORDER OF ISSU-ING BANK），即提单的"CONSIGNEE"栏打成"TO THE ORDER OF ×××BANK"（开证行名称），不用背书，肯定是可以的。如果做成"背书给凭开证行指示"（ENDORSED TO THE ORDER OF ISSUING BANK），也行，具体做法是在提单的"CONSIGNEE"栏打成空白抬头（TO ORDER）或凭发货人指示抬头（TO THE ORDER OF SHIPPER），然后在正本提单的背面打上"TO THE ORDER OF ××× BANK"（开证行具体名称），盖章并签字进行背书，也符合信用证的规定，两者选一，前者方便些。

　　得到了单老师的答复，张艾对自己越来越自信了。显然，不请教单老师，提单条款中类似"ISSUED OR ENDORSED TO THE ORDER OF ISSUING BANK"这类指示，张艾自己已经能正确理解和操作。把单老师那里确认过的理解和建议在QQ群中一说，并表示银行的老师也是这么说的，开始提问的同学一个劲地感谢张艾，一些同学开始调侃地称张艾为"张老师"了。正聊得热闹，传真电话铃响了，张艾起身看到是提单草稿。于是暂别群里的同学，

Shipper HAIBEI WONDERFUL TRADE CO., LTD NO. 123 ZHONGSHAN ROAD, HAIBEI CITY, CHINA TEL/FAX: 86-567-2345-2326/2336		B/L No. KKLU0812344

"K" LINE
KAWASAKI KISEN KAISHA, LTD.

BILL OF LADING

Consignee TO ORDER	Client Ref.

**ALL TERMS, CONDITIONS
AND EXCEPTIONS AS PER
ORIGINAL BILL OF LADING**

Notify party
BRILLIANCE TRADE CO., LIMITED
FLAT D, 17/F., BRILIANCE COMMERCE MANSION,
1-3 THE GARDEN ROAD, CENTRAL HONG KONG
TEL/FAX:00853-2238 2388/2399

Pre-Carriage by WAN HAI		Place of receipt HAIBEI, CHINA
Ocean Vessel BOSPROUS BRIDGE / 00237E	Voy. No.	Port of loading SHANGHAI, CHINA
Port of discharge HONG KONG	Place of delivery HONG KONG	* Final Destination (for the Merchant's reference)

Container No.	Seal No. Marks and Numbers	No. of Containers or pkgs.	Kind of packages, description of goods	Gross weight	Measurement
KKTU7480732 KKTU7569049 AKLU6014284 GATU1144758 KKTU7179816	EAD04766 EAD18659 EAD15488 EAD21212 EAD21227		SHIPPER'S LOAD AND COUNT. 5 X 20' DRY CONTAINERS SAID TO CONTAIN: 5018 PCS OF LADIES' COAT FIVE CONTAINERS ONLY. NO OF CARTONS: 251	6,272.50KGS	125CBM
	MADE IN CHINA BRILLIANCE ART# CTN#		FREIGHT PREPAID		

PARTICULARS FURNISHED BY SHIPPER

COPY
NON-NEGOTIABLE

Declared Value US$		If shipper enters a value, the ad valorem rate will be charged (See Clause 24)			
Total No. of Containers or Packages (in words)	FIVE (5) CONTAINER(S) ONLY				
Freight and Charges	Revenue Tons	Rate	Per	Prepaid	Collect

Ex. Rate	Prepaid at	Payable at THREE (3)	Place and date of issue
	Total prepaid in local currency	No. of Original Bts/L	KAWASAKI KISEN KAISHA, LTD. AS CARRIER

CS
/L

SHIPPED on board the Vessel
Date 15 SEP., 2014   By   By

Form KRL-009/4 (88, 11)   USA Standard Form A)

开始核对提单草稿。

　　这份草稿，其实就是一份副本提单，要素齐全。张艾拿起传真，把托运人、通知方、货物描述、唛头等要素都核对了一遍。发现唛头比信用证规定的多了"ART#"和"CTN#"两行，还有就是装船批注和签发人签字处没签字，正式签发正本时货代公司肯定不会忘，应该不是个问题。在传真上的"CTN#"、"ART#"下面用铅笔画上线，旁边写上"与信用证规定不一致，删去"，在装船批注和签发位置写上"未签字"后，本来准备直接传真给货代公司确认，不再麻烦单老师了，左思右想还是不放心，拨号时改成传真到中行，然后打电话让单老师把把关，万一正式提单签下来了，修改是很麻烦的事。

中行是小赵接的电话，说单老师不在，他可以先看一下。过了一会儿小赵打电话给张艾，说唛头这样打应该没问题的，根据 ISBP 的规定，唛头的内容可以比信用证规定的多。ISBP 规定这种情况是允许的，汇丰经营作风很严谨，应该不会据此拒付。所以这个提单的唛头没问题，无须让货代公司修改。张艾边听电话边查了一下 ISBP 的规定，原文的措辞是："When a credit specifies the details of a shipping mark, documents mentioning the shipping mark are to show those details. The data in a shipping mark indicated on a document need not be in the same sequence as those shown in the credit or in any other stipulated document. 当信用证规定唛头的细节时，载有唛头的单据应当显示该细节。单据唛头中的数据的顺序，无需与信用证或其他规定单据上的一样。"及"The fact that some documents show additional information as mentioned in paragraph A33 and paragraph A34（a），while others do not，will not be regarded as a conflict of data under UCP600 sub－article 14（d）. 一些单据的唛头显示了第 33 段和第 34 段 a 款中所提及的额外信息而其他单据没有显示，如此不视为 UCP600 第 14 条 d 款的数据矛盾。"

张艾听完小赵的电话后，自己又逐字把提单的内容与信用证相关栏位勾对了一遍，确认无其他问题，正准备打电话给货代公司确认，电话铃响了，是单老师。

单老师对张艾讲，这份提单还有个隐蔽性很强的问题，就是货物的接收地（PLACE OF RECEIPT）与装运港（PORT OF LOADING）不在同一地点，装船批注（ON BOARD NOTATION）要求与两者在同一地点的提单不一样。如果货物的接收地与装运港是同一地点，装船批注只要有"ON BOARD"字样和日期就行了。如果货物的接收地与装运港口不一致，装船批注必须注明实际承运船只名称和装运港口的名称，即使它们与提单上船名和装运港口栏位显示的名称是一致的。

这点张艾觉得很奇怪，提单上明明在固定的栏位打上了运输船只的名称和装运港口的名称，为什么要在装船批注中重复一遍？

单老师告诉张艾，在实施 UCP500 时，中行就曾因为这个问题被南非标准银行（STANDARD BANK OF SOUTH AFRICA）的伦敦分行拒付过。

当时一家企业向南非出口橡胶制品，开证行为南非标准银行伦敦分行，信用证规定的装运港为上海（SHANGHAI），目的港为南非的德班（DUR-BAN）。受益人发货后，提单上显示的货物接收地（PLACE OF RECEIPT）为宁波（NINGBO），装运港为上海（SHANGHAI），其他要素均符合信用证的规定。当时中行审单时没注意这个问题，按相符交单出单，结果被开证行拒付。开证行的拒付电文对不符点描述比较笼统，就是"ON BOARD NOTATION NOT AS PER UCP500"（装船批注不符合 UCP500 的规定）。单老师拿出留存的单据副本，研究了老半天看不出什么问题，决定抗辩："我们不接受你们×××日的拒付，经检查我们留存的文件副本，装船批注明确显示了ON BORAD 字样、装运日期，符合 UCP500 关于装船批注的规定，请贵方检查这一事实并适时承付云云。"电文发到省行复核授权，省行的主管要单老师他们把提单的副本传真过去，单老师他们就照办了。结果省行回电，这也能抗辩啊？让单老师他们仔细看看 UCP500 第 23 条的规定。

在单老师他们那 UCP500 这类文件，基本上是人手一份的。翻到第 23 条有关海运提单的规定，果然明确规定"If the bill of lading indicates a place of receipt or taking in charge different from the port of loading, the on board notation must also include the port of loading stipulated in the Credit and the name of the vessel on which the goods have been loaded, even if they have been loaded on the vessel named in the bill of lading. This provision also applies whenever loading on board the vessel is indicated by pre-printed wording on the bill of lading."（如提单上注明的收货地或接受监管地与装货港不同，货已装船的批注仍须注明信用证规定的装货港和实际装货船名，即使已装货船只的名称与提单注明的船只名称一致，亦应如此。本规定还适用于任何由提单上印就的词语来表示装船情况。）

单老师他们不得不承认，在不符点的认定上，自己跟号称发明了信用证国家的银行相比，水平还是有差距的。只能放弃抗辩，让受益人与进口商接洽，接受该不符点。该笔业务的交易双方有多年的合作关系，而且1/3正本提单已经寄申请人，之所以采用信用证结算无非是解决双方融资的问题，所以

即使单据有不符点，也是开证行扣一笔不符点费用的问题，不会造成其他方面的重大损失。事实上开证行也很快承兑了该笔单据。但要是贸易上合作双方有不愉快，那问题就大了。

听完单老师的叙述，张艾心里还有个疑问，UCP500 的条文确实不熟悉，但 UCP600 张艾已经粗略看过一遍，印象中没有类似的规定。

"那单老师 UCP600 也有同样的规定吗？"张艾忍不住问。

"怪就怪在起草 UCP600 的时候，ICC 起草委员会的专家不知出于什么考虑，把这个规定抽掉了。在 UCP600 实施前的历次培训中，比较 UCP600 和 UCP500 的不同之处时，银行业的人士其实早就注意到了这个问题。相当多的从业人员认为 UCP600 已经对装船批注不再做这种要求，也有部分人认为 UCP600 的条款隐含有同样的要求。等适用 UCP600 的银行标准实务（ISBP681）标准出台，令人失望的是，还是没有对该问题进行明确的规定。当时我们在审核进口单据时，注意到境外物流企业签发的提单，还是严格按 UCP500 规定来做装船批注的。后来上级行的领导参加了 ICC 的年会，现场请教了 ICC 的专家，结论是国际商会在这一问题上从未改变过立场。直到见到国际商会未出版的 TA655 号答疑，才算看到了国际商会书面的结论：有关对装船批注的要求，UCP600 与 UCP500 没有区别。我们就这一问题也讨论过，大家认为，其实我们把 'ON BOARD' 翻译成'装船'，而在英文中，装上车或其他运输工具也可以用 'ON BOARD' 来表达，如果 'ON BOARD' 批注后面没有港口和运输船只名称，可以理解成在货物接收地装上了卡车之类的运输工具。"

"ISBP745 在 2013 年通过后，表明 ICC 在这个问题上的立场又发生了转变。根据 ISBP745 E6 段 B 和 C 款的规定，如果提单显示了不同于信用证规定的装运港的收货地，并显示了前程运输工具，才需要注明船名与信用证规定装运港的装船批注。如果只显示了不同于装运港的收货地，而没有前程运输工具名称，装船批注则无须显示装运日期外的额外信息。"

"很不巧，你这份提单草稿上显示了前程运输工具名称，看样子是内河驳轮的船名，所以装运批注必须显示船名与装运港口。"

"真复杂。我通知我们的货代公司在批注中加上船名和装运港。谢谢单老师，我差点向货代确认提单了。其他没问题吧？"张艾说道。

"不用谢。你单据交我们中行，我有责任这样提醒你。其他没什么问题。"

挂断单老师的电话，张艾在提单副本的传真上，用橡皮擦去唛头内容中画的线和旁边加注的字，在左下角"SHIPPED ON BOARD THE VESSEL"处写上"请注明船名和港口名称"，然后传真给了货代公司。

　　不一会儿，货代公司就来了电话，告诉张艾，船名和装运港口已经在"NAME OF VESSEL"和"PORT OF LOADING"栏注明了，问张艾是不是没看清楚。张艾明确告诉货代公司，根据银行对信用证项下交单单据的要求，显示了前程运输工具名称的，实际装运船只的名称和装运港名称即使与提单相应栏位显示的名称一致，也必须在装船批注中重复一遍。

　　听到张艾说得那么明确，货代公司尽管表示他们虽然从未这样做过，但还会按精彩公司的要求办，稍后会把修改好的提单再传真给精彩公司。

Shipper
HAIBEI WONDERFUL TRADE CO., LTD
NO. 123 ZHONGSHAN ROAD, HAIBEI CITY, CHINA
TEL/FAX: 86-567-2345-2326/2336

B/L No.
KKLU0812344

Consignee
TO ORDER

K "K" LINE
KAWASAKI KISEN KAISHA, LTD.
BILL OF LADING

Client Ref.

ALL TERMS, CONDITIONS AND EXCEPTIONS AS PER ORIGINAL BILL OF LADING

Notify party
BRILLIANCE TRADE CO., LIMITED
FLAT D, 17/F., BRILIANCE COMMERCE MANSION,
1-3 THE GARDEN ROAD, CENTRAL HONG KONG
TEL/FAX:00853-2238 2388/2399

Pre-Carriage by	Place of receipt
WAN HAI	HAIBEI, CHINA

Ocean Vessel	Voy. No.	Port of loading
BOSPROUS BRIDGE / 00237B		SHANGHAI, CHINA

Port of discharge	Place of delivery	* Final Destination (for the Merchant's reference)
HONG KONG	HONG KONG	

Container No. Seal No. Marks and Numbers	No. of Containers or pkgs.	Kind of packages, description of goods	Gross weight	Measurement
KKTU7480732 EAD04766 KKTU7569049 EAD18659 AKLU6014284 EAD15488 GATU1144758 EAD21212 KKTU7179816 EAD21227		SHIPPER'S LOAD AND COUNT. 5 X 20' DRY CONTAINERS SAID TO CONTAIN: 5018 PCS OF LADIES' COAT FIVE CONTAINERS ONLY. NO. OF CARTONS: 251 FREIGHT PREPAID	6,272.50KGS	125CBM

MADE IN CHINA
BRILLIANCE
ART#
CTN#

COPY
NON-NEGOTIABLE

PARTICULARS FURNISHED BY SHIPPER

Declared Value US$	If shipper enters a value, the ad valorem rate will be charged (See Clause 24)

Total No. of Containers or Packages (in words)　　FIVE (5) CONTAINER (s) ONLY

Freight and Charges	Revenue Tons	Rate	Per	Prepaid	Collect

Ex. Rate	Prepaid at	Payable at	Place and date of issue
	Total prepaid in local currency	THREE (3) No. of original Bisl/L	KAWASAKI KISEN KAISHA, LTD. AS CARRIER

C S
/L

SHIPPED on board the Vessel BOSPROUS BRIDGE AT PORT: SHANGHAI, CHINA
Date　SEP. 15, 2014
By ....　　By ....

Form: KRN-029/4 '89, 1'1｜　　　　　USA Standard Form A1

下午，张艾收到了货代公司修改的提单副本。她检查了一下，左下角装船批注处已按要求显示了船名和装运港名称。

　　陈希看到已经有提单副本了，就联系保险公司谈投保事宜。保险公司听说是出具信用证需要提交的保险单据，让精彩公司把信用证上有保险条款那一页与发票、提单副本与投保单一起传真过去，以免出具的保险单不符合信用证要求。看来保险公司做出口货物运输保险，还算专业，知道信用证对保险条款可能有不同要求，出具前先看一下信用证。

　　给保险公司传真好文件，陈希打电话给保险公司的客户经理，确认已经收到传真，并对几个传真上看不太清楚的地方进行了核对确认后，与张艾一起收工各自回家。

本节提示

　　1. 如果信用证对唛头的细节作了规定，单据显示的唛头必须包括信用证规定的全部内容，但允许有额外的信息。不得与信用证规定矛盾，单据之间保持一致。

　　2. 如果提单显示了前程运输工具名称的，装船批注必须显示实际的装运港口和船只的名称，即使它们与提单的装运港口和船名栏显示的名称一致。这是一个国内货运公司出具提单时普遍忽略的问题。

　　3. 信用证如果需要提交保险单，办理保险时，需要把信用证保险条款的内容通知保险公司，以保证保险单符合信用证的要求。

6.6　多一分不多，少一分不少

　　第二天，经理和陈希他们看来又直接去厂家了，张艾守在办公室。张艾的同学在大城市工作的较多，上班时间比较晚，QQ上的头像基本上是灰的，都没有上线。张艾看看没有要紧的事要办，抽出汇丰那份信用证、发票、装箱单和副本提单，学着银行小赵他们的样子，用铅笔逐字勾对了一遍。拼写上应该都没有什么问题了，但发现提单上后来加的船名和装运港"BOSPROUS BRIDGE AT PORT：SHANGHAI, CHINA"字号、字体与其他内

容都不一致，会不会被银行认为是伪造的？前一天已经打电话告诉货代公司确认提单没问题，现在又告诉他们有问题需要改不太好意思。以前听单老师说过，同一份单据上，使用不同的字号和字体甚至手写并不意味着是对单据的修改。但单老师上次说的时候是针对发票、装箱单等受益人自己出具的单据，而提单不是受益人自己出具的，还是让银行的老师确认一下。

小赵听完张艾的叙述，非常肯定地告诉张艾，这个不是问题，ISBP 的规定是针对信用证要求的所有单据，并不针对受益人自己出具的单据。针对受益人自己出具的单据和非受益人出具的单据，如果有修改，只是在是否需要出具人证实这个问题上有区别。根据 ISBP 的相关规定，受益人自己出具的单据，除了汇票，更正无须证实，而不是受益人出具的单据，更正必须由原签发人证实。

张艾听后，感觉有些不可思议："那是不是我们公司自己出具的单据，发票、装箱单之类，有什么错误，直接用修正液涂去，写上正确内容就可以？"

"理论上是这样。"小赵的答复是肯定的。

"那以后要是我们的单据有错误，也不用通知我们了，你帮忙直接改一下是不是可以？"张艾问。

"那恐怕不行。现在我们在处理单据时，不管是谁签发的单据，包括受益人自己出具的单据，如果有修改，还要求在旁边盖更正章加以证实。按单老师的说法，UCP500 实行了 10 多年，习惯性还在，受益人自己出具的单据如果不加证实，有些开证行可能还习惯性地拒付，徒费口舌。这样，你让你们公司刻个小圆章放我们这里，如果单据上有小的拼写错误之类需要修改，可以帮你直接改一下，省得你总是跑银行。事实上根据我们银行国际结算业务的内部规定，是禁止替客户修改单据的。如果需要修改的内容较多，还是需要你们公司自己进行修改的。"

"是这样啊？只要提单没问题就好，刻小圆章的事，我跟经理说说看。"张艾嘴上这样说，心里想，还不如自己小心一点，尽量少出错为上。提单已经确认没问题，张艾心情不错。

下午经理他们还没来办公室，张艾一个人闷闷的，有点犯困。正坐着闭目养神呢，保险公司的业务员把保险单送过来了。张艾以为与提单一样，是个要确认的副本什么，心想保险公司还挺认真的，派人送过来。但接过一看，已经是保险单的正本了。保险公司的业务员60岁左右，笑容和蔼可亲，自称老王，告诉张艾如果保险单有问题，尽管找他，留下名片后就走了。

张艾还没有审核过保险单，对投保人的名称、发票号、起运港、目的地、船名航班号、货物名称、数量、唛头等基本信息核对了一下，跟信用证和其他单据完全一致。保险的险种表述与信用证有些区别，信用证要求是"COVERING INSTITUTE CARGO CLAUSE（A）"，保险单上是"COVERING MARINE RISKS AS PER INSTITUTE CARGO CLAUSES（A）DATE 1/1/1982"，应该没问题，就是单老师说的保险公司打保单的系统把条款固定化没法按信用证表述镜像一致地出单。出单日期早于开船日期，也是正确的。

用计算器把保险金额除以发票金额，发现了一个问题，保险比率是1.099……，不到信用证规定的110%，是四舍五入的问题，这行不行啊？张艾凭自己的直觉，应该不可以，拿起电话要找老王，让保险公司重出保险单。她转念一想，还是先问下银行，如果银行认为四舍五入没问题，那就免得再麻烦保险公司了。

打通了单老师的电话，单老师对张艾说，真的很巧，刚刚在跟省分行国际部的主管讨论这个问题，根据国际商会的意见，保险金额四舍五入造成保险比率略低于信用证规定的比率是允许的，不能当成不符点。

据单老师所说，他们处理出口单据时，遇到这种情况，通常要求出口商投保时，保险金额小数点第三位不够四舍五入，保险金额也加上一分，倾向于认为四舍五入后保险金额不足信用证规定的投保比率构成不符点。

前些年他们中行有笔进口信用证到单，客户想拖延一下付款时间，让单老师他们看看有没有不符点可以拒付。单老师他们审核的结果，就是保险金额四舍五入后不到信用证规定的110%最能站得住脚，于是打电话征询省行主管的意见。

省行国际部的结算主管告诉单老师，国际商会有一个针对这个问题的答疑。根据国际商会的解释，保险金额第三位四舍五入是行业惯例，如果一项向保险公司或者其代理索赔的（金额）货币单位直到小数点后三位，那么保险公司或者其代理将无法作出付款。作为审核保险单据相符的标准，计算到

小数点后两位即代表了国际银行实务的标准了。结果单老师他们只能说服客户按期付款，未进行拒付。

2013 年通过的 ISBP745 PARA K13 明确了："There is no requirement for insurance coverage to be calculated to more than two decimal places. 保险金额不要求保留两位以上的小数。"

结果单老师他们只能说服客户按期付款，未进行拒付。

张艾明白了保险金额可以四舍五入后又问了一句，保险比率高于信用证的规定是不是肯定没问题。

单老师说，在 UCP500 时代，有少数开证行对保险比率高于信用证的规定，不是严格的信用证规定的投保比率也视作不符点进行拒付。但这种拒付是不成立的，国际商会有一个明确的意见，信用证规定的投保比率是最低的限度，高于这个比率是允许的。这一意见直接体现在了 UCP600 中，免得银行间再起无谓的争议。UCP600 第 28 条中有明确规定，"A requirement in the credit for insurance coverage to be for a percentage of the value of the goods, of the invoice value or similar is deemed to be the MINIMUM amount of coverage required".（信用证对于投保金额为货物价值、发票金额或类似金额的某一比率的要求，将被视为对最低保额的要求。）

张艾笑着对单老师说，保险金额涉及四舍五入的，是多一分不多，少一分不少的。单老师深表赞同。

不过单老师还是对张艾说，这次保险单已经签发了，就算了，如果以后有这种情况，提醒一下保险公司，还是多保一美分为好。并不是所有开证行的审单人员都很专业或认同国际商会专家的意见。

确认保险金额没问题，张艾顺便又问了一下保单上显示的保险险种与信用证规定有一点差别的问题，单老师说那是没有问题的，只要确认投保的是信用证规定的同一险种，具体表述有点区别不构成不符点。当信用证规定投保"一切险"时，如保险单据载有任何"一切险"批注或条款，甚至没有"一切险"标题，银行都可接受。

中国平安

中国平安财产保险股份有限公司
PING AN PROPERTY & CASUALTY INSURANCE COMPANY OF CHINA, LTD

Claim documents posted must to
Marine Claim Section, National Integrated
Operation Center, Ping An Insurance
(Group) Company of China Ltd
PO BOX 201-003,
Shanghai 201003, P.R.China
Tel:+86-755-9551 2
Fax: +86 21-5077 4753
E-mail: marine-claim@pingan.com.cn

No. 0032120100349   货 物 运 输 保 险 单
CARGO TRANSPORTATION INSURANCE POLICY

◆ 以下信息来源于您的投保申请，是为您提供理赔及但后服务的重要依据，请务必仔细核对。如有错误及遗漏请立刻拨打95512申请修改。
Please confirm the accuracy of following information to ensure that we can provide effective claim and other service accordingly. Should you have any query, please contact us by +80-755-95512

被保险人： Insured:	HAIBEI WONDERFUL TRADE CO., LTD
通讯地址及邮编： Address:	NO.123 ZHONGSHAN RD.,HAIBEI CITY, CHINA TEL/FAX:86-567-2345-2326/2336

中国平安财产保险股份有限公司根据被保险人的要求及其所支付约定的保险费，按照本保险单承保险别及双方订明的条件，承保了运货物运险险险，对工本保险单。
This Policy of Insurance witnesses that Ping An Property & Casualty Insurance Company Of China, LTD, at the request of the Insured and in consideration of the agreed premium paid by the Insured, undertakes to insure the undermentioned goods in transportation subject to the conditions of Policy as per the clauses printed overleaf and other special clauses attached hereon.

保单号 Policy No.	210000002010080811	赔款偿付地点 Claim Payable at	HONG KONG IN USD
发票及提单号 Invoice No. or B/L. No.	KKLU0812344	委知代理人 Survey By:	CHINA PINGAN INSURANCE (H.K.) CO., LTD 11/F., DAHSING FINANCIAL CTR., N0.108
运输工具 Per Conveyance S.S.	BOSPROUS BRIDGE/00237E		GLOUCESTER RO., WAICHAI, HONG KONG TEL:(852)2327 1833 FAX:(852) 2302 0013
起运日期 Slg. on or abt	15 SEP., 2014 自 From SHANGHAI, CHINA		
	至 To HONG KONG		

保险金额 Amount Insured	USD68,059.13 (SAY U.S. DOLLARS SIXTY EIGHT THOUSAND FIFTY NINE AND CENTS THIRTEEN ONLY

保险货物项目，标记，数量及包装： Description, Marks, Quantity & Packing of Goods:	承保条件 Conditions:
COMMOTITY: LADIES' COAT QUANTITY: 251CARTONS (5018PCS)	COVERING MARINE RISKS AS PER INSTITUTE CARGO CLAUSES (A) DATED 1/1/1982

SHIPPING MARK:

    MADE IN CHINA

    BRILLIANCE

    ART#

    CTN#

ORIGINAL

保单正本：3份
Number of Originals：3

保单日期
Date: 12 SEP., 2014

For and on behalf of
**PING AN PROPERTY & CASUALTY INSURANCE
COMPANY OF CHINA, LTD.**

Authorized Signature

复核：YAO JUAN   制单：HONG JIE

保单地址及电话
Issuing Address & Tel.   PINGAN MANSION NO. 118 JIEFANG RD., HAIBEI, CHINA
(0086) 567 2342 2343

单老师还说，保险条款是信用证单据中最难把握的条款之一，很多来自欧洲的进口信用证单据，就按开证行开立的信用证上的条款一字不改地照抄。出口单据这样做也最保险，无论多么挑剔的开证行，都不可能再对保险条款构成不符点来拒付。但国内不少保险公司的业务系统，把保险条款逐条固定化，只能在其中选择，有时就难以把握。所以选择保险公司，除了费率之外，也要考虑他们处理出口货运保险条款的专业水平，能否出具条款比较特殊的保险单等因素。

最后，单老师要张艾把保险单传真过去，看看会不会有其他问题。张艾其实也有这种想法，只是不好意思而已，于是马上照办。

过了不到5分钟，单老师就回电话了，说保险单没什么问题。

谈完保险单问题，单老师通知张艾，上个月底交单的出口到巴基斯坦的那票单据，花旗已经付款，马上可以解付到精彩公司的美元账户上，让张艾下班前去拿一下水单。张艾近几天时不时地会发现自己心神不宁，也不知道到底为什么。听到单老师说那笔出口巴基斯坦的货款已经收到，觉得心中一块大石头落地，轻松不少。原来，尽管单老师他们认为那笔单据单证相符，但钱没有收回来，张艾心里还是不踏实，毕竟这是自己制作的首套单据。

本节提示

1. 保险险别较难把握，特别是保险公司业务系统固定化的条款可能与信用证规定相应险别的表述有差别，让保险公司按信用证的保险条款逐字照抄是最安全的做法。如无法做到，必须确认保险险种为信用证规定的险种。注意区分协会（INSTITUTE）条款和PICC条款。

2. 信用证规定的保险比率（如果信用证没有规定，默认为货物总值的110%）是最低的保险比率，允许超过。保险金额计算到小数点后两位，四舍五入而产生保险比率略低于信用证规定的保险比率不认为是不符点，实务中建议不论小数点第三位是什么数值，均向上进1，以免产生无谓的争议。

3. 受益人自己出具的单据，更正理论上不用证实，但现行银行实务中，通常还要求证实。银行并不允许替客户修改单据，但也有变通，如果公司许可，可以在自己交单银行留存公司更正章，银行可以帮助更正一些拼写等小的错误。

6.7 收到钱，并不意味信用证业务可以结束闭卷

张艾打电话告诉经理，巴基斯坦那票单据的钱已经收回来了，应该算好消息吧。李经理让张艾早点去拿水单，拿到后给财务做账，说化工厂已打电话给他要求结算货款了。公司财务核算上各业务部门相对独立，原则是，没见到银行收汇入账，就不向供应商结算货款，所以经理正想让张艾向银行了解一下收汇情况。

张艾在同学群中说自己做的第一套单证已安全收汇，群里一片"CON-GRATULATIONS"。大多数同学只是在公司让老单证员带着打打下手，独立制作信用证单据安全收汇的，张艾是第一人。这不但增强了张艾自己的信心，也使同学们增强了自信。信用证单据，其实是没什么神秘的。

转眼已到下午 4 点钟，张艾出门去中行拿水单。小赵看到张艾来了，在一个留给客户填写凭证等用的办公桌上放着的一叠文件中，找到了精彩公司的"水单"，旁边还有个本子，登记着收款人名称、业务编号、收汇金额等内容，要张艾签收。张艾依言签好名，拿起"水单"，看到上面显示的是"贷记通知"（ADVICE OF CREDIT），便问道："这份就是'水单'啊？"

"'水单'就是指那份"贷记通知"啊。其来历也不可考。一说是因为以前信息通信不发达，国家之间外汇交易必须经由水路的方式来运送单据，故有'水单'之称。另一说银行结售汇、外汇买卖的证实书，银行会自行编具流水编号，故称水单。严格一点应该是涉及结售汇（外汇跟人民币之间的交易）或外汇买卖交易（不同币种外汇之间的交易）的银行凭证叫'水单'，现在反正涉及外汇业务的银行凭证，包括不涉及结售汇或外汇买卖的借贷记通知，也通称'水单'。"单老师估计小赵可能说不清楚，主动插话。

张艾翻开看了一下"水单"，一大堆的扣费：通知费 USD29.50，出口议付手续费 USD29.50，快递费 USD31.50，国外银行扣费 USD70.00，总共扣了 USD160.50，入账净额 USD19 839.50。张艾有点吃惊："小赵，怎么扣了那么多钱啊？都超过我一个月工资了！"

小赵笑嘻嘻地说："你们这笔业务扣费很正常啊，通知费 200 元人民币，比外资银行在中国分行低吧？审单费按发票金额的 1.25‰收取，最低 200 元

人民币。你们这个发票金额 2 万美元，按比例应该收 25 美元，按现在的汇率，不到 200 元人民币，按 200 元人民币收取。快递费是根据快递公司的报价据实收取的，也就是快递公司向我们收多少，我们向你们公司收多少，银行是不赚钱的。"

"至于境外银行扣费，70 美元属中等水平，不算高，韩国、中国香港的银行开立的信用证，付款时扣费通常更多些，随便起个什么'偿付费'（RE-IMBURSEMENT CHARGE）、'单据处理费'（DOCUMENTS HANDLING FEE）、'电报费'（TELEX CHARGE）就扣了。发电报去跟开证行说，这些费用不是信用证规定的开证行以外的费用（CHARGES OUTSIDE ISSUING BANK），不应该由受益人承担，开证行通常不会理睬，很少能要回来，白花一笔电报费。再说，我们开立的进口信用证，对外付款时也有类似扣款。你们这套单据没有不符点，如果单据有问题，涉及拒付、抗辩、催收等事务，不符点费和相关的电报费又会是一大笔费用。"

"怪不得经理不喜欢做信用证，原来做信用证是既费力又费钱的事。"张艾很有感触。

"是的，我觉得信用证确实是所有国际结算方式中最费事和费钱的方式之一。信用证的使用，本来就不是为了节约结算费用，而是为了解决进出口双方互不信任的问题，银行起一个信用中介的作用，收点费用也正常。"单老师有他自己的看法。

回到公司，张艾把从银行带回去的文件给了公司财务部。出纳阿姨接过文件，在电脑上打开一个叫"国际收支网上申报系统（企业版）"的界面，进行涉外收入申报。

贷记通知
CREDIT ADVICE

致 TO：

海北精彩贸易有限公司
HAIBEI WONDERFUL TRADE CO. , LTD

日期（DATE）：SEP. 11, 2014
业务各类：出口议付（EXPORT NEGOTIATION）
业务编号（OUR REF. NO.）：33050BP14002987
发票号（YOUR INV. NO.）HB14004
发票金额（INV. AMOUNT）：USD20 000. 00

　　我行已于今日将上述业务之款项贷记你公司 8008014221012335 账户，贷记金额 USD 19 839.50，特此通知。

　　WITH REFERENCE TO THE CAPTIONED ITEMS PLS BE KINDLY ADVISED THAT WE HAVE CREDIT YOUR ACCOUNT NUMBER 8008014221012345 WITH USD19 839. 50 TODAY.

明细如下：
DETAILS AS FOLLOWINGS：

序号 S. NO.	项目（ITEM）	借/贷 （DR/CR）	币种 （CURRENCY）	金额 （AMOUNT）
1	出口议付手续费（NEG. CHG）	DR	USD	29. 50
2	快递费（POST CHG）	DR	USD	31. 50
3	通知费（ADVICE CHG）	DR	USD	29. 50
4	国外银行扣费（FOREIGN DED. ）	DR	USD	70. 00
5	单据金额（BILL AMOUNT）	CR	USD	20 000. 00

中国银行股份有限公司海北支行

本节提示

1. 即期信用证开证行签收单据后的 5 个工作日内，或向交单人付款，或作出拒付。相符交单考虑到单据邮程，通常交单行寄单后 2 周左右可收到货款。

2. 收汇后，还有涉外收入申报等工作，并不代表一笔业务已经结束。

3. 所谓"水单"，泛指银行涉及或不涉及结售汇和外汇买卖的外汇借贷记凭证。

4. 信用证结算费用，一般有议付银行的通知费、审单费、快递费，开证行和偿付行各种名目的扣费。如果单据有问题涉及拒付、抗辩、催收等还有大量以电报费为主的额外扣费。信用证结算是费用最高的结算方式之一。

6.8　发票和提单，核心单据还有核心问题

又是星期五了，经理和陈希都一早来到公司。渣打银行的那份转让信用证的货已经装箱送到宁波港，西班牙那份信用证规定的第一单货 1 400 件男式夹克，更换的面料近几天会到，服装厂会安排赶工。

那份转让信用证条款虽然烦琐，但单据要求相对简单，除了提单，就要求发票、装箱单和一份受益人证明而已。张艾原以为已经轻车熟路，很快能把单据做好，但一动手，发现一个问题，信用证上找不到信用证的申请人（APPLICANT），发票的抬头打谁？记得转让信用证的发票抬头，是 UCP600 所规定发票如何抬头的一个例外，没记错应该是第一受益人（THE FIRST BENEFICIARY）。

打电话给小赵，小赵说转让信用证通常不会出现信用证的申请人，发票和装箱的抬头就打第一受益人。转让信用证的单据交到转让行后，第一受益人会用自己的汇票、发票等单据去转让行换单，转让行再向开证行寄单要求付款。第二受益人并不直接向信用证的申请人而是向第一受益人收取票款，发票自然而然是出给第一受益人的。

张艾对小赵说了声谢谢，并说自己也是这样想的，只是想证实一下。

　　解决了抬头问题，张艾发现装运的数量是 2 160 件，比信用证规定的 2 112件多。信用证没有规定溢短装比率，应该是不允许的。张艾将此事汇报了李经理，李波说，他看过信用证，知道没规定溢短装，但应该有默认的 5% 增减幅度。听经理这么一说，张艾也依稀记得有这样的规定。陈希听到张艾问这个，告诉张艾，装箱时发现 1 个集装箱刚好装 60 个纸箱，一个纸箱装 1 打，工厂备货备多了按 2 112 件发就有一个集装箱装不满。经理问了公司其他一直在做信用证的部门的同事，得知信用证如果没有规定增减幅度，默认有 5%，就把 3 个集装箱都装满了，刚好 2 160 件。同时也打电话问了香港 WORD FASHION 公司，他们也说可以。

　　两个问题都有了答案，其他事就简单了。张艾把发票、装箱单和受益人证明做好，然后就等着货代公司把提单草稿传真过来确认。汇丰那份信用证的提单，陈希跟货代公司联系后，下周才能拿到，这个星期不能交单了。

　　星期一上班，陈希就分别向货代公司催提单。发香港汇丰信用证项下经确认过的“K-LINE”的提单，货代公司会尽快寄出来。转让信用证发美国洛杉矶的，货代公司今天肯定会把草稿传真给精彩公司核对确认。电话打完，陈希又与经理一起出去办事了。张艾就等着传真和快递公司的人，打开 ISBP 和 UCP600 的文本，也静不下心来认真看。QQ 同学群中没有新话题讨论，也很沉寂，一上午也没有其他的事可做。

　　张艾下午上班后就检查传真机上有没有草稿提单的传真，货代公司效率很高，中午已经传真过来，是中外运的。下午有事做了，核对提单。

　　张艾核对过转让信用证项下中外运的提单，无非是托运人名称、收货人、被通知人、货物名称和数量等内容。这份提单还有一张附页，附页上有货物数量、毛重和体积等信息，与提单上显示的相应内容也进行了校对，都没有发现什么问题。关注了一下提单前程运输栏，是空白的，就不会对装船批注有特别的要求。最近那票发香港 BRILLIANCE 公司的提单，原以为没什么问题，单老师居然看出一个大问题来，张艾对提单的审核，已经没有一点自信，看过后直接传真到中行，让单老师把把关。

　　打电话到中行，单老师不在，小赵答应帮张艾看一下。张艾其实对小赵的水平心有疑虑，但总不能说你不行，让单老师来看。就让小赵先审核一下，

聊胜于无。

不一会儿，小赵回电话了，说其他也看不出什么问题，就是提单的附件上，没有显示提单号、船名和航班号等信息，可以与提单关联起来。

张艾说，这份附页肯定会跟提单用订书机装订在一起，难道开证行不知道是提单的附件？

小赵答复张艾，"大家想当然是这样的，但做信用证不能想当然。他手上有一票单据，就是因为这个问题被欧洲的一家开证行拒付了。现在想抗辩，但抗辩电文如果只能说，附页是跟提单装订在一起的，也太没有说服力了，寄单的时候，还把整套单据装订在一起呢。所以只能让客户与进口商联系，接受不符点，尽早付款赎单。其实这个问题，ISBP745 PARA A24 条已经有明确的规定，'当一份单据包含不止一页时，必须能够确定这些不同页属于同一份单据。除非单据本身另有说明，无论其名称或标题如何，被装订在一起、按序编号或含有内部交叉援引的多页单据即满足要求，将作为一份单据来审核，即便有些页被视为附件或附文'。这规定强调了'必须够确定这些不同页属于同一份单据'，其中被装订在一起是其中一个条件，还必须'按序编号或含有内部交叉援引'"。

听小赵这么说，张艾才明白，原来这个问题小赵已经碰到过了，看来还真是个问题。这个容易，反正提单还没有向船公司确认，让他们打上就是。但还不敢向船公司确认，怕有其他问题，问小赵单老师什么时候回来。小赵说单老师早上打电话到办公室，说今天可能不来了，所以不知道什么时候会在。张艾告诉小赵，如果今天单老师回来，让单老师看一下这份提单。

PROFORMA

Shipper
HAIBEI WONDERFUL TRADE CO., LTD
NO. 123 ZHONGSHAN ROAD, HAIBEI CITY, CHINA
TEL/FAX: 86-567-2345-2326/2336

Consignee or order
TO ORDER OF SHIPPER

Notify address
MERIS IQ, 251 S OLIVE ST., LOS ANGELES CA

 B/L No. SX08SH002123

中国外运股份有限公司
SINOTRANS LIMITED

OCEAN BILL OF LADING

SHIPPED on board in apparent good order and condition (unless otherwise indicated) the goods or packages specified herein and to be discharged at the mentioned port of discharge or as near thereto as the vessel may safely get and be always afloat.

The weight, measure, marks and numbers, quality, contents and value, being particulars furnished by the Shipper, are not checked by the Carrier on loading.

The Shipper, Consignee and the Holder of this Bill of Lading hereby expressly accept and agree to all printed, written or stamped provisions, exceptions and conditions of this Bill of Lading, including those on the back hereof.

IN WITNESS whereof the number of original Bills of Lading stated below have been signed, one of which being accomplished, the other (s) to be void.

Pre-carriage by	Port of loading NINGBO, CHINA
Vessel NAXIHE VOY. 0045E	Port of transhipment
Port of discharge LOS ANGELES, USA	Final destination

Container, seal No. or marks and Nos.	Number and kind of packages	Description of goods	Gross weight (kgs.)	Measurement (m³)
SEE ATTACHED LIST	3x20' DRY CONTAINERS		3,600KGS	75.00 CBM
	SAID TO CONTAIN			
N/M	2160 PCS (180 CARTONS) LADIES' COAT WITH FUR COLLAR			
	SHIPPER'S LOAD AND COUNT			
	FREIGHT COLLECT			
	CY-CY			
	SAY THREE CONTAINERS ONLY			

PARTICULARS FURNISHED BY SHIPPER

Freight and charges

AS ARRANGED

REGARDING TRANSHIPMENT
INFORMATION PLEASE CONTACT

Ex. rate	Prepaid at	Freight payable at	Place and date of issue SHANGHAI, CHINA SEP 20, 2014
AS ARRANGED	Total Prepaid	Number of original Bs/L 3/(THREE)	Signed for or on behalf of the Master
			as Agent

(SINOTRANS STANDARD FORM 6) SUBJECT TO THE TERMS AND CONDITIONS ON BACK 03C No.GD

* * * * * * * * * * * * *

ATTACHED LIST

* * * * * * * * * * * * *

CONTAINER NO CBM	SEAL NO.	MODE	QUANTITY（CTNS）	GROSS WEIGHT（KGS）
SNTU0808126 25.00	M1132466	CY/CY	60.00	1 200.00
SNTU6098124 25.00	M1132402	CY/CY	60.00	1 200.00
SNTU1784538 25.00	M1135703	CT/CY	60.00	1 200.00
TTL 75.00			180.00	3 600.00

一直等到近 5 点，都没有单老师的回电，估计单老师今天没有上班。为了不耽误及时出提单，张艾在附页上写上了"请在附页上加上提单号、船名和航班号等信息"字样后，传真给了货代。

　　星期二一早，单老师来电话了。张艾预感到昨天确认的那份提单还有问题，果不其然。单老师说，那份提单印就的格式是以船长代理人签发的提单（SIGNED FOR OR ON BEHALF OF THE MASTER），但提单表面没有显示承运人是谁。

　　张艾潜意识中，就认为提单上的公司名称"SINOTRANS LIMITED"就是承运人。提单是作为船长的代理人签发，不必显示船长的姓名，所以自己审核提单时，认为提单的签署是没有问题的。

　　单老师说提单的签署是没问题，船长的姓名确实不用显示，但承运人的名称是必须显示的。UCP600 的第 19 条、20 条、21 条等有关货运单据的规定部分，都先明确规定了"INDICATE THE NAME OF CARRIER"，所以不管提单如何签发，是承运人或船长签发，还是承运人或船长的代理人签发，都需要显示承运人名称。

　　联想到第一次交空运单时，单老师就强调过，货运单据必须显示承运人名称，这次张艾只注意了提单签发人的身份，没有注意提单上没打上承运人名称。

　　张艾就让陈希打电话给货代，货代的经办人一听说昨天确认的提单还有问题，需要打上承运人的名称，有点不高兴。说确认提单最好一次性解决所有问题，提单不是他们自己签发的，他们也要传真到上海。如果正本提单已经正式签发，要修改的话，让精彩公司出改单费。

　　张艾听着陈希跟货代联络，通话内容也能猜个大概，平白无故让陈希被货代公司责怪一通，张艾心里不免有些歉然。早知道这样就不用急，等今天单老师看过提单草稿后再向货代确认。陈希打完电话，并没有责怪张艾的意思。

　　这几天，出口韩国的第二票货也已基本完成，金先生在厂里验货，李经理整天陪着。出口西班牙的第二票货，共 8 970 件男式上衣，已完成包装，李经理已经通知 SANTINO 公司，传真或邮件通知使用哪家船公司，以尽快订舱。陈希也忙得不可开交，办公室基本不见人影。张艾在等确认过的正本提单。其他除了出口香港那份信用证要求的装船通知，张艾怕最后收到

的提单跟确认的副本会有差别，做好的文件尚未传真，自然也没有传真报告，其他单据已全部准备妥当，一收到提单即可交单。

到了星期四，都没有提单的消息。张艾自己打电话给货代，得到的答复就是"快了，快了"，连个大概的日期都不愿意说。问过陈希，陈希说船公司是这样的，通常要开船后几天才能拿到提单。既然这样，陈希和经理都不急着催提单，张艾自然也只能耐心地等。贸促会的产地证陈希已经拿回来，右上角盖有红字"CHINA COUNCIL FOR THE PROMOTION OF INTERNATIONAL TRADE IS CHINA CHAMBER OF INTERNATIONAL COMMERCE"，就代表是商会签发了。

下午 3 点左右，收到一份传真，张艾一看是西班牙的 SANTINO 公司传真过来的，大概是西班牙那边到上班时间了。传真告知精彩公司，信用证的货物通过 CMA CGM（法国达飞轮船有限公司）装运，有上海公司的联系方式和联系人。张艾打电话通知了陈希。陈希已经在回公司的路上，一到公司就向货代联系订舱，货代可以订 CMA CGM 的船。信用证规定第二票货的装运期是"在 9 月 25 日或其前后"（ON OR ABOUT 25 SEP.），陈希要求订 9 月 25 日的船，货代反馈回来，25 日来不及了，最早 26 日有航班。陈希问张艾行不行，张艾说"ON OR ABOUT"包括所提到日期的前后 5 天，26 号肯定没问题。船期就这样定下来了。

周末唯一的好消息是，小赵电话通知韩国那份"假远期"信用证，偿付行已按期把货款付过来，并且已解付到精彩公司的美元账户。

一转眼，已到 9 月下旬。张艾第一次双休日加班，星期天被李经理带着去服装公司，与陈希一起安排装出口西班牙的货。不过比陈希幸运一点，陈希星期六也没有休息，跟李经理去皮革厂在金先生的监督下，装第二批出口韩国的服装革。

15 日开的船已经走了一个星期，出口香港 BRILLIANCE 公司的货物应该早就到了香港，再不交单真的会有滞港费了。陈希打电话问了货代公司提单的情况，货代公司说提单他们已经从船公司拿到，今天寄出，明天一早就可以到。张艾听说提单已经寄出来了，就拿着信用证整理单据准备交单。结果发现一个严重的问题，一直在等船公司出具正本提单，准备用正本提单与装船通知的细节核对后，再向客户发装船细节的传真，因为未收到提单而没传，一等就忘了。按信用证规定，传真装船后 2 个工作日之内就要发出，现在都过了一个星期了还没传。怕被经理骂，张艾也不敢声张。10 点不到，经理和陈希又出去了。张艾想想正本提单还得等一天，越拖可能越耽误事，也不管做好装船通知上的信息会不会跟正式的提单有差别，先传真再说。

拨通了 BRILLIANCE 公司的传真号，听到传真信号声，按下"开始"，发完了传真。发完后，传真机跟接收传真一样，"嘀"一下之后就没反应了，没传真报告！记得单老师说过，传真机通常会把报告功能关闭，需要设置一下。张艾知道他们部门的打印机、传真机之类的使用说明放在哪儿，找到了这个 BROTHER 传真机的使用手册，根据使用手册的提示，"菜单"、"OK"、"开始"按了一通，传真机还真的打出一个报告来。

TRANSMISSION VERIFICATION REPORT

```
TIME      : 22/09/2014 10：45
NAME      : #
FAX       : 008657323452336
```

DATE，TIME	22/09　10：42
FAX NO./NAME	00852 23882399
DURATION	00：01：05
PAGE（S）	01
RESULT	OK
MODE	PHOTO

张艾对自己感到很满意，但传真报告上的 DATE 是 22/09，显然不符合信用证要求在装船后 2 个工作日内传真的规定。再研究了一下手册，传真机的系统日期可以设定！

按说明修改了传真机的日期，张艾把装船通知又传真了一遍，如法炮制

得到了一份符合交单要求的传真报告，张艾对自己很佩服。

把传真报告与装船通知装订在一起，汇票早就用激光打印机打好，即期汇票、付款人是开证行，不太容易出问题，张艾做过几次汇票了，这点信心还有。对照信用证单据条款（46A）规定的单据份数，3份发票、全套提单，2份保单、3份装箱单、2份产地证、1份受益人证明加传真报告，就差提单未到了。

TRANSMISSION VERIFICATION REPORT

TIME　　　：17/09/2014 10：55

NAME　　　：#

FAX　　　：008657323452336

DATE，TIME	17/09　10：55
FAX NO./NAME	00852 23882399
DURATION	00：01：08
PAGE（S）	01
RESULT	OK
MODE	PHOTO

本节提示

1. 如果信用证没有特别规定，转让信用证的发票、装箱单等以第一受益人为抬头。

2. 不管是以承运人或其代理人签发的，还是以船长或其代理人签发的提单，都必须显示承运人的名称，特别是后者，容易被忽略。

3. 提单如果有附页或多页，附页上必须有提单号等关键信息与第一页关联起来，即使它们被装订在一起。

4. 贸促会有"中国国际贸易促进会就是中国国际商会"字样的章，如果信用证要求产地证由中国的商会签发，别忘让贸促会加盖该印章。

5. 传真报告、快递收据等用于证实证明事项的附加单据可以伪造，议付行也通常不会发现，但必须做好承担涉嫌伪造单据所引起严重后果的心理准备。

6.9 又被提单吓了一跳

李波的部门很长时间没有三个人一起在办公室了，星期二一早居然都来上班了。张艾见李经理和陈希都忙着，就没有说话。

不到9点，快递公司送来快件。张艾签收后打开一看，不是"K-LINE"发香港的提单，反倒是稍迟确认的转让信用证项下中外运的提单。

张艾非常认真地核对了一遍，特别看了那个附页，有没有加上与提单关联起来的提单号等信息。一看发现，虽然那个货代说话不客气，但服务还很到位，不但加上了提单号、船名和航班号等信息，还加上了货物名称、数量等内容。但另外一个问题着实把张艾吓了一跳，以为又得把提单寄回去修改了，就是原本以为船公司出具正本提单时，肯定会加上装船批注（ON BOARD NOTATION），但收到的正本居然与那个要精彩公司确认的 PROFORMA 一样，还是没有。

张艾比较生气，直接打电话向货代问这个事。货代经办人员告诉张艾，中外运这种提单，不需要装船批注，也没有其他公司提过这个问题，让张艾问问银行看。张艾看对方说得十分肯定，信了三分，挂断货代的电话找单老师。

单老师听到张艾一说，让张艾在提单上印就的文字中找有没有"SHIPPED ON BOARD"的字样。张艾边听电话边在提单上找，马上在右上角"OCEAN BILL OF LADING"下面的条款中，找到了"SHIPPED ON BOARD IN APPARENT GOOD ORDER AND CONDITION..."的字样。就告诉单老师提单上有这句话。单老师回复张艾，这就是所谓的"已装船提单"，也就是

UCP600 中所说的 "Indicate that the goods have been shipped on board a named vessel at the port of loading stated in the credit by: pre-printed wording"（通过预先印就的文字表明货物已经在信用证规定的装运港口装上具名的船只），就不需要另外加注装船批注了，这种提单，提单的签发日期就被认为是装船日期。当然"已装船"提单，也允许加注装船批注。那么，装船批注注明的日期，就是装船日期。

单老师让张艾看看以前几份交单的提单，类似的文字应该不是这样表述的。张艾拿出已经收汇的那票出口韩国服装皮革的 COSCO 提单副本，在左下角找到印就的文字是 "RECEIVED IN EXTERNAL APPARENT GOOD ORDER AND CONDITION..."（收到表面整齐情况良好……）。单老师说那就是"收妥备运提单"，必须加注 "on board notation indicating the date on which the goods have been shipped on board"（表明货物装船日期的装船批注）。

"原来如此！以为已经搞懂了装船批注的相关知识，居然还有提单是不需要装船批注的。"张艾想道，"谢谢单老师，我还以为所有的提单都必须有装船批注呢。"

"其实还有一种情况提单不要求有装船批注，就是信用证要求提交至少涵盖两种不同运输方式的联运提单（MULTI-MODEL OR COMBINED BILLS OF LADING），并且第一程运输方式不是海运。在这种情况下，提单只要显示了货物在信用证规定的地点发运或接受监管和发运或接受监管的日期，就符合信用证的要求，不要求有已装船批注（ON BOARD NOTATION）。如果第一程是海运，也需要有装船批注来表明货物在信用证规定的地点发运或接受监管。"单老师向张艾进行了补充说明。张艾记得后来收到的几份信用证，是有需要提交多式联运提单的，预先了解一卜多式联运提单的知识也好。

张艾忽然记起他们的同学群里前几天讨论过这个"收妥备运提单"和"已装船提单"，但当时自己太忙，没过多地留意。其中有一个同学认为，"收妥备运提单"打印或盖上"ON BOARD"章，就变成了"已装船提单"，签发日期就是装运日期，但有的同学并不认同。张艾想顺便请教一下单老师这个问题吧。

单老师沉吟了一下说："其实 UCP600 第 19 条、20 条规定中，有关装船批注的要求已经非常清楚：（1）预先印就（Pre－printed）已装船字样，签发日期就是装运日期；（2）带实际装运日期的装船批注（an on board notation indicating the date on which the goods have been shipped on board）。没有 On board notation 加签发日期的组合。我遇到这样解释还无法说服的人，就只能继续这样说，收妥备运提单加注装船批注后，提单表面就有两个动作：（1）收妥货物；（2）装船。签发日期为什么只能理解成是装运日期而不是收货日期呢？事实上部分大的船公司，提单签发日期就是出具正本提单的日期，既不是收货日期，也不是装运日期。"

听完单老师解释，张艾觉得已经找到了一个完美的答案，应该能说服那些爱钻牛角尖的人了。

挂断电话，张艾明白这份提单装船批注可以没有，虚惊了一场，可以安心准备单据了。信用证要求把 1/3 正本提单寄美国，这个问题李经理也纠结很久了，到底寄还是不寄，张艾趁经理在办公室，进去请示。经理一开始对这个条款就非常敏感，不知道是不是受已经有两笔信用证出口款项已经顺利回收的鼓舞还是其他什么原因，不假思索，让张艾按信用证的指示办。

张艾得到指示后，马上准备单据。其实所有的单据电子文档都已经做好，就是再检查一次，按需要的份数打印出来，盖上章而已。

张艾在准备寄美国的单据时，发现信用证上没说 1/3 SET OF ORIGNAL BILLS OF LADING，而是 1/3 SET OF NEGOTIABLE DOCUMENTS，似乎不止只寄一份正本提单那么简单。打电话问单老师，单老师说是指除了汇票以外所有单据，信用证上常见的措辞是 "ONE FULL SET OF SHIPPING DOCUMENTS INCLUDING 1/3 ORIGINAL BILL OF LADING"，"SHIPPING DOCUMENTS" 就是指除汇票以外的全部单据。

这一点搞清楚了，另外一句也好理解了，"1 SET OF NON-NEGOTIABLE COPIES OF DOCUMENTS" 就是除汇票外的全套副本单据。

填好联邦快递的面单，装信封前还让陈希帮助清点了一下，然后给联邦快递打了个电话通知有件，等联邦快递取件签收，交单要用的那个 "COURIER RECEIPT" 就有了。

下午，经理没有来公司，陈希手头的事似乎还没有忙完。出口香港 BRILLIANCE 公司的那份提单，下班前肯定会到，张艾填了两份中国银行的 "交单委托书"，去财务部盖好公章，做好交单的一切准备工作。3 点钟左右，联邦快递来取件了。张艾把两份联邦快递工作人员盖了个费用付讫章（PAID）的第一联托运人收据（SHIPPER'S RECEIPT）各复印了一份留存，把正本附在受益人证明后面，货到美国的转让信用证单据就齐全了。

（共 2 份快递收据，附 1 张样本）

NO. HB14008

Bill Of Exchange

FOR USD48 816. 00   HAIBEI, SEP. 23 , 2014

AT * * * * * * SIGHT OF THIS **FIRST** OF EXCHANGE（SECOND SAME TENOR AND DATE BEING UNPAID）TO **BANK OF CHINA CORPORATION** OR ORDER THE SUM OF U. S. DOLLARS FORTY EIGHT THOUSAND EIGHT HUNDRED SIXTEEN ONLY VALUE RECEIVED AND CHARGE THE SAME TO ACCOUNT OF _____

_____ DRAWN UNDER BANK OF AMERCIA N. A. , NEW YORK, NY

L/C NO. IC14001234   DATED AUG 2ND, 2014

TO

BANK OF AMERCIA N. A. , NEW YORK, NY

海 北 精 彩 贸 易 有 限 公 司
HAIBEI WONDERFUL CO., LTD

ISSUER： HAIBEI WONDERFUL TRADE CO. , LTD ADD：NO. 123 ZHONGSHAN RD. , HAIBEI CITY, CHINA	海北精彩贸易有限公司 HAIBEI WONDERFUL TRADE CO. , LTD ADD：NO. 123 ZHONGSHAN RD. , HAIBEI CITY, CHINA		
TO： WORLD FASHION CO. , LTD FLAT A 12/F. , UNION PALZA, NO. 12 THE COTTON RD. , CENTRAL, HONG KONG	商业发票 **COMMERCIAL INVOICE**		
TRANSPORT DETAILS FROM NINGBO, CHINA TO LOS ANGELES, BY SEA	INV. NO： HB14008	DATE： SEP. 12 , 2014	
	S/C NO.		
	L/C NO. IC14001234		
MARKS & NUMBER	NAME OF COMMODITY	QUANTITY	UNIT PRICE	AMOUNT
N/M	LADIES' COAT WITH FUR COLLAR QUANTITY：2 112PCS UNIT PRICE：USD22. 6/ PC FOB NINGBO, CHINA			
THIS SHIPMENT	LADIES' COAT WITH FUR COLLAR	2 160. 00	USD22. 60/PC	USD 48 816. 00 FOB NINGBO, CHINA
SAY U. S. DOLLARS FORTY EIGHT THOUSAND EIGHT HUNDRED SIXTEEN ONLY				

海北精彩贸易有限公司
HAIBEI WONDERFUL CO., LTD

ISSUER： HAIBEI WONDERFUL TRADE CO. , LTD ADD：NO. 123 ZHONGSHAN RD. , HAIBEI CITY，CHINA	海北精彩贸易有限公司 HAIBEI WONDERFUL TRADE CO. , LTD ADD：NO. 123 ZHONGSHAN RD. , HAIBEI CITY，CHINA				
TO： WORLD FASHION CO. , LTD FLAT A 12/F. , UNION PALZA，NO. 12 THE COTTON RD. , CENTRAL，HONG KONG	装箱单 PACKING LIST				
TRANSPORT DETAILS FROM NINGBO，CHINA TO LOS ANGELES，BY SEA	INV. NO： HB14008		DATE： SEP. 12，2014		
	S/C NO.				
	L/C NO. IC14001234				
NAME OF COMMODITY	C/T NO.	PACKAGES	QTY（PCS）	G. W.（kg）	N. W（kg）	VOL（CBM）
LADIES' COAT WITH FUR COLLAR	1 – 180	180CTNS	2 160. 00	3 600. 00	3 132. 00	75. 00

海北精彩贸易有限公司
HAIBEI WONDERFUL CO., LTD

Shipper
HAIBEI WONDERFUL TRADE CO., LTD
NO. 123 ZHONGSHAN ROAD, HAIBEI CITY, CHINA
TEL/FAX: 86-567-2345-2326/2336

Consignee or order
TO ORDER OF SHIPPER

Notify address
MERIS IQ, 251 S OLIVE ST., LOS ANGELES CA.

Pre—carriage by	Port of loading NINGBO, CHINA
Vessel NAXIHE VOY.0045E	Port of transhipment
Port of discharge LOS ANGELES, USA	Final destination

B/L No. SN08SH002123

中国外运股份有限公司
SINOTRANS LIMITED

OCEAN BILL OF LADING

SHIPPED on board in apparent good order and condition (unless otherwise indicated) the goods or packages specified herein and to be discharged at the mentioned port of discharge or as near thereto as the vessel may safely get and be always afloat.
The weight, measure, marks and numbers, quality, contents and value, being particulars furnished by the Shipper, are not checked by the Carrier on loading.
The Shipper, Consignee and the Holder of this Bill of Lading hereby expressly accept and agree to all printed, written or stamped provisions, exceptions and conditions of this Bill of Lading, including those on the back hereof.
IN WITNESS whereof the number of original Bills of Lading stated below have been signed, one of which being accomplished, the other (s) to be void.

PARTICULARS FURNISHED BY SHIPPER

Container, seal No. or marks and Nos.	Number and kind of packages	Description of goods	Gross weight (kgs.)	Measurement (m³)
SEE ATTACHED LIST N/M	3x20' DRY CONTAINERS SAID TO CONTAIN 2160 PCS (180 CARTONS) LADIES' COAT WITH FUR COLLAR SHIPPER'S LOAD AND COUNT FREIGHT COLLECT CY-CY SAY THREE CONTAINERS ONLY		3,600KGS	75.00 CBM

ORIGINAL

Freight and charges.
    AS ARRANGED

REGARDING TRANSHIPMENT INFORMATION PLEASE CONTACT

Ex. rate	Prepaid at	Freight payable at	Place and date of issue SHANGHAI, CHINA SEP 20, 2014
AS ARRANGED	Total Prepaid	Number of original Bs./L 3/(THREE)	Signed for or on behalf of the Master 中外运（上海）有限公司 SINOTRANS (SHANGHAI) LIMITED
			THE CARRIER: SINOTRANS LIMITED as Agent

(SINOTRANS STANDARD FORM 6) SUBJECT TO THE TERMS AND CONDITIONS ON BACK 03C No.GD

* * * * * * * * * * * * *

ATTACHED LIST

* * * * * * * * * * * * *

PAGE 1/1

B/L NO：SN08SH002123

VESSEL/VOY：NAXIHE V.0045E

CONTAINER NO CBM	SEAL NO.	MODE	QUANTITY（CTNS）	GROSS WEIGHT（KGS）
SNTU0808123 25.00	M1132466	CY/CY	60.00	1 200.00
SNTU6098122 25.00	M1132402	CY/CY	60.00	1 200.00
SNTU1784533 25.00	M1135703	CT/CY	60.00	1 200.00
TTL 75.00			180.00	3 600.00

DESC. OF GOODS：LADIES' COAT WITH FUR COLLAR 2160PCS（180 CARTONS）

中外运（上海）有限公司

SINOTRANS（SHANGHAI）LIMITED

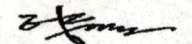

海北精彩贸易有限公司

HAIBEI WONDERFUL TRADE CO., LTD

ADD: NO. 123 ZHONGSHAN RD., HAIBEI CITY, CHINA

BENEFICIARY'S CERTIFICATE

DATE: SEP 22, 2014

L/C NO. IC14001234

INV. NO. HB14008

TO WHOM IT MAY CONCERN:

WE HEREBY CERTIFY THAT:

A) 1/3 SET OF NEGOTIABLE DOCUMENTS HAVE BEEN SENT TO MERIS IQ, 251 S OLIVE ST., LOS ANGELES CA WITHIN 15 DAYS OF THE BILL OF LADING DATE

B) 1 SET OF NON-NEGOTIABLE COPIES OF DOCUMENTS HAVE BEEN SENT TO ERIS IQ, 251 S OLIVE ST., LOS ANGELES CA

PLEASE FIND THE ATTACHED COURIER'S RECEIPT.

海 北 精 彩 贸 易 有 限 公 司

HAIBEI WONDERFUL CO., LTD

本节提示

1. 提单分"收妥备运"提单和"已装船提单"，前者必须有装船批注，后者可以没有装船批注。

2. 多式联运提单涵盖的第一程运输方式如果不是海运，提单不要求有"已装船"批注，显示信用证规定的发运地或接受监管地及发运或接受监管日期即可。首程是海运也需要装船批注表示货物已经在信用证规定的地点发运、接受监管或已装上具名船舶。

3. 信用证所称的可转让单据（NEGOTIABLE DOCUMENTS）或货运单据（SHIPPING DOCUMENTS），是指除汇票外信用证46A规定的全部单据。

6.10 所谓背书，就是在单据背面盖个章

联邦快递公司取件的人走后，另一个国内快递公司送来了 K-LINE 的提单，张艾取出来与副本核对了一下，发现把船名港口和装运日期打到了"ON BOARD"章的旁边，凭感觉是没问题的。接着就准备汇丰信用证的单据，汇票也是个付款人是开证行的即期汇票，对张艾来说，做这种汇票已经不成问题。不到半小时，单据已全部妥当，和陈希说了声，带上公司的条形章与手签章，去中行交单。

NO.　HB14010

Bill Of Exchange

FOR　USD61 871.94　　　　　　　　　　　　HAIBEI, SEP. 23, 2014

　　AT＿＿＿＿＿＊＊＊＊＊＊＿＿＿＿SIGHT OF THIS **FIRST** OF EXCHANGE (SECOND SAME

TENOR AND DATE BEING UNPAID) TO **BANK OF CHINA CORPORATION** OR ORDER THE

SUM OF＿＿＿U.S. DOLLARS SIXTY ONE THOUSAND EIGHT HUNDRED SEVENTY ONE

AND CENTS NINETY FOUR ONLY＿＿＿＿＿＿＿＿

VALUE RECEIVED AND CHARGE THE SAME TO ACCOUNT OF＿＿＿＿＿＿＿＿＿

DRAWN UNDER＿HSBC BANKING CORPORATION, HONG KONG＿

L/C　NO.＿LC140800234＿＿＿DATED＿JUL 30TH, 2014＿

TO

　HSBC BANKING CORPORATION, HONG KONG

海北精彩贸易有限公司
HAIBEI WONDERFUL CO., LTD

海北精彩贸易有限公司

HAIBEI WONDERFUL TRADE CO. , LTD

ADD：NO. 123 ZHONGSHAN RD. , HAIBEI CITY, CHINA

商业发票
COMMERCIAL INVOICE

ISSUER：HAIBEI WONDERFUL TRADE CO. , LTD

　　　　NO. 123 ZHONGSHAN RD. , HAIBEI CITY, CHINA

　　　　TEL/FAX：86 – 567 – 2345 – 2326/2336

CONSIGNEE：BRILLIANCE TRADE CO. , LIMITED

　　　　　　FLAT D, 17/F. , BRILLIANCE COMMERCE MANSION, 1 – 3 THE GARDEN

　　　　　　ROAD, CENTRAL HONG KONG, TEL/FAX：00852 – 2238 2388/2399

INV. NO：HB14010

DATE：SEP. 2, 2014

L/C NO. LC140800234

TRANSPORT DETAILS：FROM SHANGHAI, CHINA TO HONG KONG BY SEA

MARKS & NUMBER	NAME OF COMMODITY	QUANTITY	UNIT PRICE	AMOUNT
MADE IN CHINA BRILLIANCE ART# CTN#	5 000PCS OF LADIES' COAT AT U-NIT PRICE USD12.33/PC FOR A-MOUNT USD61 650.00 DETAILS AS PER C/O NO. BWC2008021 DD 080721 PRICE TERM：CIF HONG KONG COUNTRY OF ORIGIN：CHINA			
THIS SHIPMENT		5 018PCS	USD12.33/PC	USD61 871.94 CIF HONG KONG

SAY U. S. DOLLARS SIXTY ONE THOUSAND EIGHT HUNDRED SEVENTY ONE AND CENTS NINETY FOUR ONLY

海 北 精 彩 贸 易 有 限 公 司

HAIBEI WONDERFUL CO., LTD

海北精彩贸易有限公司

HAIBEI WONDERFUL TRADE CO. , LTD

ADD：NO. 123 ZHONGSHAN RD. , HAIBEI CITY, CHINA

装箱单

PACKING LIST

ISSUER：HAIBEI WONDERFUL TRADE CO. , LTD

　　　　NO. 123 ZHONGSHAN RD. , HAIBEI CITY, CHINA

　　　　TEL/FAX：86 – 567 – 2345 – 2326/2336

CONSIGNEE：BRILLIANCE TRADE CO. , LIMITED

　　　　FLAT D, 17/F. , BRILLIANCE COMMERCE MANSION, 1 – 3 THE GARDEN

　　　　ROAD, CENTRAL HONG KONG, TEL/FAX：00852 – 2238 2388/2399

INV. NO：HB14010

DATE：SEP. 2, 2014

L/C NO. LC140800234

TRANSPORT DETAILS：FROM SHANGHAI, CHINA TO HONG KONG BY SEA

NAME OF COMMODITY	C/T NO.	PCS PER CARTON	ART NO.	SIZE				
				8	10	12	14	16
LADIES' COAT	1 – 250	20PCS	08 – 0801A	1	2	4	2	1
			08 – 0801B	1	2	4	2	1
	251	18PCS	08 – 0801A	1	2	4	2	1
			08 – 0801B	1	2	4		1
TOTAL			08 – 0801A	251	502	1 004	502	251
			08 – 0801B	251	502	1 004	500	251

GROSS WEIGHT：6 272. 50KGS, NET WEIGHT：5 773. 00 KGS

TOTAL QUANTITY：5 018PCS

TOTAL PACKED IN TWO HUNDRED FIFTY ONE （251） CARTONS

　　　　　　　　　　海 北 精 彩 贸 易 有 限 公 司

　　　　　　　　　　HAIBEI WONDERFUL CO., LTD

(Forwarding Agents)

Shipper HAIBEI WONDERFUL TRADE CO., LTD ADD: NO.123 ZHONGSHAN RD., HAIBEICITY, CHINA TEL/FAX:86-567-2345-2326/2336	**B/L No.** KKLU0812344

K"K" LINE
KAWASAKI KISEN KAISHA, LTD.
BILL OF LADING

Consignee
TO ORDER

RECEIVED from the Shipper in apparent good order and condition unless otherwise indicated herein, the cargo or the container(s) or package(s) said to contain the cargo herein mentioned, to be carried subject to all the terms and conditions provided for on the face and back of this Bill of Lading, from the place of receipt or port of loading to the port of discharge or place of delivery shown herein and there to be delivered. If required by Carrier, this Bill of Lading duly endorsed must be surrendered in exchange for Goods or delivery order. None of the terms of this Bill of Lading can be waived by or for Carrier except by express waiver signed by Carrier or its duly authorized agent.

IN ACCEPTING THIS BILL OF LADING, Merchant agrees to be bound by all the stipulations, exceptions, terms and conditions on the face and back hereof, and the terms and conditions contained in Carrier's applicable tariff, whether written, typed, stamped, or printed, as fully as if signed by Merchant, any local custom or privilege to the contrary notwithstanding, and agrees that all agreements or freight engagements for and in connection with the transport of Goods are superseded by this Bill of Lading.

IN WITNESS WHEREOF, the undersigned, on behalf of Kawasaki Kisen Kaisha, Ltd., the Vessel, her owners, operators and charterers, has signed the number of Bill(s) of Lading stated below, all of this tenor and date, one of which being accomplished, the others to stand void.

Notify party
BRILLIANCE TRADE CO., LIMITED
FLAT D, 17/F., BRILLIANCE COMMERCE MANSION,
1-3 THE GARDEN ROAD, CENTRAL HONG KONG
TEL/FAX:00852-2238 2388/2399

* See Clause 7 (2)

Pre-Carriage by WAN HAI	Place of receipt HAIBEI, CHINA	
Ocean Vessel BOSPROUS BRIDGE / 00237E	Voy. No.	Port of loading SHANGHAI, CHINA
Port of discharge HONG KONG	Place of delivery	# Final Destination for the Merchant's reference

Container No.	Seal No. Marks and Numbers	No. of Cont- ners or pkgs.	Kind of packages; description of goods	Gross weight	Measurement
		251CTNS	SHIPPER'S LOAD AND COUNT	6272.50KGS	125.00CBM
KKTU7480732	EAD04766		5x20' DRY CONTAINERS		
KKTU7569049	EAD18659		SAID TO CONTAIN		
AKLU6014284	EAD15488		5018 PCS OF LADIES' COAT		
GATU1144758	EAD21212				
KKTU7179816	EAD21227		NO. OF CARTONS: 251		
			FIVE CONTAINERS ONLY		
MADE IN CHINA					
BRILLIANCE			FREIGHT PREPAID		
ART#					
CTN#					

PARTICULARS FURNISHED BY SHIPPER

Declared Value US$ _____ If shipper enters a value, the ad valorem rate will be charged (See Clause 24)

Total No. of Containers or Packages (in words)	FIVE (5) CONTAINERS ONLY				
Freight and Charges	Revenue Tons	Rate	Per	Prepaid	Collect

"SHIPPED ON BOARD"
THE VESSEL BOSPROUS BRIDGE
AT PORT SHANGHAI, CHINA
DATE SEP. 15, 2014

ORIGINAL

Ex. Rate AS ARRANGED	Prepaid at	Payable at	Place and date of issue
	Total prepaid in local currency	No. of original B(s)/L 3/(THREE)	KAWASAKI KISEN KAISHA, LTD. FREIGHTMARINE SHIPPING LTD.
ICS B/L	SHIPPED on board the Vessel		
	Date	By	By _____ AS AGENTS FOR "K" LINE

Form : KBL-002/7 Rev. 4/93 (93.09) (Standard Form for Container Shipment)

中国平安
PING AN OF CHINA

中国平安财产保险股份有限公司
PING AN PROPERTY & CASUALTY INSURANCE COMPANY OF CHINA,LTD

总公司地址：
中国·深圳
八卦岭八卦三路平安大厦
电话(Tel)：4008866338
图文传真(Fax)：0755-82414813
邮政编码(Postcode)：518029
Address of Head Office:
Ping An Building,No.3 Ba Gua Road,
Ba Gua Ling,Shenzhen,China

No. 016800000812　货物运输保险单
CARGO TRANSPORTATION INSURANCE POLICY

◆ 以下信息来源于您的投保申请，是为您提供理赔及售后服务的重要依据，请务必仔细核对。如有错误或遗漏请立刻拨打95512申请修改。
Please confirm the accuracy of following information to ensure that we can provide effective claim and other service accordingly. Should you have any query, please contact us by +86-755-95512.

被保险人：
Insured:　　HAIBEI WONDERFUL TRADE CO., LTD

通讯地址及邮编：
Address:　　NO.123 ZHONGSHAN RD., HAIBAI CITY, CHINA TEL/FAX: 86-567-2345 2326/2336

联系人姓名：　　　　　移动电话：　　　　　办公电话：　　　　　电子邮箱：
Contact Name:　CHEN XI　Mobile:　　　Office Phone: 567-2345 2326　E-mail:

中国平安财产保险股份有限公司根据被保险人的要求及其所交付约定的保险费，按照本保险单背面所载条款及下列特约，承保下述货物的运输保险，特立本保险单。
This Policy of Insurance witnesses that Ping An Property & Casualty Insurance Company Of China, LTD. at the request of the Insured and in consideration of the agreed premium paid by the Insured, undertakes to insure the undermentioned goods in transportation subject to the conditions of Policy as per the clauses printed overleaf and other special clauses attached hereon.

保单号
Policy No.　31432140002010900098

发票或提单号
Invoice No. or B/L No.　KKLU0812344

运输工具
Per Conveyance S.S.　BOSPROUS BRIDGE /00237E

起运日期　　　　　　自
Sig. on or abt　15 SEP., 2015　From　SHANGHAI CHINA
　　　　　　　　　　至
　　　　　　　　　　To　HONG KONG

保险金额
Amount Insured　USD68,059.13 (SAY U.S. DOLLARS SIXTY EIGHT THOUSAND FIFTY NINE AND CENTS THIRTEEN ONLY

赔款偿付地点
Claim Payable at　HONG KONG IN USA

查勘代理人
Survey By:　　CHINA PINGAN INSURANCE (HK) CO., LTD
11/F., DAHSING FINANCIAL CTR., NO.118
GLOUCESTER RD., WANCHAI, HONG KONG
TEL: 852 2327 1833 FAX: 852 2302 0013

保险货物项目、标记、数量及包装：
Description, Marks, Quantity & Packing of Goods:

COMMODITY: LADIES' COAT
QUANTITY: 251 CARTONS(5018PCS)
SHIPPING MARK:

MADE IN CHINA

BRILLIANCE
ART#
CTN#

承保条件
Conditions:

COVERING MARINE RISKS AS PER INSTITUTE CARGO
CLAUSES (A) DATED 1/1/1982

ORIGINAL

签单日期
Date:　　12 SEP., 2014

保单正本：3份
Number of Originals:3

IMPORTANT
PROCEDURE IN THE EVENT OF LOSS OR DAMAGE FOR WHICH
UNDERWRITERS MAY BE LIABLE
LIABILITY OF CARRIERS, BAILEES OR OTHER THIRD PARTIES

It is the duty of the Assured and their Agents, in all cases, to take such measures as may be reasonable for the purpose of averting or minimizing a loss and to ensure that all rights against Carriers, Bailees or other third parties are properly preserved and exercised. In particular, the Assured or their Agents are required:
1. To claim immediately upon the Carriers, Port Authorities or other Bailees for any missing packages.
2. In no circumstances, except under written protest, to give clean receipts where goods are in doubtful condition.
3. When delivery is made by Container, to ensure that the Container and its seals are examined immediately by their responsible official. If the Container is delivered damaged or with seals broken or missing or with seals other than as stated in the shipping documents, to clause the delivery receipt accordingly and retain all defective or irregular seals for subsequent identification.
4. To apply immediately for survey by Carriers' or other Bailees' Representatives if any loss or damage be apparent and claim on the Carriers or other Bailees for any actual loss or damage found at such survey.
5. To give notice in writing to the Carriers or other Bailees within 3 days of delivery if the loss or damage was not apparent at the time of taking delivery.
NOTE: The Consignees or their Agents are recommended to make themselves familiar with the Regulations of the Port Authorities at the port of discharge.

DOCUMENTATION OF CLAIMS
To enable claims to be dealt with promptly, the Assured or their Agents are advised to submit all available supporting documents without delay, including when applicable:
1. Original policy of insurance.
2. Original or certified copy of shipping invoice, together with shipping specification and / or weight notes.
3. Original or certified copy of Bill of Lading and / or other contract of carriage.
4. Survey report or other documentary evidence to show the extent of the loss or damage.
5. Landing account and weight notes at port of discharge and final destination.
6. Correspondence exchanged with the Carriers and other Parties regarding their liability for the loss or damage.
In the event of loss or damage which may involve a claim under this insurance, no claim shall be paid unless immediate notice of such loss or damage has been given to and a Survey Report obtained from this Company's Office or Agents specified in this Policy.

签单地址及电话
Issuing Address & Tel.　PINGAN MANSION NO.118 JIEFANG RD., HAIBEI CITY, CHINA
(0086) 567-2342 2343

中国平安财产保险股份有限公司
（盖章）

中国平安财产保险股份有限公司
PING ON PROPERTY & CASUALTY
INSURANCE COMPANY OF CHINA
保单专用章
SPECIAL SEAL FOR POLICY

复核　YIN HUA　　制单　HONG JIE

ORIGINAL

1. Exporter	Certificate No.
HAIBEI WONDERFUL TRADE CO., LTD ADD: NO.123 ZHONGSHAN RD., HAIBEICITY, CHINA TEL/FAX:86-567-2345-2326/2336	CCPIT 082998706 CERTIFICATE OF ORIGIN OF THE PEOPLE'S REPUBLIC OF CHINA

2. Consignee	5. For certifying authority use only
BRILLIANCE TRADE CO., LIMITED FLAT D, 17/F., BRILLIANCE COMMERCE MANSION, 1 -3 THE GARDEN ROAD, CENTRAL HONG KONG TEL/FAX:00852-2238 2388/2399	

3. Means of transport and route	
FROM SHANGHAI, CHINA TO HONG KONG BY SEA	CHINA COUNCIL FOR THE PROMOTION OF INTERNATIONAL TRADE IS CHINA CHAMBER OF INTERNATIONAL COMMERCE

4. Country / region of destination
HONG KONG

6. Marks and numbers	7. Number and kind of packages; description of goods	8. H.S. Code	9. Quantity	10. Number and date of invoices
MADE IN CHINA BRILLIANCE ART# CTN#	TWO HUNDRED FIFTY ONE (251)CARTONS OF LADIES' COAT DETAILS AS PER C/O NO.BWC2008021 DD 080731 **	61.09	5018PCS	HB14010 SEP 2, 2014

11. Declaration by the exporter The undersigned hereby declares that the above details and statements are correct, that all the goods were produced in China and that they comply with the Rules of Origin of the People's Republic of China.	12. Certification It is hereby certified that the declaration by the exporter is correct.
海北精彩贸易有限公司 HAIBEI WONDERFUL TRADE CO., LTD SEP 2, 2014 HAIBEI Place and date, signature and stamp of authorized signatory	SEP 2, 2014 HAIBEI Place and date, signature and stamp of certifying authority

海北精彩贸易有限公司

HAIBEI WONDERFUL TRADE CO. , LTD

ADD：NO. 123 ZHONGSHAN RD. , HAIBEI CITY，CHINA

COPY OF FAX ADVICE

DATE：SEP. 17，2014

L/C NO.：LC140800234

INV. NO.：HB14010

NAME OF COMMODITY：LADIES' COAT

QUANTITY OF COMMODITY：5 018PCS（251 CARTONS）

VALUE OF COMMODITY：USD61 871. 94 CIF HONG KONG

NAME OF THE CARRYING VESSEL：BOSPROUS BRIDGE

VOY. NO：00237E

SAILING DATE：SEP 15，2014

ETA：SEP. 18，2014

WE HEREBY CERTIFY THAT THIS FAX ADVICE HAS BEEN FAXED TO APPLICANT WITHIN 2 WORKING DAYS AFTER SHIPMENT DATE, RELEVANT FAX REPORT IS ATTACHED.

海 北 精 彩 贸 易 有 限 公 司
HAIBEI WONDERFUL CO., LTD

TRANSMISSION VERIFICATION REPORT

TIME   : 17/09/2014 10：55
NAME   : #
FAX   : 008657323452336

DATE, TIME	17/09 10：55
FAX NO./NAME	00852 23882399
DURATION	00：01：08
PAGE（S）	01
RESULT	OK
MODE	PHOTO

小赵签收单据后，粗略看了一下，让张艾先回公司，有问题再电话联系。张艾看到小赵他们面前有一大堆单据需要处理，不好意思坐那儿等，就告辞离开中行，决定开个小差先不回公司，到中行附近的商厦逛一圈，让小赵有问题的话，用手机联系。

逛了半小时，张艾一直没有接到中行的电话，便以为这次可以做到没有不符点了，但手机铃声马上打破了张艾的美好愿望。

电话是单老师打的，让张艾带上公司的条形章和另一份正本保险单去中行，否则今天就无法寄单了。张艾带着条形章，但第三份保险单正本没带，看看时间较紧了，顾不得问为什么，立即回公司。

到公司拿上留在公司的那份正本保险单回到中行，交给了单老师，单老师让张艾用条形章在正本提单和保险单后面盖章。张艾看到提单和保险单后面全是密密麻麻的条文，一时不知道盖什么位置，没有下手。单老师可能明白张艾的心思，让张艾不要管背面有没有文字，挑个顺眼的地方盖上去就是了。张艾在提单背面也挑不出一个地方文字少一点，就按单老师的说法在自己顺眼的地方盖了第一个，盖了第一个，后面就快了。盖完提单，问单老师

这是不是就是提单的空白背书（BLANK ENDORSED），单老师明确地说，空白背书就是这样操作，如果信用证规定是背书给什么单位，或背书受什么单位指示，就在盖章的上面打上"TO 单位名称"，或"TO ORDER OF 单位名称"，手写也可以。所谓的背书，也就这几种形式。

信用证明规定保险单只要提供两份（IN DUPLICATE），而且张艾知道这种份数的表述，提供一正一副也符合信用证的要求，现在已经交了 2 份正本了，单老师还要张艾把另一份正本拿来，张艾很不理解，而且信用证上也没说保险单需要背书，为什么也跟提单一样要在背面盖章？

单老师告诉张艾，出口保险如果以出口商自己为被保险人，必须背书把要求赔付的权利转让出去，这是国际贸易实务中的惯例，不管信用证有没有关于背书的指示。而且，如果保险单显示了正本的份数，无论信用证要求提供几份，也必须提交全部正本。

单老师告诉张艾，有关保险单的背书和份数问题，他们当地一家银行与韩国外汇银行（KOREA EXCHANGE BANK）打了 5 年信用证官司，最终胜诉。单老师向张艾述说了这起纠纷的过程。

2000 年，当地一家裘皮服装公司通过韩国的贸易商从俄罗斯进口蓝狐皮，在本地一家银行（以下称开证行）申请开立了以韩国的贸易商为受益人（以下称 A 公司）的即期信用证，金额 35 万美元，溢短装 5%。信用证规定货物从任意俄罗斯机场空运至上海，不允许分批装运，允许转运。最迟装运期 2 月 28 日，交单期 10 天。

信用证要求受益人投保空运"一切险和战争险"，其中有关保险单的表述为："INSURANCE POLICY/CERTIFICATE IN DUPLICATE FOR 110% OF THE INVOICE VALUE COVERING ALL RISKS AND WAR RISKS, SHOWING CLAIMS AT DESTINATION IN THE CURRENCY OF THE DRAFT 。"这一条款是当时银行开证申请书上固定化的条款，信用证也根据这一条款开立，谁也没料到会引发如此的争议。

3 月 3 日，开证行收到韩国外汇银行汉城（还未改称首尔）分行（KOREA EXCHANGE BANK, SEOUL）寄来的全套单据，发票金额 36 万美元，面函上声称单证相符。

TERMS AND CONDITION
(Large Print Available on Request)

OCEAN MARINE CARGO CLAUSES

Scope of Cover:

This insurance is classified into the following three Conditions - Free From Particular Average (F.P.A.), With Average (W.A.) and All Risks. Where the goods insured hereunder sustain loss or damage, the Company shall undertake to indemnify therefor according to the Insured Condition specified in the Policy and the Provisions of these Clauses.

1. Free From Particular Average (F.P.A.)

This insurance covers:

1) Total or Constructive Total Loss of the whole consignment hereby insured caused in the course of transit by natural calamities - heavy weather, lightning, tsunami, earthquake and flood. In case a constructive total loss is claimed for, the Insured shall abandon to the Company the damaged goods and all his rights and title pertaining thereto. The goods on each lighter to or from the seagoing vessel shall be deemed a separate risk.

"Constructive Total Loss" refers to the loss where an actual total loss appears to be unavoidable or the cost to be incurred in recovering or reconditioning the goods together with the forwarding cost to the destination named in the Policy would exceed their value on arrival.

2) Total or Partial Loss caused by accidents - the carrying conveyance being grounded, stranded, sunk or in collision with floating ice or other objects as fire or explosion.

3) Partial loss of the insured goods attributable to heavy weather, lightning and/or tsunami, where the conveyance has been grounded, stranded, sunk or burnt, irrespective of whether the event or events took place before or after such accidents.

4) Partial or total loss consequent on falling of entire package or packages into sea during loading, transhipment or discharge.

5) Reasonable cost incurred by the Insured in salvaging the goods or averting or minimizing a loss recoverable under the Policy, provided that such cost shall not exceed the sum Insured of the consignment so saved.

6) Losses attributable to discharge of the insured goods at a port of distress following a sea peril as well as special charges arising from loading, warehousing and forwarding of the goods at an intermediate port of call or refuge.

7) Sacrifice in and Contribution to General Average and Salvage Charges.

8) Such proportion of losses sustained by the shipowners as is to be reimbursed by the Cargo Owner under the contract of Affreightment "Both to Blame Collision" clause.

2. With Average (W.A.)

Aside from the risks covered under F.P.A. condition as above, this insurance also covers partial losses of the insured goods caused by heavy weather, lightning, tsunami, earthquake and/or flood.

3. All Risks.

Aside from the risks covered under the F.P.A. and W.A. conditions as above, this insurance also covers all risks of loss of or damage to the insured goods whether partial or total, arising from external causes in the course of transit.

Exclusions:

This insurance does not cover:

1. Loss or damage caused by the intentional act or fault of the Insured.

2. Loss or damage falling under the liability of the consignor.

3. Loss or damage arising from the inferior quality or shortage of the insured goods prior to the attachment of this insurance.

4. Loss or damage arising from normal loss, inherent vice or nature of the insured goods, loss of market and/or delay in transit and any expenses arising therefrom.

5. Risks and liabilities covered and excluded by the Ocean Marine Cargo War Risks Clauses and Strike, Riot and Civil Commotion Clauses of this Company.

Termination of Cover:

1. Warehouse to Warehouse Clause:

This insurance attaches from the time the goods hereby insured leave the warehouse or place of storage named in the Policy for the commencement of the transit and continues in force in the ordinary course of transit including sea, land and inland waterway transits and transit in lighter until the insured goods are delivered to the consignee's final warehouse or place of storage at the destination named in the Policy or to any other place used by the Insured for allocation or distribution of the goods or for storage other than in the ordinary course of transit. This insurance shall, however, be limited to sixty (60) days after completion of discharge of the insured goods from the seagoing vessel at the final port of discharge before they reach the above mentioned warehouse or place of storage. If prior to the expiry of the above mentioned sixty (60) days, the insured goods are to be forwarded to a destination other than that named in the Policy, this insurance shall terminate at the commencement of such transit.

2. If, owing to delay, deviation, forced discharge, reshipment or transhipment beyond the control of the Insured or any change or termination of the voyage arising from the exercise of a liberty granted to the shipowners under the contract of affreightment, the insured goods arrive at a port or place other than that named in the Policy, subject to immediate notice being given to the Company by the Insured and an additional premium being paid, if required, this insurance shall remain in force and shall terminate as hereunder:

1) If the insured goods are sold at port or place not named in the Policy, this insurance shall terminate on delivery of the goods sold, but in no event shall this insurance extend beyond sixty (60) days after completion of discharge of the insured goods from the carrying vessel at such port or place.

2) If the insured goods are to be forwarded to the final destination named in the Policy or any other destination, this insurance shall terminate in accordance with Section 1 above.

Duty of the Insured:

It is the duty of the Insured to attend to all matters as specified hereunder, failing which the company reserves the right to reject his claim for any loss if and when such failure prejudice the rights of the Company:

1. The Insured shall take delivery of the insured goods in good time upon their arrival at the port of destination named in the Policy. In the event of any damage to the goods, the Insured shall immediately apply for survey to the Survey or settling agent stipulated in the Policy. If the insured goods are found short in entire package or packages or to show apparent traces of damage, the Insured shall obtain from the carrier, bailee or other relevent authorities (Customs and Port Authorities etc.) certificate of loss or damage and/or shortlanded memo. Should the carrier, bailee or the other relevent authorities be responsible for such shortage or damage, the Insured shall lodge a claim with them in writing and, if necessary, obtain their confirmation of an extension of the time limit of validity of such claim.

2. The Insured shall, and the Company may also, take reasonable measures immediately in salvaging the goods or preventing or minimizing a loss or damage thereto. The measures so taken by the Insured or by the Company shall not be considered respectively, as a waiver of abandonment hereunder, or as an acceptance thereof.

3. In case of a change of voyage or any omission or error in the description of the interest, the name of the vessel or voyage, this insurance shall remain in force only upon prompt notice to this Company when the Insured becomes aware of the same and payment of an additional premium if required.

4. The following documents should accompany any claim hereunder made against this Company:

Original Policies, Bill of Lading, Invoice, Packing List, Tally Sheet, Weight Memo, Certificate of Loss or Damage and/or Shortland Memo, Survey Report, Statement of Claim.

If any third party is involved, documents relative to pursuing of recovery from such party should also be included.

5. Immediate notice should be given to the Company when the Cargo Owner's actual responsibility under the Contract of Affreightment "Both to Blame Collision" Clause becomes known.

Time of Validity of A Claim:

The time of validity of a claim under this insurance shall not exceed a period of two years counting from the time of completion of discharge of the

经开证行审核，韩国外汇银行的面函日期为 3 月 1 日，空运单签发日期为 2 月 24 日，起运地为莫斯科，目的地为上海。保险单显示正本份数为三份，但仅提交了两份，而且没有背书，开证行认定是实质性的不符点。随即联系了作为申请人的裘皮服装公司（以下称 B 公司）。B 公司表示货未到上海机场，如果货物符合合同要求，愿意接受不符点付款赎单。开证行就一直等待 B 公司的答复。一等等到 3 月 13 日，已经到了签收单据后的第 6 个工作日（UCP600 尚未实施，开证行有合理但不超过 7 个工作日来决定是否单证相符），开证行再次联系了 B 公司，B 公司称还没有收到上海机场的到货通知，要开证行先行拒付。

　　开证行就以保险单未提交全套正本和未背书为不符点，根据 UCP500 第 34 条 B 款的规定：If the insurance document indicates that it has been issued in more than one original, all the originals must be presented unless otherwise authorized in the Credit. （如保险单据上表明所出具的正本系一份以上者，除非信用证另有授权，必须提交全部正本保险单据。）于 3 月 13 日向韩国外汇银行汉城（2005 年中文译名改为首尔，以下同）分行发出了拒付电文。

　　3 月 17 日，开证行收到了韩国外汇银行的抗辩，声称信用证保险条款规定只要提供一式两份的保险单，属于已经授权（AUTHORIZED）只需要提供两份，而且没有规定需要背书，受益人提供的保险单据符合信用证条款的规定，要求开证行立即付款，并保留追索迟付利息的权利。

　　3 月 20 日，B 公司打来电话，他们已到上海办理提货手续。货物经过多次转运，包装破损，规格远远达不到合同规定的标准，而且不知道是发货时就数量不足还是运输过程中遗失，数量也远达不到货运单据显示的数量，所以坚决不同意付款。同日，开证行又收到了韩国外汇银行寄来的已经背书的第三份正本保险单。

　　开证行知道申请人已办理提货，准备说服申请人向保险公司索赔补偿损失，接受单据。但 B 公司认为货物本该 2 月份就可以到货，但多次转运迟迟未到，数量规格又远远不符合合同要求，严重影响了他们自己履行出口合约，其损失不能通过保险索赔全部弥补，坚持不同意付款。

　　开证行在 21 日，以补交的保险单据已经迟交单和信用证已过有效期为由，再次向交单行拒付。其后，交单行多次来电，声称申请人已办理提货，要求开证行付款。开证行回电坚持不符点成立，并称已经接洽了开证申请人，开证申

请人由于货物远远迟于正常的时间到货，而且规格和数量与单据严重不符，不同意接受不符点。并在 3 月 27 日征求申请人意见后，向交单行韩国外汇银行退回了全套单据，准备让 B 公司自己去跟韩国的 A 公司解决商业纠纷。

不料在 2000 年 5 月上旬，开证行的地级分行，收到了汉城地方法院的通知，韩国外汇银行汉城分行起诉了开证行（信用证是以地级分行名义发送的电文），要求开证行向他们支付信用单据金额 36 万美元和迟付利息，并承担诉讼费用。

开证行收到法院的开庭通知后，立即做了充分的准备工作，并委托自己的汉城分行应诉。韩国外汇银行主张：（1）信用证规定提交的保险单是一式两份（IN DUPLICATE），受益人提交了两份正本，符合信用证的规定。（2）信用证未规定保险单据需要背书，UCP500 也没有明确规定保险单必须背书。（3）出口商已办理提货手续，货物迟到、规格和数量不符合合同要求不是拒付的理由，银行处理的是单据不是货物，而且已经补交了经背书的保险单，进口商的损失可以通过保险索赔得到合理补偿，理应支付信用证项下进口款项。

开证行辩称：（1）如果保险单多于一个正本，UCP500 明确规定必须提交全套的正本，如果不提交全套正本，出险后持有一份正本保单的投保人可能先于进口商向保险公司索赔，受益人权利得不到保障。（2）UCP500 不可能对贸易实务中的细节全部作出相关的规定，保险单必须背书把权利转让出去是国际贸易中的惯例，如果没有背书，出险后受益人无法索赔，就失去了保险的意义。（3）货物比正常时间迟到了 20 天左右，而且数量规格均不符合合同要求，进口商蒙受了巨大损失，保险索赔并不能弥补进口商的全部损失。但这是进出口双方的商业纠纷，正像起诉方韩国外汇银行所说的那样，银行处理的是单据而不是货物，进口商已经提货和造成的损失可以通过保险索赔得到补偿而不是开证行必须付款的理由。（4）原告方补充提交经背书的第三份正本保险单，已经过了信用证的交单期和有效期，第二次拒付确切成立，并说明原告方也认同保单必须提交全套正本和背书。

汉城地方法院没有开证行起先担心的那样，蓄意偏袒本国的银行。经审理，基本采纳了开证行的意见，判决开证行拒付成立，驳回了韩国外汇银行的诉讼请求。开证行和 B 公司得到开证行汉城分行通报的判决结果后，都松了口气，以为事情可以了结了。

但韩国外汇银行不服汉城地方法院的判决，以一审同样的事实和理由上诉到了汉城高等法院。当时开证行认为，本案事实和理由非常清楚，汉城高等法院改判的可能性不大。但结果出人意料，汉城高等法院枉顾 UCP500 的规定和国际惯例，认定韩国外汇银行第一次提交的单据，符合信用证有关保险单据条款的规定，开证行拒付不成立，判令开证行支付该信用证项下发票金额 36 万美元，承担迟付利息和诉讼费用。

　　开证行得知这一判决结果后，迅速与汉城分行进行充分沟通。由汉城分行出面，在当地聘请了有经验的律师，并向国际商会就该两个不符点进行了咨询。国际商会认同开证行的结论，认为不符点成立，并出具了书面意见。接着开证行就向韩国大法院提起了上诉。这已经是 2004 年的事情了。

　　韩国大法院最终还是采纳了国际商会的意见，撤销了汉城高等法院的判决，开证行对该信用证项下韩国外汇银行提交的单据，拒付成立，无须向交单行支付单据款项和迟付利息。韩国大法院的判决是终审判决，该案才算真正了结，前后历时 5 年，牵涉了开证行及其汉城分行的大量时间和精力。其中汉城分行在该案中起到了重要作用，如果开证行在案件起诉地没有分支机构，该案件将很难得到妥善的处理。

　　该案发生以后，开证行在新版的开证申请书中，有关保险条款的表述，统一改成了："FULL SET OF INSURANCE POLICY/CERTIFICATE COVERING... BLANK ENDORSED...", 即保险单不再规定提交几份，改成不论几份的"全套"，对空白背书也进行了明确的规定，以免引起无谓的争议。

　　该案件的信用证，如果保险条款也是如此规定，交单行提交的单据含有同样的不符点，开证行拒付后交单行肯定只能接受拒付，不会再利用信用证相关条款的瑕疵向法院起诉。换一个角度，如果信用证作了如此明确的规定，受益人提交的保险单很可能不会再出现上述不符点。因此不管如何货不对板，申请人也只能按时支付该信用证项下的单据款项，损失除了向保险公司索赔或通过跨国商业诉讼起诉韩国的 A 公司外，别无他法。而受益人和交单行如果没有犯这个低级错误，至少能保证安全收汇。同样开证行就不会牵涉进去处理这场历时 5 年的跨国诉讼。

　　张艾听完，终于明白，不管信用证规定保险单需要几份，必须提供保险单所显示份数的全套正本。但如果保险单没有显示正本份数怎么办？

对张艾的疑问，单老师说，这是目前很有争议的一个问题，UCP600、ISBP 和国际商会对答疑还没有明确的说法。其中 UCP600 的表述为："When the insurance document indicates that it has been issued in more than one original, all originals must be presented."（如果保险单据表明其以多份正本出具，所有正本均须提交。）不管是字面意义还是言外之意，很难看得出保险单是不是必须表明正本份数。通常认为，保险单必须表明正本份数，否则银行怎么来把握保险单正本究竟有几份，是否已提交"全套正本"？也有意见认为，如果保险单没有显示正本份数，不管受益人提供几份正本，均可以认为已经提交了"全套"正本。目前中行本着出口单据审核从严的原则，要求出口信用证如果需要提交保险单的话，保险单必须显示正本份数。

据单老师所知，目前国内部分保险公司，特别是新承办国际货运保险的，有不标明正本份数的保险单。这种单据做 T/T，托收都没问题。但如果要在信用证项下交单，还是有可能引起争执。为避免引起与开证行之间可能产生的争议，信用证交单还是选择标明正本份数的保险单为好。

张艾想，那就一直让平安保险公司做好了，他们的保险单就是标明正本份数的，免得每次投保时都要询问保险公司出具的保险单是不是有显示正本的份数。

本节提示

1. 不论信用证如何规定，保单被保险人如果是受益人，则必须背书，如果保险单显示了多于 1 份的正本，不论信用证规定提交几份，都必须提交全部正本。

2. 保单签发日期不得迟于装运日期。

3. 所谓背书，就是在单据背面认为合适的任意地方盖上名称与提单的托运人（SHIPPER）或保单的被保险人名称一致的图章并签名（签名章），没有英文名称的公章不行。空白背书只要在单据背面盖章和签字就算完成，如果是背书给××单位或凭××单位指示，还需要在背书章旁边写上或打印上××单位的名称或"TO ORDER OF ××（单位名称）"。

6.11 常识不代表真理

弄好了提单和保单，单老师说，渣打银行那份转让信用证，有个无法修正的不符点。张艾只觉得心一下子沉到海底："是什么？"张艾起初误以为自己一直担心的汇丰信用证项下那个伪造传真报告让单老师看出来了。

"信用证超支（OVER DRAWN）和超装（OVER SHIPMENT）了。这份信用证没有规定溢短装幅度，金额是 47 731.20 美元，你现在发票和汇票金额是 48 816 美元，信用证就超支了。信用规定商品数量是 2 112 件，你们公司这次装运的是 2 160 件，还不是超装了？"单老师说。

张艾听到单老师说的不是传真报告的事，感觉轻松了一点。关于信用证超支和超装，自己做发票时已经发现并请示过经理，经理说过没问题的。

"我们李经理问过一直在做信用证的同事，说信用证没有溢短装的规定，默认有 5%的增减幅度啊？"张艾知道，肯定是他们经理有误会之处。究竟是怎么回事，希望单老师能解释一下。

"这真是只知其一，不知其二啊。UCP 是如果信用证没有约定数量不得增减时，装运的数量可以有 5%的增减。其中，UCP500 相关的规定是：'Unless a Credit stipulates that the quantity of the goods specified must not be exceeded or reduced, a tolerance of 5% more or 5% less will be permissible, always provided that the amount of the drawings does not exceed the amount of the Credit. This tolerance does not apply when the Credit stipulates the quantity in terms of a stated number of packing units or individual items.'（除非信用证规定货物的指定数量不得有增减外，在所支付的款项不超过信用证金额的条件下，货物数量准许有 5%的增减幅度。但是，当信用证上规定的数量是以包装单位或个数计数时，此项增减幅度则不适用。）UCP600 改成了 'A tolerance not to exceed 5% more or 5% less than the quantity of the goods is allowed, provided the credit does not state the quantity in terms of a stipulated number of packing units or individual items and the total amount of the drawings does not exceed the amount of the credit'.（在信用证未以包装单位件数或货物自身件数的方式规定货物数量时，货物数量允许有 5%的增减幅度，只要总支取金额不超过信用证金额。）"

"结果呢，我们的外贸业务员，看了前半句就不看下半句了，以为所有的信用证，如果没有规定增减幅度，就默认有 5%。以后起草 UCP700、UCP800 时，强烈建议国际商会把'provided the credit does not state the quantity in terms of a stipulated number of packing units or individual items and the total amount of the drawings does not exceed the amount of the credit'（倘若信用证未以包装单位件数或货物个数的方式规定货物数量并且支取金额不超过信用证金额）放到句首，这样我们的外贸业务员就不会产生那样的认识了。"不知单老师能不能把他的建议直接提到国际商会？

"是不是可以这样理解，如果信用证规定的商品是一个个、一件件计数的，比如 1 000 个洋娃娃、2 000 瓶香水，3 000 件大衣，如果信用证没有规定溢短装，就不允许有溢短装。如果不是可以以件计数的，比如 10 000 吨铁矿石、5 000 加仑汽油、1 000 英尺皮革，如果信用证没有规定溢短装，就允许有 5%的增减幅度，但支用的金额也不能超过信用证金额？"张艾觉得自己应该正确理解了 UCP 的规定。

"EXCELLENT! 理解得完全正确!"单老师不由得冒出一句英文老师的常用口语。看来张艾理解得非常到位。

"THANK YOU，不过我还有个问题，货物装运数量超过了信用证的规定，但支用金额不能超，这样做不是也肯定有不符点吗？这个单价怎么办？"张艾问道。

"是的，如果信用证规定了单价，实务中确实很难操作。所以出口的如果是散装货，一定要争取信用证有一定幅度的溢短装，哪怕是 1%也好。如果遇到了这个问题，我们以前曾建议客户按实际发运的数量和信用证规定的单价，在发票显示实际的货物价值后，另行说明在信用证项下支用的金额，超额部分与客户商议在信用证以外解决。但当时客户没有按我们的意见做，申请人也同意接受不符点付款赎单。所以我们的建议是否可行未经过实际检验。如果按我们对 UCP600 和 ISBP 条款的理解，这样做不构成不符点。"单老师说道。

"我想也应该可行。这个问题我先请示一下经理。"张艾当然认同单老师的见解。

看来这个不符点确认是无法更正了，张艾打电话向李经理进行了汇报。

李经理说无所谓，装运时已经跟 WORLD FASHION 公司进行过沟通，他们会接受，让中行尽管寄单。

单老师让张艾在"交单委托书"上不符点处理处，勾上"表提"，就是在寄单面函上说明不符点。因为转让信用证或像精彩公司出口巴基斯坦那份转通知信用证，单据由开证行的代理审核和付款，如果有不符点，转让行或转通知行往往在拒付时，让交单人授权他们向开证行寄单寻求接受不符点。然后交单行这边还要受益人出具同意授权向开证行寄单的书面文件，交单行再向转让行或转通知行发电文授权，浪费时间和电报费。在"交单委托书"上明确"表提"不符点后，可以在缮制寄单面函时，直接授权转让行或转通知行把不符点单据寄开证行寻求接受。

张艾已请示过经理，依言照办后，单老师拿过另一套到香港BRILLIANCE公司的单据，"这套已经迟交单了，你看怎么办"？

"迟交单了，信用证规定不是有 15 天吗？提单是 15 日的，今天才 23 日啊？"张艾很奇怪，尽管信用证的修改中把交单期缩短到了 5 天，但修改受益人是可以不接受的。

"我知道这份信用证因为你们的公司名落了个'HAIBEI'而修改过了，这份修改同时把交单期改成了 5 天。修改你们是可以不接受，那么你们出具的单据，包括提单的发货人，必须按未修改前没'HAIBEI'的公司名称出具。修改不可以接受一部分，要么全盘接受，要么全盘拒绝。"单老师说，"你自己看一下 UCP600，第 10 条 C 款是规定受益人可以不接受信用证的修改，E 款明确说'Partial acceptance of an amendment is not allowed and will be deemed to be notification of rejection of the amendment.'（不允许部分接受修改，部分接受修改将被视为拒绝接受修改的通知。）"

"也就是说，我们这套单据必须在 9 月 20 日前交单，但 20 日是星期六，你们银行又不上班。上星期五就要交单，绝对来不及。有些船公司，出提单非常慢。"张艾知道，单老师确实很少出错。

"那倒不见得非在上周五交单，交单期截止日如果恰逢公众假期，银行不营业，可以顺延到银行的下一个工作日，也就是你昨天来交，还不算迟交单。"单老师补充了一下张艾的说法，"不过我要提醒你们公司注意，日期的顺延，仅限于交单期，对最后装运期不适用，这一点，也是很多外贸业务人

员误会的地方。"

"就差一天？单老师有没有办法啊？"张艾看着单老师，希望有个肯定的答案。

"你们公司这份信用证，是自由议付，在中国到期，只差一天，我们可以帮忙解决迟交单这个问题。UCP 规定，信用证的指定银行签收单据后有 5 个工作日来审核是不是构成相符交单。这个期限'不受因单据提示日适逢信用证有效期或最迟提示期或在其之后而被缩减或受到其他影响'，也就是说，我们在信用证交单期截止日签收的单据，极限可以审到交单期后的第 5 个工作日。所以，我们可以假装你们是昨天交单的。"张艾一直以为单老师是个很古板的人，想不到也会变通。"如果信用证是在境外到期，那就无能为力了。"

"谢谢单老师帮忙。"这是张艾的由衷之言。

"先别忙着谢我，你还有两件事要做：一是把"交单委托书"的交单日期，改到 9 月 22 日，这是给我们中行人看的。二是重新打一个汇票，把汇票的签发日期改在 9 月 22 日。这个给开证行看。"单老师对张艾说完，又对小赵说道："还有小赵，你一会儿做寄单面函时，把面函的日期改成 22 日，或在指示中声明一下，说单据是 9 月 22 日交的也行，笼统地说单据是在交单期内交的也行（WE CERTIFY THAT THE DOCUMENTS PRESENTED AT SEP 22/IN DUE DATE）。"

"张艾，这种事只能偶然为之，你以后不要自觉地把交单日期加上议付行 5 个工作日的审单日期。并不是每个银行每个国际结算单证员都会同意这样做，我说不定下次就不同意帮这个忙了。"单老师提醒张艾。

"不会，单老师放心。这个汇票日期一定要改吗？"张艾想着还要回一趟公司，看看单老师是否还可通融。

"这个单据签发日期，马虎的时候很马虎，发票和装箱单甚至不要日期。这点 UCP 的规定和银行的审单标准，反倒比外贸业务人员的认识宽松得多。据我所知，外贸人员对各类文件签发日期的先后次序非常讲究。但关于单据日期，ISBP 只有一条规定，'任何单据，包括分析证明、检验证明和装运前检验证明注明的日期都可以晚于装运日期。但是，如果信用证要求一份单据证明装运前发生的事件（如装运前检验证明），则该单据必须通过标题或内容来表明该事件（如检验）发生在装运日之前或装运日当天。要求检验证明并不表明要求证明装运前发生的事件。任何单据都不得显示其在交单日之后出具'。"

"我明白了，如果我们公司的单据是 9 月 22 日交的单，汇票就不能在 9 月 23 日签发。我想起来上次带了盖好章的空白汇票给你们，还在的话，我不用回公司，在你们这里重新打印一份好了。"张艾顿悟。

"所以我们银行审单时，除了有明确规定的比如保险单日期不能迟于装运日期等外，并不特别关注单据签发日期的先后次序。信用证如果规定在信用证开立以前签发的单据不接受，才会注意一下单据是不是在信用证开立之前签发，只要显示的日期不要太离谱，一般并不要求客户更改。"单老师继续讲单据日期问题，"有一件事你们可以当笑话，有一个单证员做发票，打日期时不知道是不是用了 OFFICE 软件的插入日期功能，反正在日期后面带了个 B. C.，把单据的签发日期做到了公元前。寄单行没有注意单据的签发日期，就这样寄了出去。几天后单证员自己发现了，吓个半死，怕被拒付，问寄单行要不要重新寄个发票，结果那天就收汇了，也没扣不符点费，开证行根本没有理睬这个问题。"

听到这，张艾和小赵都在无声地笑，旁边的外汇会计则笑得趴在办公桌上。

"我们中行 20 世纪 90 年代作为开证行跟境外的议付行打过一起单据日期的官司。一家客户在我们中行开证从东南亚进口木材，植物类产品进口检验检疫比较严格，需要提供很多证书。我们经办行签收单据后发现其中一份检验证书的签发日期在装船日期之后，就坚持拒付。结果议付行把我们中行告了。当时经办行满怀信心地上法庭，ISBP 没颁布实施、UCP500 也没有具体的规定，根据常识，货物都发运了，肯定不可能再进行检验，我们中行不可能败诉。但结果是我们败诉，支付单据款项、迟付利息和诉讼费用。判决理由是，检验证明签发日期在装运日之后，并不表示检验行为发生在装运日之后。判断是否单证相符，不能凭常识。"单老师一口气说了很多，停了一下，喝了点水。

"后来 ISBP 实施了，对单据日期有了明确的规定，我跟国内大多数外贸业务员的看法一样，对检验证明可以在装运日后签发还不太认同。直到上个月我们中行组织了一次体检，才算对这个问题有了感性认识。上个月我们去

医院进行了很多项目的化验和检查，到这个月医院回访，回访医生拿着粘贴着各种检验报告的体检报告，逐个跟我们谈话，根据各项检验结果对我们的身体情况进行综合评价，日常生活要注意些什么，写到体检报告最后一栏的体检结论中，这样一份体检报告才算正式完成，最后签的就是回访日期。我才恍然大悟，检验报告是可以在检验日期之后签发的。"

张艾想想，确实是这个道理。小赵已经把精彩公司的空白汇票找出来，张艾开始动手打汇票。

打好汇票，其他事情就让银行去做。银行下班的铃声已经响起，单老师他们又得加班了。临走时，小赵把"K-LINE"那套提单的三份副本给张艾，让张艾带回去。张艾不解，信用证不是要"全套"提单吗，陈希和李经理都提到过，一套提单就是三正三副，三份副本让带回去还是"全套"吗？

"真的不需要提交副本提单？"张艾要让小赵确认一下。

小赵说，"全套"提单本来就不包括副本。信用证上说的"全套"提单，就是指提单表面显示份数的全部正本。提单份数栏如果显示的正本提单是1份，那么1份就是"全套"，显示的是5份，那么必须提交5份才是"全套"，没有副本的事。

单老师看到张艾还站在那儿犹豫，插话道："放心，小赵是对的。如果信用证需要受益人提交副本提单，提单条款会表述成'ONE FULL SET BILL OF LADING PLUS X NON-NEGOTIABLE COPY（IES）…'样式，提单条款没提到副本提单，就是不需要提交副本提单。如果你的客户确实需要副本提单，我也建议你不要通过银行交单寄给他们，还不如自己直接寄。放在交单单据中我记得曾跟你说过，有可能节外生枝。还有，有些船公司出具提单时，不提供副本了，但信用证如果明确需要'N-N COPY'提单，受益人通常就用正本提单的复印件代替。大多数情况下开证行并不拒付，但实质上正本提单的复印件（PHOTOCOPY）是与'N-N COPY'不一样的。有些国家海关、税务或副本提单背书等需要的'N-N COPY'并不能用正本提单的复印件代替。用正本提单的复印件代替'N-N COPY'被开证行拒付的，并不少见，也无法有效抗辩。所以如果信用证需要提交'N-N COPY'提单，尽量不要用复印件代替。"

单老师一席话，近乎"一语惊醒梦中人"，张艾拿起3份副本提单，签收了近期经由中行通知的两份信用证和韩国假远期信用证的收汇"水单"，告辞回公司。

回公司整理了一下今天交单的两套单据自己留存的副本后，张艾才下班回家。这两套单据，都有不符点，一个无法更正，不是自己的错。另一个当然也不是自己的错，单老师答应帮忙做成无不符点，结果不算太坏。才交了4套单据，张艾已经发现李经理和陈希他们当成常识性的知识，其实跟国际商会的相关规定和银行实务之间，存在着很多差距。有机会得告诉李经理和陈希，常识和真理之间的差别，以免在以后出货制单时，造成无法避免的"不符点"。

本节提示

1. 信用证如果没有规定有溢短装，除了不能以包装数或商品自己的件数计量的商品外，可以有5%的溢短装。在这种情况下，即使装运数量超过信用证规定，信用证支用的金额也不能超过信用证规定的金额。

2. 信用证修改要么全部接受，部分接受则视作拒绝修改。

3. 交单期截止日如恰逢公众假日，可顺延到银行的下一个工作日，最迟装运期不行。如果信用证在受益人所在地到期，信用证指定银行有不受信用证交单期或有效期影响的5个工作日的审单时间，超过信用证交单期1~2个工作日交单，银行或能变通。

4. 除了保险单等特殊的单据，涉及保险责任的生效时间外，其他单据如信用证没有特别的规定，标注的时间包括前后次序，银行并不关注，只要它们不迟于单据的交单日期。

5. "全套"提单不包括任何副本，如果信用证需要提交副本提单，会在提单条款用"PLUS NON-NEGOTIABLE COPY（N-N COPY）"来特别说明。

6. 单据的副本（COPY）包括单据的影印件（PHOTOCOPY）。但部分国家提单的N-N COPY有特殊的用途，不能用正本提单或N-N COPY的复印件来代替。如果信用证需要提供N-N COPY，尽可能向货运公司索取与正本提单一起出具的N-N COPY提单。

6.12　又是超装！

　　星期三上午，张艾已经拿到陈希整理出来的出口西班牙服装和出口韩国服装革的装运资料。张艾正准备做单据，公司行政部负责公司计算机和网络管理的技术员，来给张艾的电脑安装单证软件。说是公司为加强业务管理，从10月份开始各业务部门统一使用这一套单证软件，以便于统计、追踪收汇和内部考核。安装完成共花了10多分钟，跟张艾讲解了一下如何登录、怎么制作发票等单据、怎么打印等基本功能后，让张艾先试着用起来。国庆长假后几天，软件公司会来公司进行培训，使用中有什么问题，就可以提出来解决。

　　张艾早就觉得精彩公司这样已经初具规模的外贸企业，应该使用单证软件。用WORD、EXCEL制作单据并不是不可以，但在工作量和后续管理方面，肯定不如使用外贸单证软件有优势。现在手上有两套单据要做，张艾很乐意去尝试。

　　尝试的结果，张艾发现系统打印的发票还不错，问题是，尝试了多次也不知道怎么加"THIS SHIPMENT"这一栏，看来做发票时暂时不能镜像照抄信用证的货描了。

　　张艾用了一上午时间，这套单证软件的常用功能基本掌握，两套单据也完成了。发票编号已经到10多号了，这个网络版的软件，公司已经不少人在试用了。做完单据后，打印出来给陈希一份。张艾凭经验知道需要发票等单据。陈希上午就在准备做产地证申请材料，发票准备好了，顾不上吃中午饭就出发办证去了。

　　李经理希望在国庆长假前把这两套单据交掉，等放假后寄单，耽误的收汇时间太长了，特别是韩国那份假远期，早一天交单就可以早一天收汇。陈希出去办事了，他就自己与货代公司进行了沟通，要他们帮帮忙，无论如何必须在放假前拿到提单。货代这一行竞争也激烈，货代公司能帮忙还是愿意帮忙的，会尽快把草稿传真给精彩公司确认。李经理跟货代公司联系完毕，马上打电话找金先生。这次金先生没再玩"人间蒸发"，李经理把发票传真给他后，没多久就把检验证书传真过来了。

　　下午上班时，张艾见到了发到韩国的服装革的草稿提单，走的还是

COSCO 的船。如果货代公司管理良好，前不久出过这份信用证提单，应该还有留存的电子或纸质的副本可以参考，出错的概率也小些。张艾有一份经银行审核并确认没问题的同一份信用证项下的提单副本，除了数量之外其他内容一模一样，决定不再麻烦单老师他们，自己确认了。

下班前，去西班牙的 CMA CGM 公司的提单草稿，也传真过来了，有一张附页。张艾注意了一下，附页内容非常完整，肯定没有上次那份有提单附页的关联性问题。其他托运人（SHIPPER）、收货人（CONSIGNEE）、被通知人（NOTIFY PARTY）等内容核实无误。害怕提单还会有其他什么问题，最后还是决定让单老师看一下。传真后给单老师打了个电话，单老师答复说等手头的事做完马上看。张艾就等着，过了下班时间 20 分钟张艾认定是单老师可能太忙，忘了看提单，准备打电话去中行看看单老师还在不在时，单老师打来了电话，说那份提单表面内容没什么问题，只要正式出具时，签署和装船批注符合要求就行。另外提醒张艾，信用证明确要求提交 3 份 NON-NEGOTIA-BLE COPIES，别忘了向货代要，据单老师所说，少量船公司已经不再主动提供副本提单。张艾挂断电话，依言在传真上写上"确认无误，请提供 3 份 N-N COPIES"后，回传货代公司。

这些天，张艾确实非常忙，很少上 QQ 与同学们聊天，只是在干活间歇偶尔打开 QQ 群的聊天记录看看。虽然受国际经济下行的影响，但大多数公司都有自己相对稳固的客户，多少都有些业务在做，所以群里面时不时还有一些张艾没见过的条款提出来让大家讨论。说实话，张艾一是没时间，二是没什么把握，虽然大家都希望张艾发表点意见，但张艾一般以没时间来推托，只是留了个心眼，把一些大家都不明白或争执较多的条款记了下来，等忙过这一阵再仔细看看或向单老师讨教——其实大多数条款的字面意思还是明白的，只是不知道为什么要这样规定或不知道实务应该如何操作而已。

国庆假期马上就到了，很多事需要在放假前安排好。经理和陈希除了上班和下班时会在公司露一下面外，其他时间都在外面跑。

9 月 29 日上午，去韩国的 COSCO 的提单寄到，张艾立即着手安排交单。这份信用证已经交过一回单，有现成的样本可以参考，张艾心想这回应该能把事情一次做对。

张艾放弃了午休，把准备好的单据仔细校对了两遍，稍稍靠在桌上休息了一下，时间差不多就去了银行。走进银行时，银行代替上班铃声的音乐刚刚响起。

小赵让张艾稍坐一下，他马上看单子。张艾也没坐下，就站在小赵旁边看他审单。小赵拿起发票用计算器按了几遍，对张艾说，你们又超装了。张艾说不可能，我也加过的，别忘了我们这个信用证有5%的溢短装，总共可以出42 000英尺，我们两次也就41 000英尺不到，怎么会超装？

小赵说，总数是没超装，但你看 D/BROWN（DARK BROWN 咖啡色）这个颜色，信用证规定20 000英尺，你这次装运了22 018.6英尺，是不是超过5%这个幅度了？

张艾一听小赵这么说，发现自己做发票时，确实只注意到了总数有没有超装，原来这个溢短装比率是针对每个品种而言的。

小赵说，对的，除非是信用证没有规定每种颜色的数量，比如他刚参加过一个培训，一份信用证规定的商品名称是"鸡肉和鸡杂"，信用证金额200 000万美元，允许分批装运，没有溢短装。受益人第一次交单，发票显示的商品名称是"鸡肉"，发票金额199 999.35美元，算不算不符点？不算！但如果规定了鸡肉190 000美元，鸡杂10 000美元，那就是不符点。像精彩公司这份信用证，规定 D/BROWN 这个颜色是20 000英尺，5%溢短装，如果发运22 000英尺不算不符点的话，另一个颜色不做，发运41 999.99英尺一种颜色的产品也不算不符点了。这显然跟申请人和信用证的要求大相径庭。

听小赵这么一说，张艾心服口服，知道已经没有必要争辩了。打了个电话给经理，经理指示，备货时海军灰（NAVY GREY）这个颜色备少了，咖啡色的有多，多装运一些咖啡色的是金先生的决定。以防万一，李经理还让金先生出了份同意咖啡色货物装运数量超过信用证规定的保证书。所以不管它，不符点出单。

张艾转述了经理的意见，小赵告诉张艾，信用证是开证行与受益人之间的事，开证行拒付的权力独立于申请人对受益人的承诺，议付行并不能用申请人已经同意接受不符点来对抗开证行的拒付。

张艾说这么做是客户的意思，所以肯定不会拒付，再说偿付行又不会看到单子，不会知道有不符点，是不是可以先索汇？

海北精彩贸易有限公司
HAIBEI WONDERFUL TRADE CO. , LTD
NO. 123 ZHONGSHAN RD. , HAIBEI CITY, CHINA

发　票
INVOICE

To：LUNGWOL S. P CO. , LTD
12F DAEWOO B/D 122 – 5
KANG-DONG-DONG RO
NGDAELU-GU SEOUL, KOREA

发票号码：

Invoice No. ：WT/00010/14
发票日期：
DATE：SEP. 24 , 2014

装船口岸：
　From：SHANGHAI, CHINA
信用证号码：
　Letter of Credit No. ：MW1ST808NE00056

目的地：
　To：INCHON, KOREA
开证行：
Issued by：WOORI BANK, SEOUL, SEOUL

唛头 Shipping Marks	货名与数量 Descriptions & Quantities	单价 Unit Price	总价 Amount
N/M		CFR INCHON, KOREA (USD)	

LAMB SKIN FOR GARMENT
COLOR. NAVY GREY　1 553. 2S/F　USD2. 70　4 193. 64
COLOR D/BROWN　22 018. 6S/F　USD2. 70　59 450. 22
ORIGIN CHINA
CFR BY SEA

　　　　TOTAL　23 571. 8S/F　63 643. 86

SAY U. S. DOLLARS SIXTY THREE THOUSAND SIX HUNDRED FORTY THREE AND CENTS
EIGHTY SIX ONLY

NAME OF COMMODITY：LAMB SKIN FOR GARMENT
PORT OF LOADING：SHANGHAI, CHINA
PORT OF DISCHARGE：INCHON, KOREA

海北精彩贸易有限公司
HAIBEI WONDERFUL CO., LTD

海北精彩贸易有限公司

HAIBEI WONDERFUL TRADE CO. , LTD

NO. 123 ZHONGSHAN RD. , HAIBEI CITY, CHINA

装　箱　单

PACKING LIST

To：LUNGWOL S. P CO. , LTD	发票号码：
12F DAEWOO B/D 122 – 5	
KANG-DONG-DONG RO	Invoice No. ：WT/00010/14
NGDAELU-GU SEOUL, KOREA	发票日期：
	DATE：SEP. 24，2014

装船口岸：　　　　　　　　　　目的地：

From：SHANGHAI, CHINA　　　　To：INCHON, KOREA

信用证号码：　　　　　　　　　开证行：

Letter of Credit No.：MW1ST808NE00056　Issued by：WOORI BANK, SEOUL, SEOUL

唛头 Shipping Marks	货名 Descriptions	件数 Packages	数量 Quantities	毛重 G. W. （KGS）	净重 N. W. （KGS）	体积 MEAS （CBM）
N/M						

LAMB SKIN FOR

　　GARMENT　　35CARTONS　23 571. 8S/F　1 196. 00　1 124. 00
　　　　　　　　　　5. 000

　　ORIGIN：CHINA

　　TOTAL　　　35CATRONS　23 571. 8S/F　1 196. 00　1 124. 00
　　　　　　　　　　5. 000

TOTAL PACKED IN THIRTY FIVE (35) CARTONS ONLY

TOTAL GROSS WEIGHT ONE THOUSAND ONE HUNDRED NINETY SIX KGS ONLY

TOTAL NET WEIGHT ONE THOUSAND ONE HUNDRED TWENTY FOUR KGS ONLY

NAME OF COMMODITY：LAMB SKIN FOR GARMENT

PORT OF LOADING：SHANGHAI, CHINA

PORT OF DISCHARGE：INCHON, KOREA

海北精彩贸易有限公司

HAIBEI WONDERFUL CO., LTD

CERTIFICATE OF ORIGIN

TO：

LUNGWOL S. P CO. , LTD   DATE：SEP 25 , 2014

12F DAEWOO B/D 122 – 5 KANGAN-DONG RO, NGDAELU-GU

SEOUL, KOREA

INV. NO. ：WT/00010/14

L/C NO. ：MW1ST808NE00056

NAME OF GOODS：LAMB SKIN FOR GARMENT

QUANTITY：23 571. 8S/F PACKED IN 35 CARTONS

PORT OF LOADING：SHANGHAI, CHINA

PROT OF DISCHARGE：INCHON, KOREA

IT IS HEREBY CERTIFIED THAT THE ABOVE CAPTIONED GOODS ARE OF
CHINA ORIGIN.

海 北 精 彩 贸 易 有 限 公 司
HAIBEI WONDERFUL CO., LTD

LUNGWOL S. P CO. , LTD

12F DAEWOO B/D 122 – 5 KANGAN-DONG RO, NGDAELU-GU

SEOUL, KOREA

INSPECTION CERTIFICATE

TO:

HAIBEI WONDERFUL TRADE CO. , LTD

ADD: NO. 123 ZHONGSHAN RD. , HAIBEI CITY, CHINA

INV. NO. : WT/00010/14   DATE: SEP 24, 2014

L/C NO. : MW1ST808NE00056

NAME OF GOODS: LAMB SKIN FOR GARMENT

QUANTITY: 23 571. 8S/F PACKED IN 35 CARTONS

PORT OF LOADING: SHANGHAI, CHINA

PROT OF DISCHARGE: INCHON, KOREA

THE ABOVE CAPTIONED GOODS ARE INSPECTED RANDOMLY. WE HEREBY CERTIFY THAT THE QUALITY IS IN COMPLIANCE WITH THE CON-TRACT, THE GOODS ARE ALL IN GOOD ORDER FOR SHIPMENT.

For and on behalf of

LUNGWOL S. P CO. , LTD

King Chungseong

_____

Authorized Signature （s）

中远集装箱运输有限公司
COSCO CONTAINER LINES

ORIGINAL

FAX:86-21-5657 2233

PORT TO PORT OR COMBINED TRANSPORT BILL OF LADING

1. Shipper Insert Name Address and Phone/Fax HAIBEI WONDERFUL TRADE CO., LTD NO. 123 ZHONGSHAN ROAD, HAIBEI CITY, CHINA TEL/FAX: 86-557-2345-2325/2335	**Booking No.** 500242587 **Bill of Lading No.** 50011104875 **Export References**
2. Consignee Insert Name Address and Phone/Fax TO THE ORDER OF WOORI BANK, SEOUL	**Forwarding Agent and References**
	Point and Country of Origin
3. Notify Party Insert Name Address and Phone/Fax (It is agreed that no responsibility shall attach to the Carrier or his agents for failure to notify) LUNGWOL S.P CO., LTD 12F DAEWOO B/D 122-5 KANGAN-DONG RO NGDAELU-GU SEOUL, KOREA	**Also Notify Party-routing & Instructions**

4. Combined Transport* Pre-Carriage by	**5. Combined Transport*** Place of Receipt	
6. Ocean Vessel Voy. No. NAXIHE V.00382E	**7. Port of Loading** SHANGHAI, CHINA	**Service Contract No.** **Commodity Code**
8. Port of Discharge INCHON, KOREA	**9. Combined Transport*** Place of Delivery	**Type of Movement** LCL-LCL

Marks & Nos. Container / Seal No.	No. of Container or Packages	Description of Goods (If Dangerous Goods, See Clause 20)	Gross Weight	Measurement
LUNGWOL LAMB SKIN CTN #	35 CARTONS	LAMB SKIN FOR GARMENT COLOR NAVY GREY D/BROWN SHIPPED ON BOARD FREIGHT PREPAID CFS-CFS	1,124 KGS	5.000 CBM

Declared Cargo Value US$	**Description of Contents for Shipper's Use Only (Not part of This B/L Contract)**
10. Total Number of Containers and/or Packages (in words) Subject to Clause 7 Limitation	SAY TOTAL THIRTY FIVE CARTONS ONLY

11. Freight & Charges	Revenue Tons	Rate	Per	Amount	Prepaid	Collect	Freight & Charges Payable at / by
AS ARRANGED							

Received in external apparent good order and condition except as otherwise noted. The total number of the packages or units stuffed in the container, the description of the goods and the weights shown in this Bill of Lading are furnished by the merchants, and which the carrier has no reasonable means of checking and is not a part of this Bills of Lading contract. The carrier has issued __3__ original Bills of Lading, all of this tenor and date, one of the original Bills of Lading must be surrendered and endorsed or signed against the delivery of the shipment and whereupon any other original Bills of Lading shall be void. The merchants agree to be bound by the terms and conditions of this Bill of Lading as if each had personally signed this Bill of Lading.

* Applicable Only When Document Used as a Combined Transport Bill of Lading.

Date Laden on Board : 28 SEP., 2014

Signed by: ████████████

Signed for the Carrier, COSCO CONTAINER LINES

9805 **Date of Issue** 28 SEP., 2014   **Place of Issue** SHANGHAI, CHINA

CNS07 **2404421**

　　小赵说这次单据有不符点，就不能像上一次那样在单证相符的条件下，向开证行寄单的同时，直接向偿付行寄汇票索汇，要等开证行授权后再把汇票寄伦敦的偿付行索汇。有不符点偿付行确实不知晓，但先行索汇肯定不可以，他刚到国际业务部时有过一次，没看出单据有不符点直接向偿付行索汇去了。偿付行也付了过来，但没几天，偿付行就来电要求退款，说单据有不符点，开证行已经拒付。根据惯例，议付行有责任把款退回去，但出口商已经把钱都花了，怎么办？好在最后申请人接受了不符点，最终就退了一笔不符点费解决了问题。所以呢，现在已经发现了有实质性的不符点，先行索汇一是自找麻烦，而且最终那些往来的电报费还是落在出口商身上，还不如等开证行授权后再行索汇；二是银行的操作规程也禁止这样做。

　　张艾本来希望一次性把单据做对一回，想不到又出了超装这个事，虽然不是自己所能控制的，但还是有点失望，告诉小赵根据他们银行的规定，该怎么办就怎么办后，闷闷不乐地回了公司。

本节提示

　　1. 信用证规定了不同名称或规格的商品和各自的数量，如果允许溢短装，溢短装比率适用于各自的数量，而不是总量。

　　2. 申请人对受益人接受不符点的承诺，并不影响开证行独立拒付权力的行使，议付行不能以申请人已接受不符点来对拒付进行抗辩。除非开证行已根据申请人的要求对信用证相关条款进行修改消除了不符点，这种承诺才起作用。

　　3. 如果单据有不符点，必须等开证行授权后才能向偿付行索汇。

6.13　没有说"不清洁"就是"清洁"

　　下午陈希把出口西班牙的 Form A 带回来时，CMA CGM 的正本提单也寄到了，3 份 N-N COPY 也有提供。据陈希说，是经理一天一个电话向货代公司催的。

　　张艾把从信封中拆出的提单，与 Form A 一起按信用证 46A 单据条款的次序，与早就准备好的发票、装箱单等整理好。"交单委托书"做好发票那天就准备了，交单需要的文件似乎就差一个汇票。张艾打开自己做的打汇票的EXCEL文件，在信用证上却找不到42栏有关汇票期限和付款人的内容，才意识到这份信用证不要汇票，信用证47A附加条款有如果信用证不需要汇票，寄了汇票，会把汇票退回来，费用由交单人承担的规定。

时间已经不早，张艾不好意思打电话向单老师、小赵他们确认是不是确实不需要汇票，先把单据检查一遍再说。检查到提单发现一个大问题，信用证规定需要全套"CLEAN ON BOARD"提单，提单上本来已经打上了"CLEAN"，但又画线划掉了。你不打"CLEAN"也就罢了，张艾依然记得UCP600有规定，"CLEAN"可以不在提单上显示，但划去了"CLEAN"应该有意味着"不清洁"的嫌疑。

这下顾不得单老师他们忙不忙了，尽管已经过了下班时间，单老师他们依然还在办公室加班。在电话中听张艾说完后，单老师让张艾放心，没问题的，只要提单没有"不清洁"的批注，比如注明了包装破损、水渍等，都是"清洁"提单，包括划去"CLEAN"，也不意味着提单"不清洁"。

既然单老师这么说，张艾就没再多问，谢过单老师后挂了电话。单老师这么说有什么根据呢？UCP600或ISBP是不是有相关的规定？一边想着，张艾一边打开了ISBP，果然找到了删除"CLEAN"并不意味着提单"不清洁"的条款，针对港对港提单和多式联运提单分别作了同样的规定，其中针对港对港提单的规定是PARA E21段B款"Deletion of the word 'clean' on a bill of lading does not expressly declare a defective condition of the goods or their packaging. 删除提单上'清洁'字样，并非明确声明货物或包装状况有缺陷"。

下班了再去交单不妥，张艾把装运通知传真给客户后，安心下班了。

海北精彩贸易有限公司

HAIBEI WONDERFUL TRADE CO. , LTD

NO. 123 ZHONGSHAN RD. , HAIBEI CITY, CHINA

发　票

INVOICE

To：SANTINO DE PUNTO S. L.　　　　　　发票号码：

CL OVERLACAIRE 126 – 128　　　　　　Invoice No.：WT/00011/14

09033 MATARO　　　　　　　　　　　发票日期：

ESPANA　　　　　　　　　　　　　　DATE：SEP. 24, 2014

装船口岸：　　　　　　　目的地：

　　From：SHANGHAI, CHINA　　　　　　To：VALENCIA PORT

信用证号码：　　　　　　开证行：

Letter of Credit No.：CI62273100004578　　Issued by：BSCHESMM

唛头 Shipping Marks	货名与数量 Descriptions & Quantities	单价 Unit Price	总价 Amount
N/M		FOB SHANGHAI PORT, CHINA（EUR）	
	AS PER PROFORMA INVOICE N. 14WB080802 DATED 31/07/14 COVERING THE FOLLOWING ITEMS		
	ITEM II　MEN'S COAT　　8 970　PCS	16.05	
143 968. 50			
	INCOTERMS FOB SHANGHAI PORT, CHINA		
	TOTAL	8 970　PCS	
143 968. 50			

SAY EURO ONE HUNDRED FORTY THREE THOUSAND NINE HUNDRED SIXTY EIGHT
AND CENTS FIFTY ONLY

海北精彩贸易有限公司

HAIBEI WONDERFUL CO., LTD

海北精彩贸易有限公司
HAIBEI WONDERFUL TRADE CO. , LTD
NO. 123 ZHONGSHAN RD. , HAIBEI CITY, CHINA

装　箱　单
PACKING LIST

To: SANTINO DE PUNTO S. L.　　　　　　　　发票号码：
CL OVERLACAIRE 126 – 128　　　　　　　　Invoice No. : WT/00011/14
09033 MATARO　　　　　　　　　　　　　发票日期：
ESPANA　　　　　　　　　　　　　　　　DATE: SEP. 24, 2014
装船口岸：　　　　　　　目的地：
From: SHANGHAI, CHINA　　　　To: VALENCIA PORT
信用证号码：　　　　　　开证行：
Letter of Credit No. : CI62273100004578　　Issued by: BSCHESMM

唛头 Shipping Marks	货名 Descriptions	件数 Packages	数量 Quantities	毛重 G. W. (KGS)	净重 N. W. (KGS)	体积 MEAS (CBM)
N/M						

MEN'S COAT　600CARTONS 8 970PCS　9 590. 50　8 090. 50
174. 000
AS PER PROFORMA
INVOICE N. 14WB080802
DATED 31/07/14

TOTAL　　　　600CATRONS　8 970PCS　9 590. 50　8 090. 50
174. 000

TOTAL PACKED IN 600 CARTONS
TOTAL GROSS WEIGHT 9590. 50KGS
TOTAL NET WEIGHT 8090. 50KGS

海北精彩贸易有限公司
HAIBEI WONDERFUL CO., LTD

Vge:	
FL3D6W/FL3D6W	
B/L No.	
CNSE032183	

BILL OF LADING

ORIGINAL

SHIPPER

HAIBEI WONDERFUL TRADE CO., LTD
NO. 123 ZHONGSHAN ROAD, HAIBEI CITY, CHINA
TEL/FAX: 86-567-2345-2326/2336

CONSIGNEE

TO THE ORDER OF SANTINO DE PUNTO S.L.
CL OVERLAGAIRE 126-128, 09033 MATARO
ESPANA

NOTIFY PARTY, CARRIER NOT TO BE RESPONSIBLE FOR FAILURE TO NOTIFY

SANTINO DE PUNTO S.L.
TEL: 96-1982012

CMA CGM

The French Line

CMA CGM Société Anonyme au Capital de 175 000 000 Euros
Head office: 4, quai d'Arenc · 13002 Marseille · France
Tel: (33) 4 91 39 30 00 · Fax: (33) 4 91 39 30 95 · Telex: 401 667 F
B 562 024 422 R.C.S. Marseille

OR

PRE-CARRIAGE BY*	PLACE OF RECEIPT*	FREIGHT TO BE PAID AT	NUMBER OF ORIGINAL Bs/L
			THREE(3)

OCEAN VESSEL	PORT OF LOADING	PORT OF DISCHARGE	FINAL PLACE OF DELIVERY*
CMA CGM MUSCA	SHANGHAI, CHINA	VALENCIA PORT	************

MARKS AND NOS CONTAINER AND SEALS	NO AND KIND OF PACKAGES	DESCRIPTION OF PACKAGES AND GOODS AS STATED BY SHIPPER SHIPPERS STOW LOAD AND COUNT	GROSS WEIGHT CARGO	TARE	MEASUREMENT
SEE ATTACHED SHEET N/M	3 X 40HC 600 CARTONS	SHIPPER'S LOAD, COUNT & SEAL SAID TO CONTAIN: AS PER PROFORMA INVOICE N. 14WB080802 DATED 31/07/14 8.970 PCS OF MEN S COAT FREIGHT COLLECT 3 X 40HC 600 CARTONS SAY SIX HUNDRED CARTONS	KGS 9590.500	KGS 1500.000	CBM 174.000
		CLEAN SHIPPED ON BOARD CMA CGM MUSCA 26-SEP-2014 CMA CGM CHINA SHIPPING CO., LTD AS AGENTS FOR THE CARRIER			
WEIGHT IN KGS TOTAL THREE CONTAINERS		ABOVE PARTICULARS DECLARED BY SHIPPER, CARRIER NOT RESPONSIBLE.	9590.500	1500.000	174.000

CY/CY
FREIGHT COLLECT

RECEIVED by the Carrier from the shipper in apparent good order and condition (unless otherwise noted herein) the total numbers or quantity of Containers or other packages or units indicated above stated by the shipper to comprise the cargo specified above for transportation subject to all the terms hereof (including the terms on page one) from the place of receipt or the port of loading, whichever applicable, to the port of discharge or the place of delivery, whichever applicable.

Delivery of the Goods will only be made on payment of all Freight and charges. On presentation of this document (duly endorsed) to the Carrier, by or on behalf of the holder, the rights and liabilities arising in accordance with the terms hereof shall (without prejudice to any rule of common law or statutes rendering them binding upon the shipper, holder and Carrier) become binding in all respects between the Carrier and Holder as though the contract contained herein or evidenced hereby had been made between them.

All claims and disputes arising under or in connection with bill of lading shall be determined by the courts of MARSEILLE at the exclusion of the courts of any other country.

In witness whereof three (3) original Bills of Lading unless otherwise stated above have been issued, one of which being accomplished, the others to be void.

(OTHER TERMS AND CONDITIONS OF CONTRACT ON PAGE ONE)
IMPRIMERIE SAF1 · 67800 BISCHHEIM -11/99

PLACE AND DATE OF ISSUE	26 SEP, 2014 SHANGAHI, CHINA

SIGNED FOR THE CARRIER -CMA CGM
For and on behalf of
CMA CGM CHINA SHIPPING CO., LTD

BY .... AS AGENT

SIGNED FOR THE SHIPPER

*APPLICABLE ONLY WHEN THIS DOCUMENT IS USED AS A COMBINED TRANSPORT BILL OF LADING

* * * * * * * * * * * * *

ATTACHED SHEET

* * * * * * * * * * * *

B/L NO.：CNSE032183   PAGE： 1

VESSEL/VOY.：CMA CGM MUSCA   VOY. FL306W/FL306W

DESTINATION：VALENCIA PORT

CONTAINER NO CBM	SEAL NO.	CLASS	MODE	PKGS	KGS
CMAU1234531 58.000	7 653 508	40	CY/CY	200	3 200.000
CMAU5274712 58.000	7 653 406	40	CY/CY	200	3 200.000
CMAU6532938 58.000	7 651 308	40	CY/CY	200	3 190.500

TTL 174.000   600   9 590.500   9 590.000

For and on behalf of
CMA CGM CHINA SHIPPING CO., LTD

ORIGINAL

| 1. Goods consigned from (Exporter's business name, address, country)

 HAIBEI WOUNDERFUL TRADE CO., LTD
 NO. 133 ZHONGSHAN RD., HAIBEI CITY, CHINA | Reference No. Z135725002647369

 GENERALIZED SYSTEM OF PREFERENCES
 CERTIFICATE OF ORIGIN
 (Combined declaration and certificate)
 FORM A
 Issued in THE PEOPLE'S REPUBLIC OF CHINA
 (country)
 See Notes overleaf |

| 2. Goods consigned to (Consignee's name, address, country)
 SANTINO DE PUNTO S.L.
 CL OVERLACAIRE 126-128 09033 MATARO
 ESPANA | |

| 3. Means of transport and route (as far as known)

 SHIPMENT FROM SHANGHAI, CHINA TO VALENCIA PORT
 BY SEA IN SEP., 2014 | 4. For official use |

5. Item number	6. Marks and numbers of packages	7. Number and kind of packages; description of goods	8. Origin criterion (see Notes overleaf)	9. Gross weight or other quantity	10. Number and date of invoices
1	N/M	AS PER PROFORMA INVOCE NO. 14WB080802 DATED 31/07/14 MEN'S COAT TOTAL SIX HUNDRED(600) CARTONS ONLY *** *** *** *** ***	"P"	8,970 PCS 600CARTONS	WT/00011/14 24 SEP, 2014

| 11. Certification
 It is hereby certified on the basis of control carried out, that the declaration by the exporter is correct.

 HAIBEI, 24 SEP, 2014
 Place and date, signature and stamp of certifying authority | 12. Declaration by the exporter
 The undersigned hereby declares that the above details and statements are correct that all the goods are produced in

 CHINA
 (country)

 and that they comply with the origin requirements specified for those goods in the Generalized System of Preferences for goods export to

 SPAIN
 (importing country)

 HAIBAI, CHINA 24 SEP., 2014
 Place and date, signature of authorized signatory

 海北精彩贸易有限公司
 HAIBEO WONDERFUL TRADE CO LTD |

HB98567642

SANTINO DE PUNTO S. L.

CL OVERLACAIRE 126 – 128

09033 MATARO, ESPANA

To:

HAIBEI WONDERFUL TRADE CO. , LTD

NO. 123 ZHONGSHAN ROAD, HAIBEI CITY, CHINA

TEL/FAX: 86 – 567 – 2345 – 2326/2336

Dear Sirs,

PLEASE BE KINDLY ADVISED THAT ALL THE GOODS OF ITEM I AND II UNDER CREDIT NO. CI62273100004578 ISSUED BY BANCO SANTANDER CENTRAL HISPANO S. A. SHOULD BE EFFECTED SHIPMENT BY FORWARD-ING AGENT:

CMA CGM (CHINA) CO. , LTD SHANGHAI OFFICE

ADD: 39/F, BUND CENTER, NO, 222 YANAN E. RD, SHANGHAI, CHINA

ZIP CODE : 200012

TEL: 0086 – 21 – 63351166

FAX: 0086 – 21 – 63352500

CONTACK PERSON: CHERRY WANG

For and on behalf on

SANTINO DE PUNTO S. L

Alonso

Signature (s)

海北精彩贸易有限公司

HAIBEI WONDERFUL TRADE CO. , LTD

ADD：NO. 123 ZHONGSHAN RD. , HAIBEI CITY, CHINA

COPY OF FAX

DATE：SEP. 27 2014

To：SANTINO DE PUNTO S. L.

CL OVERLACAIRE 126 – 128

09033 MATARO，ESPANA

PLEASE BE KINDLY INFORMED THAT THE SHIPMENT DETAILS OF THIS SHIPMENT AS FOLLOWINGS：

L/C NO. CI62273100004578

INV. NO. WT/00011/14

NAME OF COMMODITY：MEN'S COAT AS PER PROFORMA INVOICE
    N. 14WB080802 DATED 31/07/14

QUANTITY OF COMMODITY：8 970PCS（600 CARTONS SHIPPED IN THREE 40' CONTAINERS）

VALUE OF COMMODITY：EUR 143 968. 50

PRICE TERM：FOB SHANGHAI, CHINA

NAME OF THE CARRYING VESSEL：CMA CGM MUSCA

VOY. NO：FL306W/FL306W

SAILING DATE：SEP 26 , 2014

海北精彩贸易有限公司
HAIBEI WONDERFUL CO., LTD

9 月份的最后一个工作日，公司通知各部门搞一下办公室卫生、做好文件整理等工作后准备放长假。李经理、陈希他们知道公司的惯例，一早已经在办公室搞卫生，张艾上班时已接近尾声，搞得张艾挺不好意思的。张艾把自己的办公桌面整理了一下，卫生工作就算搞好了。

　　张艾一早就去银行交单，让小赵他们早些审核，有问题也可以早些处理，免得大家都到时下不了班。

　　到中行的国际业务部，张艾第一件事是向小赵确认这份信用证是不是不需要汇票，小赵肯定，付款和迟期付款信用证都不需要汇票。现在部分像日本等地开立的即期议付信用证，没有 42 栏，也不需要汇票，还有个别信用证，规定了 42 栏，但在后面 47A 等栏位，声明不需要汇票（DRAFTS NOT REQUIRED），也就不再需要汇票。按部分 ICC 专家的说法，汇票在信用证交易中本身就是多余的。

　　这时单老师插了句话，如果开证行和议付行都是境内的银行，比如境内企业与保税区内的企业或在境内银行离岸中心开户的企业间的信用证交易，如果交单银行要对信用证项下的汇票进行融资，就需要汇票。因为我国的《票据法》不承认电报承兑，必须在纸质汇票上作出"承兑"字样。

　　单老师说的情况与精彩公司这票单据无关。张艾确认不需要提供汇票后让小赵签收单据就回了公司。进公司还没坐定，小赵的电话就打过来了。

　　小赵在电话中说，他们这一单"迟装运"了。张艾说不可能的事，信用证规定第二票的装运时间是"ON OR ABOUT 25 SEP．，2014"，25 日的前后 5 天都可以，现在装运日期是 9 月 26 日，怎么会"迟装运"？

　　小赵说不是 25 日和 26 日的事，让张艾看一下 UCP600 第 32 条的规定，如果信用证规定了分批装运各期的期限，一期失效，期期失效，精彩公司这份西班牙的信用证，规定第一次发货期限是在/大约在 9 月 15 日，现状是第一期没发货，第二期再怎么准时都没用了。而且不要说第一期根本就没发货，这份信用证没有规定溢短装，第一期就是少装了一件，第二期也告失效。

　　张艾找出 UCP600 的中英文对照文本，第 32 条真的是这个规定："If a drawing or shipment by instalments within given periods is stipulated in the credit and any instalment is not drawn or shipped within the period allowed for that instalment, the credit ceases to be available for that and any subsequent instalment.（如

信用证规定在指定的时间段内分期支款或分期发运，任何一期未按信用证规定期限支取或发运时，信用证对该期及以后各期均告失效)。"

张艾无语，看来又被常识害了一次，第一期来不及了，本来以为第二期按时交货不用修改信用证，其实根据 UCP600 的规定，只要有一期不能按时交货，后面就没有准时不准时的问题，全部失效。早知道有这么回事，当时一得知进口的面料有问题，第一批货无法按时交货时就应该联系客户修改信用证。

张艾把这件事向经理汇报了一下，经理一个劲地拍自己的后脑勺。下半年订单越来越少，服装厂在国庆后就会安排一部分工人放假，经理已经向工厂确认过，信用证规定第一批发货的 1 400 件夹克，将在 10 月 10 日前后交货。他已经跟西班牙的 SANTINO 公司联系过，同意在 10 月 10 日前后交货，说月底比较忙，10 初就去修改信用证。本来以为不影响第二批 8 970 件大衣的交单，想不到国际商会竟在 UCP 中作这样奇怪的规定。

经理决定不等客户修改信用证了，让张艾通知中行，不符点出单。

> **本节提示**
>
> 1. 如果信用证需要进"清洁已装船"（CLEAN ON BOARD）提单，装船批注中可以不出现"清洁"（CLEAN）字样。
>
> 2. 如果出具提单时显示有"清洁"（CLEAN）字样后又删除了，也并不意味着提单"不清洁"。只要没有批注"包装破损"、"水渍"等不"洁净"批注的提单都是"清洁"提单。
>
> 3. 如果信用证允许分期支用和分批装运并规定了装运的期间（SHIPMENT SCHEDULE），如果某一期无法足量按时装运，其后各期均告失效，所谓"一期失效，期期失效"。

6.14　拒付，该来的始终要来

9 月 29 日下午，第二天就要放假，该忙的事都忙完了，经理不知去向。陈希也闲了下来，就与张艾两个人难得地聊聊天。张艾正感慨做信用证单证，难度有点超乎想象，越做越没自信，特别是提单等单据，问题防不胜防，说话间中行小赵打来电话，说有信用证拒付。

张艾一直有个心病，就是去香港汇丰的那套单据，装运通知传真晚了，但证明中还是声称在装船后两个工作日内传真的，还变更传真机日期伪造了传真报告，怕开证行和客户发现。一听有拒付，神经就高度紧张，忙问是哪一票。

小赵告诉张艾，是渣打银行转让的那份信用证，不符点就是交单时说的信用证超支和超装。并告诉张艾，联系一下客户去转让行换单，面函上已经授权转让行可以把不符点单据寄交开证行寻求接受。

张艾一听不是汇丰那一票，略觉放心。渣打银行那份转让信用证，提交的单据有不符点是交单时就知道的。挂断电话后张艾马上打电话给李经理让他自己跟香港客户联系。一会儿李经理打电话给张艾，说打手机找了他们公司经理，他们说根本没有拒付，已经去渣打银行换单。他叫张艾向中行要个拒付电报传真给他们，他们明天去渣打银行了解一下是怎么回事。

张艾随即打电话给小赵要拒付电报，小赵一口答应，不一会儿就收到了中行的传真。

SWIFT ID＝MT734 ADVICE OF REFUSAL

PRT DATE＝2014/09/26　PRT TIME＝170829

ARR DATE＝2014/09/26　ARR TIME＝1540　REF. NO＝CRT080016

RECIPIENT＝　BKCHCNBJXXX

SENDER＝　SCBLHKHXAXXX

BANK ID＝　SCBLHKHX

　:20:　SENDER'S TRN NO

CRT080016

　:21:　RELATED REFERENCE

33050BP14003536

　:32:　DATE/AMOUNT OF ULIL.

140923USD48 816,

　:72:　SENDER TO RECEIVER INFO.

/REC/SHOULD THE DOCUS BE ACCEPTED

//BY THE FIRST BENE. WE SHALL DISPOSE

//THEM AS PER YOUR INST. WITHOUT

//SOLICITING YOUR PRIOR APPROVAL

//UNLESS YOUR REQUEST FOR RETURN OF

//REACHES US EARLIER

：77J：　　DISCREPANCIES

1. OVER DRAWN

2. OVER SHIPMENT

：77B：　　DISPOSAL OF DODUMENTS

/SEE ABOVE/

WE RESERVE THE RIGHT TO DEDUCT USD75. 00

AS OUR DISC. HNDL FEE

　　张艾拿到后看了一下，见识了拒付电文长什么样。除了几个缩写要猜一下外，理解基本没有问题。在信用证上找不到客户的传真号，请示经理后要求扫描发 WORLD FASHION 公司的邮箱，并报了个电邮地址给张艾。

　　完成经理布置的任务后，还是放心不下汇丰那套单据，打电话给单老师，吞吞吐吐不敢说明白，只是问单据汇丰有没有拒付，被拒付了怎么办。

　　单老师说拒付也没什么可怕的，目前出口信用证单据的拒付率，一直在25％以上，除了极少部分进口商利用拒付要求降价或不接受货物要求退单退运，出口商利益受到实质性损失外，大多数拒付是通过进口商同意接受不符点圆满解决的。

　　境外包括中国香港的银行，审单后发现不符点立即拒付解除自己的付款责任几乎是本能的反应，通常并不知会申请人。也就是说拒付就是开证行的拒付，并不表示申请人也不接受单据，所以不要一听到拒付就惊慌失措。如果贸易背景并没有发生重大变化，在收到开证行拒付后，出口商应立即主动联系进口方，只要不是影响到进口商提货清关等贸易顺利进行的不符点，进口方通常会接受不符点付款赎单。

　　另外还可以看看开证行所提出的不符点，有没有办法通过改单换单来弥补。比如以前几个案例中，如果是汇票错误，立即寄送正确的汇票，如果还在信用证交单期以内，看看有没有可能重新提交正确的单据替换有不符点的单据。比如保单忘了背书，可以补记经背书的保单并要求开证行退回未背书的保单。开证行这时只能针对补寄的单据有没有不符点来拒付，做到单证相符后开证行只能接受单据。

大多数拒付后要求降价或退单，不仅仅是单据本身的原因，往往是因为商品价格发生大幅下跌，市场情况发生了重大变化，进口方利用不符点向出口商转嫁部分损失。发生这种情况，如果在货物发运的目的地找不到另外的买家，把柄在人家手中，大家可以友好协商，争取尽早解决。生意本身就需要互惠互利，分担一部分市场价格暴跌损失也说得过去，与进口方保持良好的合作关系，损失可以以后弥补。如果拒不同意降价，货物压在港口，最终港口费用都可能超过商品价值，得不偿失。当然，如能在当地找到价格条件较好的其他买家，可以不接受对方的降价要求，退单后转卖别的客户。但像服装这种根据订单生产的产品，寻找其他买家的可能性微乎其微。

有些情况下，拒付是因为最终用户取消了订单，作为信用证开证申请人的中间商无法找到其他买家也只能取消购货等情况，贸易背景发生了重大变化。还有少数拒付是因为同一信用证项下出口的货物质量达不到合同要求，进口方需要取消订单，但出口方依仗有信用证作为收款保障，在质量纠纷未解决前强行出货出单。这种拒付往往有开证行的恶意配合，如果不符点确实成立甚至不符点模棱两可，都很难通过交涉获得满意的结果。

对于开证行恶意拒付所提出的模棱两可的不符点，如果目前国际商会没有明确的书面意见或类似的法院判例提供支持，跨国诉讼的风险也很高，表现在一是费用很高，需要牵涉大量的精力和时间；二是在开证行所在地提起诉讼，法院多少会有偏袒本国企业的倾向，判决结果很难预料。即使有国际商会专家的意见支持，但单据金额不大，诉讼最终结果也未必比选择退单强。当然如果涉及的单据金额较大，开证行拒付理由并不充分，所提不符点不成立获得法庭支持的可能性很大，跨国诉讼也可以考虑。

所以如果拒付的背景是订单的取消或商品的质量纠纷等问题，跨国诉讼胜算不大，或即使胜诉也可能得不偿失，理智的做法是在找不到其他买家的情况下，尽早联系货运公司退运以免产生更大损失。

单老师始终认为，作为信用证单证员，要尽力避免单据上出现可能被进口商和开证行利用的瑕疵。如果申请人对单据有信用规定以外的要求，请他修改信用证，在信用证未作相应的修改前，不予理睬。

听单老师这么说了一通，虽然不是张艾的本意，倒也觉得受益匪浅。精彩公司被拒付的转让信用证的单据，不符点是超装和超支，无法通过修改单据来弥补，唯一的途径是联系客户接受不符点。张艾听经理说过，发货时把箱子装满，数量超过信用证规定，是事先得到客户认可的。既然拒付仅仅是银行的意思，那笔单据就应该没有大问题。至于汇丰那一套单据，目前还没有拒付通知，所谓没有消息就是好消息，那份装运通知，CIF 价格成交，对申请人也没有用于投保等实质性意义，兴许人家根本就没在意是不是及时传真。张艾把事情往好的方向想，不过心里发誓以后再也不会那样做了。

本节提示

1. 开证行有独立拒付的权力。单据包含不符点立即拒付解除自己的付款责任是境外银行的惯例，并不代表进口商也不接受单据。

2. 拒付后如果所提的不符点能够在信用证的有效期和交单期内提交正确的单据弥补，应努力弥补，消除开证行拒付的理由。

3. 如果无法弥补单据出现的不符点，及时联系申请人接受不符点，只要贸易背景不出现重大变化，通常申请人愿意接受不符点单据使拒付得到圆满解决。

4. 如果出现贸易背景的重大变化，应积极面对客户的降价甚至退单等要求以免产生更大损失。如果涉及单证金额较大，开证行拒付理由不充分，所提不符点不成立有国际商会明确的意见或法院判例支持，跨国诉讼也可以选择。

第七章　出口信用证的贸易融资

7.1　早知道就把单据交到工行了

张艾在 10 月 7 日被培训了一天单证软件，长假提前结束。第二天银行一上班，张艾第一件事就是打电话给小赵，询问节前提交单据的情况。得到的第一个好消息是汇丰的那套单据，BRILLIANCE 最终没有对装运通知的传真日期提出异议，已顺利收汇，了却了张艾的心病。西班牙那票单据，小赵说只找到拒付电文，不是好消息。汇报了经理，经理说，不要着急，两天前客户给他发邮件，说已经去银行办理承兑赎单和修改信用证，估计是银行还未办理相关手续。让张艾跟银行说一下，有消息马上通知公司。渣打银行那份转让信用证的单据，转让行没有进一步的通知，经理已跟 WORLD FASHION 确认，已经换单向开证行寄单，据说那份信用证不止转让给精彩公司一家，原证规定的商品数量远多于转让信用证上的 2 112 件，换单后并没有不符点。出口到韩国服装革的单据，没有开证行的消息。

进入下半年以后，李经理他们对经济下行的感受越来越深刻。原来这个时候下单的一些老客户大幅减少甚至不再下单。另外面临的一个问题是，一些供应商开始用种种理由向精彩公司催收货款。其中，做西班牙服装单子的那家服装公司，订单不足，一大批工人开始放假。放假时很多职工需要结清工资和奖金。越是这个时候，公司现金流越是紧张，银行信贷也格外谨慎。"黄金周"长假期间，服装公司多次联系李经理，让精彩公司向银行申请押汇先结算一部分货款救急，押汇利息可以由他们承担。李经理其实也有这个想法，能押汇的话，就可以早日结汇，避免欧元下跌引起的损失。欧元汇率一天比一天低，精彩公司跟服装公司订的合同，由于欧元与人民币的汇率已经约定，欧元跌的每一分都是精彩公司的利润。李波手上还有几份信用证，其中一份也是欧元的，如果用信用证"抵押"能从银行贷款，也最好先贷出来。

经理和陈希手头又压了一大堆事要做，去银行了解贷款的事，又落在张艾身上。

张艾对融资这块业务，除了在听单老师介绍假远期信用证时，了解过一点"贴现"、"福费廷"等概念，具体是怎么回事完全没有感性认识，临走时向经理问清楚，去银行究竟是了解些什么问题。

李波向张艾交代，去银行了解的问题有，信用证"抵押"能不能贷款；已经交单的出口西班牙的远期信用证能不能押汇，如果可以做，具体手续怎么办，需要签署哪些文件。有了具体的问题，张艾去银行就知道需要怎么问了。

来到中行后，单老师听张艾说要了解信用证的融资问题，对张艾说，贸易融资业务以前是他们国际业务部经办的，但早就统一归并到公司业务部与其他信贷业务统一受理了，目前仅保留对需要办理融资业务的信用证和单据出具审核意见。比如申请打包贷款（PACKING LOAN）的信用证是不是暂不生效信用证、是不是限制在别的银行议付的限制议付信用证、有没有软条款、开证行资信和历史交易记录如何、开证行和申请人所在国家政治经济形势是否稳定、是不是受联合国其他政府组织的经济制裁、有无外汇管制等。对交单后的押汇等品种的贸易融资，审核是否相符交单、电提不符点开证行是否已经接受、远期信用证开证行有无承兑或通知到期日、中行是不是有开证行或承兑行的结算类金融机构额度等。具体如何申请、需要提供哪些资料、签署哪些文件等事宜，内部规定变化很大，单老师自己也不是很清楚，会带张艾去找公司业务部经理，由公司业务部经理安排客户经理来向张艾解释。

张艾听单老师讲的内容，前面部分基本能理解，后面有几个概念不太清楚："单老师什么是电提不符点？"

"电提不符点，字面意思就是向开证行，如果有的话，还可能是保兑行，用电报形式提出不符点，要求开证行或保兑行答复是不是接受电报中所提的不符点。通常是受益人在交单时向议付行申请融资，议付行审单后发现单据有受益人无法更改不符点的情况下使用。如果开证行或保兑行与开证申请人联系后，申请人同意接受不符点，银行回电同意接受所提不符点后，开证行或保兑行将不能就电提不符点电文中提出的不符点进行拒付，议付行就可以向受益人提供融资。开证行或保兑行收到议付行提示的单据后，经审核，如果有电提不符点电文中所提到以外的不符点，还可以继续就电提没有提出的不符点进行拒付。境内的银行，对自己的审单水平不够自信，很少做无不符点的议付，同样，也很少做电提不符点后的议付。"单老师解释了一下"电提不符点"的问题。

"是这样，我想起一件事来，就是国庆长假前我们交的那套到韩国的单子，客户同意一个品种的装运数量超过信用证的规定，出了一个保证书给我们。当时小赵告诉我，开证行有独立拒付的权力，申请人与受益人之间是否同意接受不符点的协议对开证行并没有约束力。那么我们先电提不符点，告诉开证行我们出货超过了信用证规定的数量，然后让申请人去开证行同意接受该不符点，开证行也同意接受该不符点。交单后它是不是就不能对这个不符点进行拒付？"张艾悟性确实不错，单老师颔首表示赞同。

"这个打包贷款是不是我们经理说的信用证'抵押'？"张艾又问。

"应该倒过来讲，你们经理说的信用证'抵押'，是指'打包贷款'（PACKING LOAN）。"单老师毕竟做了很长时间老师，时不时会咬文嚼字一下，"打包贷款是给出口商备货用的贷款，意指这笔贷款受益人拿到了，就可以准备信用证项下的出口货物，'打包'装运履行信用证项下出口义务。装运后即可拿到提单向贷款银行交单，收汇优先用于偿还打包贷款。对自有资金不足，但可能拿到大额订单的客户来说，意义较大。"

"早前几家大银行开办国际业务时间不长时，打包贷款发放非常多。后来风险开始显现，主要是少数客户，利用银行打包贷款审批相对宽松、保证措施要求低于流动资金贷款的特点，利用国外客户开立一些根本不准备履行的信用证到银行套取贷款。银行发现一旦贷款人不准备履行信用证，留存——也就是你们经理所说的'抵押'在银行的信用证根本就是废纸一张，在降低银行信贷风险方面没有丝毫意义。结果就是害惨了正正经经做生意的外贸企业，银行统一收紧了打包贷款的审批条件。我估计你们公司申请打包贷款有难度，具体可以找客户经理了解。"

"是这样，我明白了。单老师你刚才说到'议付'、'押汇'、'买单'还有'贴现'等概念，到底是不是同一回事？"张艾提出了另一个问题。

"不瞒你说，这种概念我们银行内部也并没有严格的区分。甚至有些银行正式的法律性文件，怎么称呼也摇摆不定。比如我们四大国有银行中有一家，原来信用证交单后申请融资，签署的文件叫'信用证出口押汇合同'，后来说'押汇'，国际惯例包括国际商会的文件中，都没这个词。国内的《商业银行法》、《合同法》等法规中也没提到银行有这种产品，害怕一旦发生纠纷，不知道适用什么法律或惯例来解决，决定与国际惯例接轨，改称'信用证出口议付合同'。后来考虑到国际商会对'议付'有严格的定义，就是所谓的'付出对价'，目前的UCP600对'议付'的定义有所放宽，'同意预付'也可以构成'议付'，但我们的银行在实际操作中，与国际商会定义的'议付'又有所不同，所以又在考虑改回来，称'信用证出口押汇合同'。目前我们中行香港负责审单和做融资的部门就叫'押汇部'，可见银行内部对'议付'和'押汇'认识也并不十分清晰，并严格地进行区分。"

"'贴现'一词，更多地见于口头上称对远期信用证的'议付'或'押汇'，并不是其他独立的一种贸易融资方式。与其相关联的还有一种贸易融资产品，就是'福费廷'。记得在跟你讲韩国的假远期信用证时曾提到过。所谓'福费廷'，就是对信用证项下经开证行或其指定的承兑行承兑后的远期汇票（USANCE DRAFT）进行无追索的买断。目前我们中行根据不同情况有自营和转卖两种形式，自营就是用我们银行的自有外汇资金把受益人的汇票买下来，经办银行赚取利息收入，有一个前提是对承兑行有要求。如果承兑行满足不了我们中行的要求，或我们中行自己的外汇资金很紧张，就会向有业务合作的银行询价卖出，做转卖业务，不收利息，仅收取一笔'搭桥费'。现在我们上级行就要求我们多做转卖业务，因国家控制外债规模后，银行的外汇资金很紧张，转卖业务一是不占用经办行的信贷资金，二是甚至不需要经过信贷审批程序，不需要企业提供繁杂的文件，经办行需要投入的资源较少。唯一的条件是，单笔金额越大越好，否则很难找到买入行，一般单笔不能低于10万美元。'福费廷'与一般的贴现还有个重大区别，就是'福费廷'业务融资银行对受益人没有追索权，即使承兑行破产后汇票款项无法回收，损失也由融资银行自行承担。根据目前国家外汇管理的规定，'福费廷'可以做收汇申报，而且企业在财务上视同销售款已经回收，在报表上不体现为一笔负债，可以降低资产负债率，对美化财务报表有一定作用。"

"至于'买单'这种称法，更加口语化，就是指'议付'、'押汇'或'贴现'。"单老师对这几个概念进行解释，顺便还说了"福费廷"是怎么回事。

"其实对你们企业来说，这些融资应该叫什么不是问题，你们经理主要关心的问题是拿到信用证或者在交单之后，究竟是不是可以向银行申请融资，哪个品种的融资容易取得，成本是多少。"单老师边说边拿起电话，是跟公司业务部的经理联系。电话通了就放下这话题，在电话中让公司业务部经理指派个客户经理跟张艾谈，如果精彩公司确实需要融资，需要提供什么资料、签署哪些文件等问题。放下电话，单老师说不用跟他过去找人了，公司业务部的人很热情，会到国际业务部的办公室来。

不一会儿，来了位30岁上下的女职员，个子小小的但很干练的样子，小赵叫她"小师姐"，几年前也是单老师带的国际结算员，外汇信贷业务统一归并公司业务部管理后，需要有熟悉国际结算的人做外汇信贷业务，改行做了客户经理。其实单老师他们的"国际业务部"也归公司业务部统一领导，只是对内、对外都叫惯了"国际业务部"而已。

"小师姐"拿出名片给张艾，张艾看到其实"小师姐"姓"肖"，就称她"肖老师"。叫完感觉有点吃亏，小赵只称她'师姐'，不也顺带升格为自己的师长辈了？

肖老师向张艾询问了精彩公司的融资需要后对张艾说，精彩公司在中行只开有人民币一般账户，除了李波他们这个部门，其他部门的结算业务都在市工行办理。上半年中行看到精彩公司发展势头不错，多方营销，才在中行开了个美元结算户，也一直没动过，直到张艾他们部门来交单。在中行也没有办理过信贷业务，首次申请手续比较复杂。但中行既然有跟精彩公司合作的意向，肯定会全力配合。

肖老师向张艾解释，根据人民银行、银监局和中行内部信贷风险管理的规定，企业申请信贷业务，通常要遵循"客户评价和信用评级——授信额度申报和审批——单笔业务申请"这样一个流程。还没有做过客户评价的企业，要走完这个流程，起码在一个月以上。

一听到这，张艾有点心凉了，一个月还是起码，银行怎么办事效率这么低啊。不过嘴上说的是："这么慢啊？所有的银行都这样吗？"

"你们在市工行可能有额度授信，你可以去问问是多长时间申请下来的，我可以肯定超过一个月时间。现在不管是四大国有银行还是其他中小商业银行，公司信贷业务都要走这个流程。"肖老师回答。

"如果有'额度授信'的话，申请贷款是不是快一些？"张艾问道。

"那肯定。公司如果有额度授信，并且在做授信方案时考虑到了公司的贸易融资额度，或者有风险程度高于贸易融资的流动资金贷款等额度还没有使用，我刚才说的流程前两步已经走完，只要走最后一步，而且最后一步是最省时省力的，申请肯定要快一些。"

没等肖老师说完，张艾一句"早知道把单据交到工行了"冲口而出，一出口连忙伸手按自己的嘴巴，觉得大大地不妥，单老师和肖老师只是淡淡地笑了一下。

本节提示

1. 理论上，出口信用证项下的贸易融资，品种较多，常见的有打包贷款、出口押汇/议付和福费廷等，出口企业可以根据自己的需要提出申请。

2. 在未申办过信贷业务的银行首次申请融资业务，通常需要遵循"客户评价与信用评级——授信额度的申报和审批——单笔业务申请"这个流程，很费时间，也需要企业积极配合才能完成。

3. 在公司申请有额度授信并且有未使用额度授信的主要往来银行交单，一旦需要续做出口信用证项下的融资，手续将相对简单。这也是选择交单银行时一个需要考虑的重要方面。

7.2　原来还有捷径可走，张艾不辱使命

肖老师笑过之后，对张艾说："你也不要着急，你们李经理既然相信我们中行，我们也不会令他失望。我刚才所说的，是申请信贷业务的'一般'流程，当然还有'特殊'流程，我们可以省掉前两步。我之所以跟你说'一

般'流程，是希望你回去向你经理汇报一下，让你们公司配合提供一些必需的资料，我们中行就可以着手对你们精彩公司进行客户评价和信用评级，并根据客户评价和最后评定的信用等级，结合你们公司的实际需要申报授信额度，那么以后办理贸易融资就方便了，可以提升我们中行与你们精彩公司的合作层次。"

"就是说，可以不用一个月，这两天就可以给我们公司贷款？"这一点张艾肯定听出来了。

"没错啊。我听单老师说，你们已经在我们中行交单的几份信用证，开证行都是像汇丰这样的国际性大银行，你们公司在中行又没有申请过任何信贷业务，这样就有捷径可走。"肖老师说道。

"对，你们那份西班牙信用证的开证行 BANCO SANTANDER，中文名叫桑坦德银行的，不但以打国际上有影响力的信用证官司著名（注见 270 页），它在欧元区的银行中，排名也是很靠前的。"单老师插话了，他知道精彩公司要申请融资的，就是这份信用证。

"开证行是排名靠前的大银行就行。"肖老师接过话头，"我们就可以把精彩公司的押汇当成'低风险'业务审批，根据中行目前的规定，仅在中行申请'低风险'业务是不需要信用评级和额度授信的。"

"张艾你可能想知道什么是'低风险'业务吧？"看来单老师的学生也会把客户可能会问的问题主动解释清楚。"所谓的'低风险'信贷业务是指借款人提供的信贷担保，足以让银行的信贷风险系数为零。常见类型有 100% 保证金、国债或银行本票等质押的信贷业务、银行承诺全额覆盖比如承兑汇票的贴现和开证行符合一定要求的信用证项下单据的议付、福费廷业务等。"

最终肖老师还是绕到了与精彩公司有关的业务上。

"怎样才算是符合要求的开证行？"张艾关心的是自己公司的业务。

"所谓符合要求的开证行，就是指我们中行有该开证行的'结算类金融机构额度'。这些银行肯定是我们中行的代理行——这个你放心，我们中行的代理行网络应该是最健全的。代理行关系和金融机构额度的审定工作一般是总行一级在做，具体怎么操作我就不得而知，应该也跟我们做客户评价和授信额度申报类似，根据该银行的资产负债规模、信用记录和经营作风等综合因素，核定一个我们全行办理该银行开立信用证的保兑、议付和福费廷等业务

的总的限额。"

听肖老师这样说，张艾不但大体明白了"金融机构额度"是怎么回事，银行对企业的"授信额度"基本也能猜个大概，无非就是企业在一家银行可以申请各类信贷业务余额的总限额。

"但我们出口企业并不知道哪些开证行有'金融机构额度'啊。"张艾说的确实是个问题，根据肖老师的说法，有没有开证行"结算类金融机构额度"是银行自己评定的，企业怎么知道哪些银行有哪些银行没有。

"这个没问题，你们谈出口合同时，如果确认以远期信用证结算并准备融资，可以找单老师提供一个进口商所在国家的银行中，有我们中行'结算类金融机构'额度的银行名册，开证行可以在其中指定。"肖老师说，"比如你们这个西班牙的 BANCO SANTANDER，单老师已经查过，肯定有'金融机构额度'"。

"也就是我们出口西班牙的那套单据，公司可以申请'低风险'业务？"张艾想知道结果。

"是的，只要经单老师这边审核认定单证相符，我们就可以按'低风险'业务进行信贷申请，占用开证行的'金融机构额度'，不需要你们公司有授信额度和评定信用等级，因为这种业务的第一还款来源是开证行的付款，不是你们公司的经营现金流，贷款的安全性，与你们公司的经营情况和还款能力无关。"肖老师作了肯定答复。

"那单据有不符点怎么办？"张艾又开始着急，说了半天还必须单证相符才行，而精彩公司这次需要申请押汇的单据，恰恰是不符点出单的。

"这个也没关系，就是时间上可能要等一下，等收到开证行的承兑后再进行申报。"

"我们这套单据，是有不符点的。如果开证行拒付了，但客户同意接受不符点行不行？"张艾还有些担心，银行一拒付就解除了自己的付款责任，客户承诺付款会不会不关开证银行的事？

"这个没问题，信用证跟托收不一样。银行拒付后，是解除了自己的付款责任。但只要客户接受不符点，开证行同意放单，它的第一性付款责任就再次确立，除非客户接受不符点开证行也不放单，直接把单据退交单人，这种情况我相信连单老师都没碰到过。我记得我跟单老师做单据的时候，有过一家欧洲开证行，不知是疏忽还是有意，拒付后客户接受了不符点，在承兑电文中说申请人承诺到期根据你方指示付款（THE APPLICANT UNDERTAKE TO EFFECT PAYMENT AT MATURITY AS PER YOUR INSTRUCTION），单老师当即发电文告诉他们信用证到期付款是开证行的责任，要他们重发承兑电文，开证行是照办的。"

肖老师这样一说，张艾总算有了最后的结论：他们公司这套到西班牙的单据，只要SANTINO公司同意接受不符点——这一点他们经理有把握，就可以申请贷款。

"当然，这种单证相符或开证行承兑后的出口议付，银行对企业是有追索权的，按规定，如果开证行拒付，或开证行破产甚至什么理由也不说，就是拒不付款，银行就可以对企业进行追索，要企业用其他资金来源偿还贷款。"肖老师补充道。

"嗯！"张艾表示理解。"这份信用证我们还有一票货要交单，另外还有一份欧元信用证要做，现在不可以申请'低风险'业务吧？"张艾知道欧元跌得很厉害，李经理的想法是越早拿到钱越好，故有此一问。

"没交单的不行，申请不了'低风险'业务，只能申请打包贷款。现在我们把打包贷款视作流动资金贷款管理，必须占用企业的授信额度，在没有进行信用评级和额度授信之前无法办理。与占用金融机构额度的'低风险'业务相比，程序复杂得多，而且必须提供资产抵押或第三方的连带责任保证，除非你们公司的信用评级能达到AAA，据我对你们公司的了解，目前还评不到AAA的。这一点，现在的贸易公司可能最头痛，一来公司可能没有多少资产可以抵押，即使有也可能已经抵押给其他银行。找其他企业担保吧，也很不容易，实力一般的小企业，银行不一定认可。还有一条路，就是由出口信用保险来保证，目前我们银行正在推出这类产品。"

"有鉴于此，我不建议你们申请打包贷款，如果有了额度授信，还不如直接申请流动资金贷款。打包贷款在实际操作中，比流动资金贷款更加复杂，比如银行要监管你的贷款资金流向，你是向国内公司采购的，需要提供国内采购合同的副本，是向境外进口的，需要提供进口合同副本。期限一般不超过90天，申报120天以上的，还需要上级行核准。总而言之意义不大。"肖老师如此建议。

"那欧元汇率跌得那么厉害，就没办法了？"张艾问道。

"如果是为了规避汇率风险，申请打包贷款也没用，除非你们公司进口需要支付欧元。现在打包贷款不能结汇，当然你们公司可以申请人民币打包贷款，但最终还得由你们公司根据远期信用证到期时的汇率，用收汇的欧元结成人民币来归还，所以根本规避不了汇率风险。"

听肖老师这样一说，张艾也觉得，这个打包贷款确实没什么用。

"其实要规避汇率风险，只要简单地操作一笔远期结汇就行了。"单老师插话，"手续简便，没有费用。我计算过汇率的远期报价与即期报价的差额，远远低于同期限融资所需要支付的利息。"

"我们这笔要押汇的欧元，倒并不是为了欧元下跌，是工厂职工放假要结算工资和奖金，要我们押汇后先结算一部分货款，押汇利息由他们承担，所以利息不是问题。"张艾解释了他们公司要押汇的初衷，"单老师说的远期结汇，我们公司还有一份欧元信用证，李经理可能有兴趣。"

"那单老师就准备3份'远期结/售汇总协议'，双方签字盖章后，你们公司执一份，我们留两份。再拿几份结汇申请书给张艾，让张艾跟押汇一起把手续办好。"肖老师不忘自己客户经理本色，趁热打铁提高产品对客户的覆盖率。说完转过来对张艾道："这样，我列一个需要你们公司提供的文件清单，你尽快提供给我，我那里还有'出口押汇总协议'和'出口押汇申请书'，跟'远期结/售汇总协议'一样，需要你们公司法人代表签字和盖公司公章。还有一份同意向中行申请融资的'董事会决议'，需要你们《公司章程》中规定决议生效人数的董事签字。"

肖老师说完走到一台打印机旁边从中抽出一张打印纸，列了一个清单给张艾。

押汇业务：

（1）公司经年检的"营业执照"正本复印件；

（2）"组织机构代码证"正本复印件；

（3）经年检的贷款卡复印件；

（4）"自营进出口备案表"复印件；

（5）国税和地税税务登记证复印件；

（6）公司法人代表身份证复印件；

（7）《公司章程》复印件；

（8）近三年经审计的年终财务报表和最近一期财务报表（放款后需要逐月提供）；

（9）"董事会决议"——需要章程规定的决议生效人数的董事签字；

（10）"出口押汇总协议"；

（11）"出口押汇申请书"——逐笔提供。

远期结/售汇：

（1）"远期结/售汇总协议"；

（2）结/售汇申请书——逐笔提供，盖企业开户留存印鉴（一般为财务专用章和法人代表名章）。

"很烦对不对？不要说你们企业觉得烦，就是我们客户经理自己也觉得烦。不过没办法，尽管你们申请的仅仅是低风险业务，也只是在信贷申报流程上与其他非低风险业务有点区别，但贷款的后续管理与其他业务是一模一样的，除了不需要提供抵押或担保人资料外，对申请人其他基础资料的要求跟一般信贷业务没有区别，"肖老师显然知道张艾的内心感受，她见得多了。"如果你们公司准备在中行申请一般额度授信，需要其他公司提供担保，清单上所列（1）至（9）的资料，除了那个'自营进口备案表'外，担保企业也需要提供。还有忘了一件事，你们公司还可能申请福费廷，把'福费廷业务总协议'也一并签好。"

"我的天哪，把钱存进银行很方便，从银行贷钱怎么这么难啊！"张艾一边感慨，一边问道："我们这笔出口西班牙的业务能申请福费廷吗？"

"这笔还不行，因为这份信用证是份迟期付款信用证，没有汇票。就是这个 SANTANDER 银行做迟期付款信用证的融资，受益人实施贸易欺诈后，开证行以'欺诈例外'为由拒绝付款，打输了官司后，所有的银行对迟期付款信用证的融资都非常谨慎，迟期付款信用证的融资功能几乎丧失。尽管 UCP600 针对这一情况增加了相应的条款，对迟期付款信用证提供融资的银行提供保护，但大多数银行的贸易融资政策还来不及做出反应。目前国内有些银行对迟期付款信用证，也可以办理福费廷业务，但对客户有信用评级要求，一般要求内部评级 A 以上，而且有单笔金额限制，比如不能超过 50 万美元。我们银行目前也有这种限制，要等我们福费廷业务的相关规定与时俱进后或你们公司信用评级申报并通过审批，评定的等级在 A 级以

上才可以。"

"好的，谢谢肖老师。现在我们经理只要能拿到钱，是福费廷还是押汇无所谓。"张艾决定回公司，把结果向经理汇报一下。还有需要那么多文件，又是董事又是总经理签字的，得让经理自己去搞定。

肖老师让张艾等一下，她去准备文件。不到 10 分钟，肖老师回到单老师所在的办公室，"董事会决议"等文件已经准备好，连同三种共 9 份"总协议"厚厚的一叠。张艾拿起文件回公司，肖老师陪着走到楼梯口，关照张艾把文件准备好后，找她也行，交给单老师也行。速度最好快一点，她需要拿到资料建立客户档案后才可以进行信贷申报。

10 月份太阳照在身上已经相当柔和。尽管还有很多文件需要准备，但这笔押汇应该能办下来，张艾不辱使命，心情轻松。

本节提示

1. 信用证项下的融资，不管名称如何，可以分成两种类型：(1) 占用出口企业授信额度；(2) 占用开证行的"结算类金融机构额度"。第一种类型有打包贷款，不符点单据的押汇，融资银行没有开证行的"金融机构额度"或额度已经没有余额的押汇。第二种类型有融资银行，有开证行"金融机构额度"，并有余额情况下的相符交单，不符点交单电提不符点开证行已接受，相符或不符点交单开证行已承付的押汇，自营福费廷业务。

2. 融资银行没有开证行"金融机构额度"或额度已经不足情况下的"福费廷"转卖业务（经办行有承兑行的金融机构额度也可办理转卖），应该是出口企业最容易申请的业务，甚至不需要经过信贷审批坏节，也不需要提供申请其他信贷业务所需要的繁多文件，条件是单笔金额要求较高，金额太小很难找到合适的买入银行。

3. "低风险"信贷业务，银行不需要对企业进行客户评价和评级并事先申请一般或贸易融资额度授信，可以直接单笔申请。

4. 银行有"结算类金融机构额度"的名录，如果需要可事先向银行索取，在需要申请"低风险"贸易融资的情况下，可以从中指定开证行。

5. 如果申请贸易融资并不是为了解决现金流问题，仅仅是为了规避汇率风险，就没有必要申请贸易融资，"远期结汇"是比贸易融资更简便和经济的规避汇率风险的手段。

6. 即使是申请"低风险"信贷业务，银行也需要企业提供大量资料。这一点企业必须给予积极的配合。境内已经改制上市的银行，业务操作规范性方面要求非常严格，没有通融的余地。

7. 不可能所有的信用证都符合申请"低风险"信贷业务的条件，配合银行进行客户评价、评级和额度授信，对促进进出口业务的发展有积极作用。

8. 如果需要美化财务报告或及时办理核销退税，交单行有开证行"金融机构额度"并且开证行已承兑的情况下，可以申请"福费廷"业务。交单行如果没有开证行的"金融机构额度"，如单笔金额较大，可试着让经办行询价转卖。

[注] 指 BANCO SANTANDER 诉 BANQUE PARIBAS 一案。具体情况如下：

1. 1998 年 6 月 5 日 BANQUE PARIBAS 银行开立了金额为 USD18.5M（+/-10%）的信用证，信用证中规定："VAILABLE WITH B. S IN LONDON BY DEFERRED PAYMENT AT 180 DAYS FROM B/L DATE"，同时信用证有 "PLEASE ADVISE AND ADD YOUR CONFIRMATION. AT MATURITY WE UNDERTAKE TO COVER YOU IN ACCORDANCE WITH YOUR INSTRUCTION" 的指示。

2. 6 月 8 日，BANCO SANTANDER 通知信用证并加具保兑，且同意为受益人在单据相符的情况下做贴现。

3. 6 月 15 日，受益人 BAYFERN 向 BANCO SANTANDER 提交了单据，交单金额为 USD20.3M，BANCO SANTANDER 经审核认为单证相符，并确认到期

日为 27 NOV. , 1998。

4. 1998 年 6 月 16 日，受益人向 BANCO SANTANDER 出具了款项让渡书，BANCO SANTANDER 未通知开证行款项让渡事宜，即向开证行寄单。随后为受益人做了贴现。

5. 6 月 24 日，BANQUE PARIBAS 通知 BANCO SANTANDER 所提交的单据中有伪造的单据。BANQUE PARIBAS 收到关于受益人在苏格兰皇家银行的账户中 USD14M 被冻结的通知。

6. 1998 年 11 月 27 日，BANCO SANTANDER 要求 BANQUE PARIBAS 付款，BANQUE PARIBAS 以"欺诈例外"原则拒绝付款。

7. BANCO SANTANDER 于是在英国起诉 BANQUE PARIBAS，英国法院于 2000 年 2 月 25 日开庭审理后判决：不可撤销迟期付款信用证的开证行，可以以受益人欺诈为由拒绝对保兑行偿付，尽管在欺诈发现之前保兑行已接受了单据并对受益人进行了付款，开证行仍然有权采取拒付行动。迟期付款信用证仅授权指定银行到期付款，融资行为不受 UCP 保护。

　　该案例使得迟期付款信用证的融资功能大打折扣，以西班牙为主的欧洲银行受该判例的影响，以"规避印花税"为由坚持大量开立迟期付款信用证，动辄利用法院的止付令推脱到期付款的责任，给信用证业务的发展带来了负面影响。国际商会不希望看到这种情况，在制定 UCP600 时做出了相关规定以避免这种情况的发生：第 7 条 c 款：对承兑或迟期付款信用证下相符合单金额的偿付应在到期日办理，无论指定银行是否在到期日之前预付或购买了单据，开证行偿付指定银行的责任独立于开证行对受益人的责任。第 12 条 b 款：开证行指定一银行承兑汇票或做出迟期付款承诺，即为授权该指定银行预付或购买其已承兑的汇票或已做出的迟期付款承诺。这样，就使得迟期付款信用证项下的指定银行对受益人融资也取得了类似善意持票人的地位，可以得到惯例的认可和保护。

7.3　做起来没有看起来难

　　张艾回到公司时，经理已经出门了。张艾打了个电话想向李经理详细汇报，经理可能忙着，只要张艾说到底是行还是不行就可以了。张艾回答是可以，经理说详细情况下午回公司再说。

陈希看了张艾带回去的文件和那个文件清单，嘴巴也张成"O"形。银行的工作人员现在已经非常和蔼可亲了，可办理银行融资等业务的手续，还是令人望而生畏。

下午张艾见到经理回公司了，就拿出那一大堆文件给经理，把跟肖老师和单老师谈过的细节向经理进行了详细的汇报。经理见到那堆文件倒是见怪不怪，问了一下文件该怎么签署后就收进了抽屉。还有那个文件清单中提及需要提供的文件副本，经理让张艾去找财务部的阿姨。张艾一听又要去财务部，一脸的为难。经理应该注意到了，给财务部的阿姨打了个电话把事情说了一下。张艾过去时，阿姨已经在准备文件了。大部分文件财务部已经准备了很多副本，现成的就有，阿姨对银行需要的文件了然于胸，已各抽一份放在自己办公桌上，张艾逐份跟清单核对了一下，发现就少一份"自营进出口备案表"，阿姨也二话不说找出正本给张艾复印了一份。张艾谢过阿姨，回到办公室，把副本文件给经理，经理让张艾留着，他去找总经理和公司董事把文件签署好了，让张艾一起送去银行。

下午银行的肖老师给张艾打电话，说西班牙那套单据，开证行的承兑电文已经收到，让张艾把文件送过去。张艾说那些"协议"、"申请书"和"董事会决议"还没来得及签署和盖章。肖老师说没关系，可以先把营业执照、代码证这些文件的复印件送过去，她可以建立信贷客户档案，并进行信贷业务申报审批材料的准备。一收到精彩公司签署好的申请文件和协议，就可以向信贷审批部门申报审批，时间可以安排得紧凑些。张艾想想肖老师很为公司着想，经理和陈希都在，没理由不送过去，就跟经理打过招呼送文件去了。

张艾把文件送到了肖老师办公室，肖老师看了一下文件整齐完整，非常感谢张艾。张艾回公司前去了国际业务部，看看单老师、小赵他们会不会有什么事，顺便看看西班牙那个信用证的承兑电文。

小赵正在做精彩公司那个假远期的索汇面函，开证行并没有拒付，已经授权中行向他们的伦敦分行索汇，连不符点费都没说扣。

没有其他事，张艾就提出看看那两个信用证的授权偿付和承兑电文。那两个结算档案夹都放在小赵桌面上，小赵就抽出来给了张艾。先看到的是假远期授权向偿付行索偿电文：

SWIFT ID = MT799 RMB FREE FORMAT

PRT DATE = 2014/10/07 PRT TIME = 144629

ARR DATE = 2014/10/07 ARR TIME = 1220 REF. NO = MW1ST808NE00056

RECIPIENT = BKCHCNBJZJX

SENDER = HVBKKRSEAXXX

BANK ID = HVBKKRSE

: 20: TRANSACTION REFERENCE NO

MW1ST808NE00056

: 21: RELATED REFERENCE

33050BP14003657

: 79: NARRATIVE

ATTN: INT'L DEPT

    HAIBEI BRANCH

.

REFER YOUR DOCUMENTS 33050BP14003657

FOR USD63 643. 86

UNDER OUR CREDIT NO. MW1ST808NE00056

.

WE AUTHORIZE YOU TO CLAIM REIM. ON THE DRAWEE BANK AS PER

L/C TERMS

.

DEDUCTING THIS CBL CHG AND HNDL CHG USD150. 00

.

B/RGDS

IMPORT L/C SEC.

　　看完后再看西班牙那份，格式不太一样，其实关键就是一句话，授权交单行到期索偿（CLAIM REIMBURSEMENT）。

SWIFT ID = MT752 AUTH TO PAY ACP NEGO

PRT DATE = 2014/10/07 PRT TIME = 151 634

ARR DATE = 2014/10/07 ARR TIME = 1 340 REF. NO = CI62273100004578

RECIPIENT =   BKCHCNBJZJX

SENDER =   BSCHESMMAXXX

BANK ID =   BSCHESMM

: 20：   **CREDIT NO**

CI62273100004578

: 21：   PRESENTING BANK'S REFER

33050BP14003693

: 23：   FURTHER IDENTIFICATION

ACCEPT

: 30：   ADVICE DATE OF DISX/MAI

141003

: 32B：   TOTAL AMOUNT ADVISED

EUR143 968. 50

: 72：   SENDER TO REVEIVER INFO.

DOCUMENTS HAVE BEEN ACCEPTED BY THE APPLICANT

YOU MAY CLAIM REIMB. AT MUTURITY（4 JAN. 2015）

AS PER CREDIT TERMS

IMPORT DIV.

看好电文，张艾觉得西班牙那份电文的到期日不太对，根据国际快递网站追踪的结果，张艾记得西班牙开证行是 10 月 1 日签收的单据，刚好是中国的国庆日，印象很深。签收单据后 90 天到期，怎么会到 2015 年的 1 月 4 日。

张艾向小赵说出了自己的疑问，小赵说，这笔业务有不符点，开证行拒付过，到期日可以从申请人接受不符点的那一天开始算。小赵这样一说，张艾也觉得可以理解，于是告辞回公司。

次日下午，张艾全神贯注地看公司后来收到的几份信用证，估计没几天

又要准备单据了，近来事情太多，没仔细看过。4点钟左右，肖老师又打电话给张艾，询问那些跟融资有关的协议和申请书有没有签字盖章。张艾下午上班时，注意到经理不在，也不知道经理有没有找公司老总和董事们签字。只能回答不知道，经理自己在办这些事。话音刚落，李经理从外面进来，看到张艾在听电话，没说话，把手中的一大沓文件放在张艾面前。张艾翻开一看，所有的文件已经签署妥当，便说经理已经把文件准备好了，马上送过去。

张艾走时，经理让她到银行时问一下，欧元的押汇利率是多少，最迟什么时间能办下来。张艾答应一声就去了中行。

肖老师看过张艾带去的文件，都没问题，告诉张艾向信贷审批部门申报时，需要附上"押汇申请书"等文件副本，如果公司迟迟不签好，就无法及时申报。三种"协议"由他们银行签署盖章后会各给精彩公司一份。

张艾问了经理交代的问题。肖老师说利率高低也说不好，外汇贷款利率跟人民币不一样，不是按人民银行公布的贷款利率执行的，而是跟LIBOR利率（伦敦银行同业拆借利率），是在 LIBOR 利率基础上加点来执行的。现在中行欧元押汇的报价是同期限 LIBOR 加 250 个基本点。

张艾一问又问出问题来了："什么是'同期限 LIBOR'？什么是'基本点'"？张艾想，领导让他了解利率，不问清楚可不行。

"LIBOR 利率根据期限有隔夜、一周、两周、一个月、两个月、三个月直到一年的不同报价，如果你们公司的贷款期限是一个月，就采用一个月的 LIBOR 利率，如果是三个月就采用三个月的 LIBOR 利率。比如你们公司这笔押汇，加上多收期可能刚好 90 天，所谓'同期限'就采用三个月的LIBOR利率来加点。外汇业务中的利率或汇率，一个基本点是指万分之一。250 个基本点就相当于万分之二百五十，也就是加 2.5%。"肖老师的解释张艾能理解。

"那现在欧元的 LIBOR 利率是多少？"张艾想知道实际的利率水平。

"稍等，我查一下。"肖老师打开了他们中行的内部网站。"今天欧元的 3 个 LIBOR 利率是 0.05214，加 2.5% 后是 2.55214%。比人民币贷款利率低多了。"

"那什么时候可以办好？"这是李经理的第二个问题，张艾照转。

"现在我就可以把申报材料报上去，低风险业务审批速度还行，明天应该可以审批好，放款可能来不及，放下去也来不及结汇，后天星期四肯定可以

了。"肖老师掰着手指算日子。

张艾的两个问题都已搞清楚了，就告辞回公司。

回公司后，经理还在，一边听张艾说一边若有所思地点头。听完后，他用计算器按了一下，说道："行，利率不高，而且服装厂承担。"

时间说快也快，星期四下午上班后不久，肖老师打电话给张艾，押汇可以放款了，让张艾去办结汇手续，时间晚了一停盘就做不了结汇，欧元汇率一天比一天低，早一天结汇早安心些。星期一那天中行给了张艾一些空白结汇申请书，让盖上精彩公司在中行账户预留的印鉴就行。张艾拿了两份空白结汇申请书去财务盖了印鉴。出纳阿姨没说什么，很爽快地盖了，盖完后关照以后去盖章时，不要全部空着，多少填上几栏，公司领导对盖空白文件不太放心。

到中行后，肖老师的放款手续已经办好，再让张艾去国际业务部拿"水单"，再把结汇申请书填妥给国际业务部的外汇会计，说银行人员不能持有客户盖章的空白结算凭证和帮客户填写这些结算凭证。看来银行与企业都对盖章的空白凭证很敏感。

张艾看了一下，利率比前天肖老师说的高了一点，押汇的到期日是2015年1月7日，比开证行授权索偿的电文上说的到期日迟了三天。问了一下单老师，单老师说LIBOR一天一个价，这点波动很正常。至于那三天，是押汇的多收期，欧元从开证行付出来，预计三天后到中国这边的议付行，银行才能偿还押汇，所以多收三天利息。到时如果不是1月7日收到的付款，多退少补。张艾听肖老师也说起过"多收期"，当时没问，现在单老师解释清楚了。张艾觉得多收三天利息，多退少补是很公平的做法，不再有异议。精彩公司在中行没有欧元账户，押汇后已经直接结汇，贷记的是公司的人民币账户，也没问题。

张艾收好单子，准备回公司，临走时小赵找出了西班牙那份信用证的修改给张艾。其实公司已经在等这个修改了，张艾一心办贷款的事，忘了问。看了一下，把ITEM II装运期改到了ON OR ABOUT SEP 25，2014，ITEM I的装运期改成了ON OR ABOUT OCT 15，2014。其实前面那个已经没有意义了，后面那个陈希应该已经订好船了，前两天已经在忙装运。办完贷款马上就要做单证了，信用证已经修改，应尽量做到单证相符，张艾想。

回到公司，把那份贷记通知给财务上做账，公司可以给服装公司结算货款了。

　　回头一看，从国庆长假以来跟中行谈押汇的事，曾被一大堆文件吓了一跳，其实远没有想象的那么难，只要开证行是国际上知名的大银行，交单构成相符交单或开证行已经承兑，从银行贷款还是很方便的，看起来用信用证结算自有它的优势。不过如果拿到信用证就想贷款或开证行是一些不知名的小银行的信用证，还是需要申请信用评级和额度授信的。没有银行信用的支持，业务发展肯定有限制，李经理可能已经意识到这一点，准备跟公司高层沟通一下，在中行申请贸易融资额度授信。

本节提示

　　1. 银行的"低"风险信贷业务，提交全部需要签署的文件后，可以在较短的时间内完成审批和放款，远没有想象的那么复杂。

　　2. 外汇贷款利率，执行的是 LIBOR 利率加点的方式，跟国际金融形势息息相关，会在短期内有较大变动。

　　3. 银行的信用支持对进出口业务发展有积极的促进作用，建议在自己往来银行进行信用评级的申请贸易融资的额度授信。

贷记通知
CREDIT ADVICE

致 TO：

海北精彩贸易有限公司
HAIBEI WONDERFUL TRADE CO. , LTD

日期（DATE）：OCT 9, 2014·····························

业务各类：出口押汇

业务编号（OUR REF. NO.）：33050BP14003693

发票号（YOUR INV. NO.）WT/00011/14

发票金额（INV. AMOUNT）：EUR143, 968.50

　　我行已于今日将上述业务之押汇款项贷记你公司 80080012210330055 账户，贷记金额人民币
1, 112, 498.29，特此通知。

　　WITH REFERENCE TO THE CAPTIONED ITEMS PLS BE KINDLY ADVISED THAT WE HAVE CRED-
IT YOUR ACCOUNT NUMBER 80080012210330055 WITH RMB1, 112, 498.29 TODAY.

明细如下：

DETAILS AS FOLLOWINGS：

序号 S. NO.	项目（ITEM）	借/贷 （DR/CR）	币种 （CURRENCY）	金额 （AMOUNT）
1	单据金额（BILL AMOUNT）	CR	EUR	143 968.50
2	起息日（VALUE DATE）		2014 – 10 – 9	
3	到期日（MATURITY DATE）		2014 – 1 – 7	
4	利率（INTEREST RATE）		2.554%	
5	利息（INTEREST）	DR	EUR	919.24
6	出口议付手续费（NEG. CHG）	DR	EUR	179.96
7	快递费（POST CHG）	DR	EUR	17.00
8	通知费（ADVICE CHG）	DR	EUR	17.00
9	预扣国外银行扣费（FRN PRE-DED.）	DR	EUR	200.00
10				
11	贷记净额（NET AMOUNT）	CR	EUR	142, 635.30
12				

EXCHANGE RATE（RMB/EUR）= 7.7996

中国银行股份有限公司海北支行

第八章　信用证一些常见条款

过了近三个月，张艾做过 5 份信用证的 6 套单据。前期做的单据尽管反复修改，最终都能做到相符交单并顺利收汇。后来几套经验丰富了点的，都有客观原因无法做到单证相符，但最终结果都还令人满意，没有发生退单退运等情况，给公司造成损失。张艾觉得这三个月的历练很有价值。目前需要做单证的出货，除西班牙那一套，其他都还得等一段时间。

这些天来，同学群中讨论的有问题的信用证条款，张艾已经积累了不少，准备趁这几天不太忙整理一下，不清楚的还可以向单老师、小赵他们请教。

双休日，张艾在家里对自己笔记本上记录的条款进行了翻译，有问题还跟小赵私下进行了讨论。小赵这三个月，进步也非常明显，张艾已经开始依赖他了。

(1) FOR EACH SET OF DOC, BENEFICIARY'S CERTIFICATE CONFIRMING THEIR ACCEPTANCE/OR NON-ACCEPTENCE OF ALL THE AMENDMENTS MADE UNDER THIS CREDIT QUOTING THE RELEVANT AMENDMENT NUMBER IS REQUIRED. IF THIS LC HAS NOT BEEN AMENDED, SUCH CERTIFICATE IS NOT REQUIRED.

针对每套单据出具受益人证明，确认受益人（他们）接受还是不接受本信用证项下的所有修改，引用信用证的修改次数。如果信用证没有修改，该证明无须提供。

小赵说，这是开证行偷懒的做法，一旦信用证发生修改，没有该证明的话需要开证行从单据表面去判断受益人是否接受修改。本质上，信用证不可撤销，也意味不可修改。UCP600 第 10 条 C 款规定，在受益人告知通知修改的银行其接受该修改之前，原信用证（或含有先前被接受的修改的信用证）的条款对受益人仍然有效。受益人应提供接受或拒绝修改的通知。如果受益人未能给予通知，当交单与信用证以及尚未表示接受的修改的要求一致时，即视为受益人已作出接受修改的通知，并且从此时起，该信用证被修改。这规定意味着，受益人对信用证的修改"有权保持沉默"，直到交单。如果交单与未修改的条款一致，表示"未接受"，而不是"拒绝"了修改。这一点 ICC 的意见非常明确。比如信用证开立时规定货物为 100 个苹果，每个 1 美元，共 100 美元，允许分批装运。次日修改成 100 个梨子，每个 1 美元，共 100 美元。然后受益人第一次交单可以交 20 个苹果，每个 1 美元，共计 20 美元，表示未接受修改。然后第二次交单可以交 20 个梨子，每个 1 美元，共计 20 美元，表示接受了修改。当然如果一旦决定接受修改，就不能再反悔了，之后只有继续装运梨子。提交了该证明，开证行就无须再根据交单情况去判断了。具体做时只要说 "WE CERTIFY THAT WE（DO NOT）ACCEPT THE AMENDMENT UNDER THIS CREDIT NO. ×××" 就行。

(2) PLEASE ENSURE THAT YOU ADVISE YOUR COLLECTING AGENTS, IF ANY, OF ISSUING BANK'S ACCEPTANCE OF DOCUMENTS, SHOULD ANY SUBSEQUENT TRACERS BE RECEIVED, THEY RESERVE THE RIGHT TO CLAIM FROM YOU CHARGES OF EUR50.00 OR EQUIVALENT RELATING TO THEIR RESPONSE TO YOUR COLLECTING AGENTS.

请确认通知你们的收款代理行（如果有的话）开证行对单据的承兑，如果其后收到收款代理行的催收，他们（开证行）保留向你们收取 50 欧元或等值的其他货币作为答复你们代收行催收的费用。

这一条款跟受益人关系不大。主要是国内有些银行会委托美联、大通等国际上大的清算行作为自己的收款代理行，进行收款和催收等工作。但开证行承兑是向寄单行作出的，寄单行收到开证行承兑后如果不通知其代理收款行，代理收款行还会向开证行催收，开证行就需要向交单行收取向代理收款行回复电报的相关费用。这一条小赵不解释，张艾还真不知道是怎么回事，但这笔费用最终肯定要由受益人承担，提醒银行不要忘了。

(3) IN CASE DOCS PRESENTED DIRECTLY TO THE ISSUING BANK EI-

THER BY THE BENEFICIARY OR ANY PRESENTING BANK, THE ORIGINAL INSTRUMENT OF THE CREDIT NOTIFIED AND SIGNED BY THE NOMINATED BANK TO THE BENEFICIARY MUST ACCOMPANY SUCH PRESENTATION OF DOCS TO OUR COUNTERS FOR OUR ENDORSEMENT.

由受益人或交单行直接向开证行寄单的情况下，由信用证指定银行签字和通知受益人的正本信用证必须随单据一起提交到开证行柜台以便背批。

这一条张艾基本理解，如果信用证指定了通知行作为议付行，但单据通过非信用证指定的议付行交单或受益人直接向开证行交单，交单行或受益人需要把正本信用证随单据一起寄开证行，让开证行在背面签注。

(4) UTILIZATION OF THIS CREDIT UNDER RESERVE OR AGAINST INDEMNITY BEFORE OUR PRIOR APPROVAL, IS NOT ACCEPTABLE.

在没我行事先同意的情况下，对本信用证的凭保议付不能接受。

这句一时翻译不好，是请教了小赵后做的。据小赵说，应该是指如果单据有不符点，交单行不能凭受益人的不符点出单保证书做融资，反正中国的银行没有一家是这样做的。

(5) IF AN EXPRESS RELEASE BILL OF LADING IS PRESENTED, DATE OF SHIPMENT WILL BE CONSIDERED AS THE EXPRESS RELEASE BILL OF LADING ISSUANCE DATE, UNLESS AN ON-BOARD DATE IS SHOWN, IN WHICH CASE THAT WILL BE CONSIDERED AS THE DATE OF SHIPMENT.

如果提交了电放提单，电放提单的签发日期将视作装运日期，除非提单显示了装船批注，那么装船批注的装运日期就是实际的装运日期。

这条没问题，就是"EXPRESS RELEASE BILL OF LADING"没见过，网上搜索的结果是电放提单。通常是称"SURRENDERED"或"TELEX REALEASE"提单的。

(6) COMBINED DRAWINGS UNDER SEPARATE LETTERS OF CREDIT ARE NOT ALLOWED. IF A DRAWING IS RECEIVED BY US WHICH PERTAINS TO MULTIPLE LETTERS OF CREDIT, SAID DOCUMENTS WILL BE RETURNED UNPROCESSED TO THE BENEFICIARY AND MUST BE RESUBMITTED.

独立的信用证不允许混合支用，如果我们收到的单据属于支用多份信用证，上述单据将不会被处理，退回给受益人并重新提交。

这一条也没问题，多份信用证出一套单据支用，公司不太会这样做。

（7）IN CASE SHIPPED ON BOARD A NAMED VESSEL IS NOT PRE-PRINTED, ON BOARD NOTATION MUST BE SIGNED BY THE CARRIER OR HIS AGENT, OR BY THE MASTER OR HIS AGENT.

如果"装于具名船只"不是事先印就的，装船批注必须由承运人或其代理人、船长或其代理人签署。

单老师他们就是这样要求的。没什么好说的。

（8）UNLESS OTHERWISE STIPULATED IN THIS LC, THE DATE OF CAR-GOES RECEIVED BY THE FORWARDER WILL BE CONSIDERED AS THE SHIPMENT DATE IN CASE THIS LC FOR PRESENTATION OF FORWARDER'S CARGO RECEIPT（FCR）.

除非信用证另有约定，如果信用证要求提交货物收据，运输行收到货物的日期将视作货物的装运日期。

这一条约定是针对信用证要求提交货物收据的情况。小赵说，UCP没有关于货物收据的规定。货物收据有很多不同日期，比如收货日期、签发日期等，就是没有装运日期。但信用证的交单期、汇票的到期日等需要以装运日期来计算，这样约定就是为了避免引起争议。

（9）SHIPPER OF CONSIGNER ON DOCUMENTS OTHER THAN THE BEN-EFICIARY OF THIS CREDIT IS NOT ALLOWED.

受益人以外作为发货人或托运人不允许。该规定排除了UCP600。

第14条K款的适用："显示在任何单据中的货物的托运人或发货人不必是信用证的受益人。"该条款被排除，说明出口商只信任出口商，不让出口商将单子给别的供应商做。这是张艾的理解。

（10）BILL OF LADING ISSUED AND/OR SIGNED BY AN NVOSS AND/OR FREIGHT FORWARDER AND/OR PERSON EVEN IF IN QUALITY OF CARRI-ER, OWNER, MASTER IS NOT ACCEPTABLE, ARTICLE（14L）IS NOT AP-PLICABLE FOR THIS CREDIT.

提单由无船承运人、揽货人或其他个人，即使以承运人、船东或船长身份签发不接受，本信用证UCP600 -14L不适用。

排除条款，好理解。即UCP600第14条L款，"假如运输单据能够满足本惯例第 19 条、20 条、21 条、22 条、23 条或 24 条的要求，则运输单据可以由承运人、船东、船长或租船人以外的任何一方出具"不适用。

（11）ALL DOCUMENTS OTHER THAN INVOICE TRANSPORT DOCUMENTS MUST BEAR THE SAME TITLE IN THE CREDIT AND CLEARLY SHOW THE FUNCTION OF THIS DOCUMENTS, AS PER ARTICLE（14F）OF UCP600.

除了发票和货运单据的所有单据，必须冠有信用证所规定的同样名称，并根据 UCP600 - 14F 规定清晰地标明其功能。

这条是针对 UCP 规定单据叫什么名称甚至没有名称都无所谓，只要功能满足要求就行，即要求所有单据信用证上叫什么，单据也必须冠以同样的名称。很好理解。

（12）SHIPMENT MUST BE EFFECTED IN 3 × 20' FEET CONTAINERS AND BILL OF LADING MUST EVIDENCE THROUGH THE SHIPPING NOMINATED BY THE OPENER, COPY OF THE NOMINATION MUST ACCOMPANY THE DOCUMENTS.

装运必须通过 3 个 20 英尺集装箱实施，提单必须看似由开证申请人指定的船公司出具，申请人指定船公司的（文件）副本必须随单据附上。

没得说，张艾自己公司就碰到过这类条款。

（13）IN CASE OF BALANCE CANCELLATION, A WRITTEN AGREEMENT FROM BENEFICIARY IS REQUIRED.

如果要取消信用证（未支用）余额，要求受益人提供书面同意。

这一条张艾不理解，问了小赵才明白。信用证特别是有溢短装的情况下，开证行计算信用证金额用于收取开证保证金、支用企业授信额度时是包含溢短装的，但受益人交单后不可能刚好把信用证含溢短装的金额全部支用光。这样信用证就会留一定的余额，理论上受益人还可以交单支用。这种情况下申请人需要退回保证金和占用的授信额度，就必须撤销信用证。但开证行怕受益人继续交单，所以需要受益人出具书面证明。

（14）CONFIRMED L/C MAY BE DISCOUNTED IN THE EVENT OF DISCOUNTING THE USANCE DRAFT INTEREST FOR THE DISCOUNTED PERIOD（UP TO THE MATURITY DATE）, AT LIBOR PLUS 2 PCT P. A ARE FOR THE ACCOUNT OF APPLICANT. ANY DISCOUNT INTEREST OVER LIBOR RATE

PLUS 2 PCT P. A ARE FOR THE ACCOUNT OF BENEFICIARY. CONFIRMA-TION CHARGES ON APPLICANT'S A/C (PLS CLAIM CONFIRMATION CHARG-ES DIRECT FROM ISSUING BANK).

加保的信用证在贴现期内（计算到到期日——也就是没有多收期）可以以 LIBOR 加 2% 的年利率贴现，利息由申请人承担，LIBOR + 2% 以外的利息由受益人承担，保兑费用由申请人承担（请直接向开证行索取保兑费用）。

张艾申办过信用证的融资，对这条条款也基本理解。根据单老师的说法，授权议付行贴现单据，利息由申请人承担，并不构成假远期信用证。

(15) SHORT FORM/BLANK BACK BILL OF LADING IS NOT ACCEPTA-BLE, LASH TRANSPORT DOCUMENTS ARE NOT ACCEPTABLE.

简式和背面空白的提单不接受，驳船提单不接受。

小赵说简式提单或背面空白的提单其实是一回事，就是提单背面没有密密麻麻的承运条款的提单，他反正没见过。不说也没银行接受。

(16) WITHIN 2 BANKING DAYS AFTER RECEIVE OF NON-OPERATIVE L/C, THE BENEFICIARY'S BANKER WILL ISSUE A PERFORMANCE BOND OF 2PCT L/C VALUE FAVOURING THE L/C EXPIRY DATE PLUS 30 DAYS. PER-FORMANCE BOND CONDITIONS AND FORMAT MUST BE APPROVED BEFORE ISSUANCE. UPON RECEIPT OF ACCEPTABLE PERFORMANCE BOND, THE L/C APPLICANT SHALL CONFIRM THEIR ACCEPTANCE OF THE PERFORM-ANCE BOND TO L/C ISSUING BANK, UPON RECEIPT OF WHICH THE LATER WILL ISSUE AN AMENDMENT MAKING THE L/C OPERATIVE.

在收到未生效信用证两个银行工作日内，受益人银行将签发信用证金额 2% 的履约保函，保函保证期限为信用证有效期加 30 天，保函的条件和格式在签发前必须得到确认。收到可接受的履约保函后，信用证申请人将向开证行确认他们接受履约保函，开证行收到申请人的确认后将开立一份修改使本信用证生效。

小赵说是信用证暂不生效条款。除了大型机电设备、大宗原材料等交易，比较少见。典型的软条款，申请打包贷款等都有影响。

(17) ALL ORIGINAL TRANSPORT DOCUMENT REQUIRED UNDER THIS CREDIT MUST BE PRINTED WITH THE WORD ORIGINAL.

所有的正本运输单据必须印有"ORIGINAL"字样。

对张艾来说，没什么疑义。

（18）TRANSPORT DOCUMENTS BEARING REFERENCE BY STAMP OR OTHERWISE TO CHARGES ADDITIONAL TO THE FREIGHT IS NOT ACCEPTABLE.

不接受以图章或其他形式提及了运费之外的附加费用的运输单据。也是一个排除条款，出提单时提醒一下货代就可以。没什么疑义。

张艾知道，信用证的特殊条款不可能一一尽述，这些无非是自己那个单证同学群中提出来而自己觉得比较有意思的条款而已。多数是申请人或开证行为保护自己的利益对 UCP600 所作的一些排除条款，UCP600 本身也允许开证行这样做。如果不希望信用证中出现这些条款，可以在出口合同中对信用证条款进行明确。一旦信用证出现了这些条款无法做到，可向申请人说明情况，要求修改。其他是开证行对指定银行的一些指示，与受益人制单交单并无关系，基本上可不予理睬。还有一些条款，即使信用证不作这样的规定，在银行的跟单信用证标准实务中也有同样的要求。按单老师的说法，信用证出现一些特殊条款并不可怕，可怕的是指示不明确，逻辑混乱让受益人无所适从的条款。

本节提示

1. 开证行和受益人为保护自己的利益，会在信用证中做出一些对 UCP600 条款适用的排除条款，如无法做到，可以在合同中对信用证条款进行明确，信用证开立后可要求修改。

2. 部分条款是开证行对指定银行的指示，与受益人履行信用证并无多大关系，可不予理会。

3. 信用证的特殊条款不胜枚举，作用各有不同，只要指示明确并能做到，并不可怕。

星期一一早，李经理让张艾去找一下公司管人事的副总，没说什么事。

张艾猜想，进公司时说好有 3 个月见习期，期满需要写个工作总结，经公司考核后才能确定去留。现在时间差不多满 3 个月了，应该就是这事。自己一直觉得表现还算可以，只要自己愿意，留在公司应该没有问题。但随着金融海啸的加剧，出口贸易业务越来越难做，听到的都是有公司裁员减薪等不好的消息，难保没有什么意外，张艾一路上有些忐忑不安。

见了副总，果然就是这事。副总一脸笑意地给了张艾一份"实习期满考核鉴定表"，让张艾填好后给李经理写个鉴定意见交给他。接着他把张艾一通猛夸，说李经理对张艾如何如何满意，肯学肯做，责任心强等，让张艾的心情从忐忑变成了开心不已。

张艾回到办公室，回顾自己这 3 个月的工作，从向银行查询第一份信用证开始，问题一个接一个，做发票、装箱单、提单、保险单、产地证、受益人证明等无一不遇到问题。对信用证条件和条款的理解，包括装运期、交单期、溢短装等都曾有理解上的偏差。张艾心头忽然涌上"正入万山圈子里，一山放过一山拦"两句诗，可以很好地描绘 3 个月信用证单证员的职业经历。

该经历的应该都经历得差不多了，银行的单老师和小赵都给了自己很多帮助。张艾已经知道做信用证单据，除了 UCP600，还有银行标准实务 ISBP 有更多的具体规定，还有国际商会的专家意见可供参考，很多问题已经可以自己解决。张艾手上还有几份信用证就要准备单据，相信迟早会达到"潮平两岸阔，风正一帆悬"的境界。

书目介绍

乐 贸 系 列

书名	作者	定价	书号	出版时间
跟着老外学外贸系列				
1. 优势成交:老外这样做销售	Abdelhak Benkerroum（阿道）	45.00 元	978-7-5175-0216-6	2017 年 10 月第 1 版
外贸 SOHO 系列				
1. 外贸 SOHO,你会做吗?	黄见华	30.00 元	978-7-5175-0141-1	2016 年 7 月第 1 版
跨境电商系列				
1. 跨境电商多平台运营,你会做吗?	董振国 贾卓	48.00 元	978-7-5175-0255-5	2018 年 1 月第 1 版
2. 跨境电商 3.0 时代——把握外贸转型时代风口	朱秋城（Mr. Harris）	55.00 元	978-7-5175-0140-4	2016 年 9 月第 1 版
3. 118 问玩转速卖通——跨境电商海外淘金全攻略	红鱼	38.00 元	978-7-5175-0095-7	2016 年 1 月第 1 版
外贸职场高手系列				
1. 向外土司学外贸 1:业务可以这样做	外土司	55.00 元	978-7-5175-0248-7	2018 年 2 月第 1 版
2. 向外土司学外贸 2:营销可以这样做	外土司	55.00 元	978-7-5175-0247-0	2018 年 2 月第 1 版
3. 阴阳鱼给外贸新人的必修课	阴阳鱼	45.00 元	978-7-5175-0230-2	2017 年 11 月第 1 版
4. JAC 写给外贸公司老板的企管书	JAC	45.00 元	978-7-5175-0225-8	2017 年 10 月第 1 版
5. 外贸大牛的术与道	丹牛	38.00 元	978-7-5175-0163-3	2016 年 10 月第 1 版
6. JAC 外贸谈判手记——JAC 和他的外贸故事	JAC	45.00 元	978-7-5175-0136-7	2016 年 8 月第 1 版
7. Mr. Hua 创业手记——从 0 到 1 的"华式"创业思维	华超	45.00 元	978-7-5175-0089-6	2015 年 10 月第 1 版
8. 外贸会计上班记	谭天	38.00 元	978-7-5175-0088-9	2015 年 10 月第 1 版
9. JAC 外贸工具书——JAC 和他的外贸故事	JAC	45.00 元	978-7-5175-0053-7	2015 年 7 月第 1 版
10. 外贸菜鸟成长记(0~3 岁)	何嘉美	35.00 元	978-7-5175-0070-4	2015 年 6 月第 1 版
外贸操作实务子系列				
1. 外贸高手客户成交技巧 2——揭秘买手思维	毅冰	55.00 元	978-7-5175-0232-6	2018 年 1 月第 1 版
2. 外贸业务经理人手册(第三版)	陈文培	48.00 元	978-7-5175-0200-5	2017 年 6 月第 3 版

书名	作者	定价	书号	出版时间

区域市场开发子系列

| 中东市场开发实战 | 刘军 沈一强 | 28.00 元 | 978-7-80165-650-6 | 2009 年 9 月第 1 版 |

国际结算子系列

| 1. 国际结算函电实务 | 周红军 阎之大 | 40.00 元 | 978-7-80165-732-9 | 2010 年 5 月第 1 版 |
| 2. 出口商如何保障安全收汇
——L/C、D/P、D/A、O/A
精讲 | 庄乐梅 | 85.00 元 | 978-7-80165-491-5 | 2008 年 5 月第 1 版 |

国际贸易金融工具子系列

| 1. 出口信用保险
——操作流程与案例 | 中国出口信用
保险公司 | 35.00 元 | 978-7-80165-522-6 | 2008 年 5 月第 1 版 |
| 2. 福费廷 | 周红军 | 26.00 元 | 978-7-80165-451-9 | 2008 年 1 月第 1 版 |

加工贸易操作子系列

| 1. 加工贸易实务操作与技巧 | 熊 斌 | 35.00 元 | 978-7-80165-809-8 | 2011 年 4 月第 1 版 |
| 2. 加工贸易达人速成
——操作案例与技巧 | 陈秋霞 | 28.00 元 | 978-7-80165-891-3 | 2012 年 7 月第 1 版 |

乐税子系列

1. 外贸企业免抵退税实务 ——经验·技巧分享	徐玉树 罗玉芳	45.00 元	978-7-5175-0135-0	2016 年 6 月第 1 版
2. 外贸会计账务处理实务 ——经验·技巧分享	徐玉树	38.00 元	978-7-80165-958-3	2013 年 8 月第 1 版
3. 生产企业免抵退税实务 ——经验·技巧分享(第二版)	徐玉树	42.00 元	978-7-80165-936-1	2013 年 2 月第 2 版
4. 外贸企业出口退(免)税常 见错误解析 100 例	周朝勇	49.80 元	978-7-80165-933-0	2013 年 2 月第 1 版
5. 生产企业出口退(免)税常 见错误解析 115 例	周朝勇	49.80 元	978-7-80165-901-9	2013 年 1 月第 1 版
6. 外汇核销指南	陈文培等	22.00 元	978-7-80165-824-1	2011 年 8 月第 1 版
7. 外贸企业出口退税操作手册	中国出口 退税咨询网	42.00 元	978-7-80165-818-0	2011 年 5 月第 1 版
8. 生产企业免抵退税从入门 到精通	中国出口退 税咨询网	98.00 元	978-7-80165-695-7	2010 年 1 月第 1 版
9. 出口涉税会计实务精要 (《外贸会计实务精要》 第 2 版)	龙博客 工作室	32.00 元	978-7-80165-660-5	2009 年 9 月第 2 版

专业报告子系列

| 1. 国际工程风险管理 | 张 燎 | 1980.00 元 | 978-7-80165-708-4 | 2010 年 1 月第 1 版 |
| 2. 涉外型企业海关事务
风险管理报告 | 《涉外型企业海关
事务风险管理
报告》研究小组 | 1980.00 元 | 978-7-80165-666-7 | 2009 年 10 月第 1 版 |

书名	作者	定价	书号	出版时间

📖 外贸企业管理子系列

1. 小企业做大外贸的制胜法则——职业外贸经理人带队伍手记	胡伟锋	35.00 元	978-7-5175-0071-1	2015 年 7 月第 1 版
2. 小企业做大外贸的四项修炼	胡伟锋	26.00 元	978-7-80165-673-5	2010 年 1 月第 1 版

📖 国际贸易金融子系列

1. 国际结算与贸易融资实务（第二版）	李华根	55.00 元	978-7-5175-0252-4	2018 年 3 月第 1 版
2. 信用证风险防范与纠纷处理技巧	李道金	45.00 元	978-7-5175-0079-7	2015 年 10 月第 1 版
3. 国际贸易金融服务全程通（第二版）	郭党怀 张丽君 张贝	43.00 元	978-7-80165-864-7	2012 年 1 月第 2 版
4. 国际结算与贸易融资实务	李华根	42.00 元	978-7-80165-847-0	2011 年 12 月第 1 版

📖 毅冰谈外贸子系列

毅冰私房英语书——七天秀出外贸口语	毅冰	35.00 元	978-7-80165-965-1	2013 年 9 月第 1 版

"实用型"报关与国际货运专业教材

1. e 时代报关实务	王云	40.00 元	978-7-5175-0142-8	2016 年 6 月第 1 版
2. 供应链管理实务	张远昌	48.00 元	978-7-5175-0051-3	2015 年 4 月第 1 版
3. 电子口岸实务（第二版）	林青	35.00 元	978-7-5175-0027-8	2014 年 6 月第 2 版
4. 报检实务（第二版）	孔德民	38.00 元	978-7-80165-999-6	2014 年 3 月第 2 版
5. 进出口商品归类实务（第二版）	林青	45.00 元	978-7-80165-902-6	2013 年 1 月第 2 版
6. 现代关税实务（第 2 版）	李齐	35.00 元	978-7-80165-862-3	2012 年 1 月第 2 版
7. 国际贸易单证实务（第 2 版）	丁行政	45.00 元	978-7-80165-855-5	2012 年 1 月第 2 版
8. 报关实务（第 3 版）	杨鹏强	45.00 元	978-7-80165-825-8	2011 年 9 月第 3 版
9. 海关概论（第 2 版）	王意家	36.00 元	978-7-80165-805-0	2011 年 4 月第 2 版
10. 国际集装箱班轮运输实务	林益松 郑海棠	43.00 元	978-7-80165-770-1	2010 年 9 月第 1 版
11. 国际货运代理操作实务	杨鹏强	45.00 元	978-7-80165-709-1	2010 年 1 月第 1 版
12. 航空货运代理实务	杨鹏强	37.00 元	978-7-80165-707-7	2010 年 1 月第 1 版
13. 进出口商品归类实务——实训题参考答案	林青	12.00 元	978-7-80165-692-6	2009 年 12 月第 1 版

"精讲型"国际贸易核心课程教材

1. 国际货运代理实务精讲（第二版）	杨占林 汤兴 官敏发	48.00 元	978-7-5175-0147-3	2016 年 8 月第 2 版